新訂

認知症介護
実践者研修
標準テキスト

監修:
認知症介護実践研修テキスト編集委員会

株式会社 ワールドプランニング

◎ はじめに

　この 20 年で認知症の人と家族へのケアと医療は大きく変わりました．たとえば，認知症の行動・心理症状とよばれる症状のなかの，とくに感情面の症状や行動面の症状は，介護負担を増やす症状とか対応に苦慮する症状として以前は理解されていました．しかし，最近は，そこには必ず理由があり，経緯があるとの理解がなされるようになりました．したがって，認知症ケアに携わる私たちは，そうした症状を目にしたときも「理由なく○○する」「わけもなく○○している」といった見方を避けるようになりました．これらの表現は，認知症の人の理解をあきらめていることを示すものだからです．確かに，どうしても本人の理解ができないときもあります．しかし，できる限り認知症の人の理解をあきらめずにケアに従事したいと思います．また，認知症の行動・心理症状は，症状といっても環境や状況，周囲の人との人間関係などが作用して起こるものです．その理解がまず必要ですが，それだけでなく，本人の気持ちのなかに，自分は能力を失って価値がなくなっていくのではないか，まわりに迷惑をかけるだけの存在になっていくのではないか，まわりの人は自分を見下しているのではないかといったさまざまな恐れを抱いています．そうした思いにまで理解を深めたうえで，認知症の人が少しでも本来の力を発揮できるように支えたいと思います．本書がその一助になれば幸いです．

2022 年 3 月

東京慈恵会医科大学

繁　田　雅　弘

◎ 著者一覧 （五十音順）

認知症介護実践研修テキスト編集委員会

　委 員 長：繁田　雅弘（東京慈恵会医科大学）

　副委員長：内藤佳津雄（日本大学文理学部）

所属下欄は執筆箇所

合川　央志　認知症介護研究・研修仙台センター
　　　　　　第2章　Ⅲ．アセスメントとケアの実践の基本—2, 3
阿部　哲也　東北福祉大学総合福祉学部／認知症介護研究・研修仙台センター
　　　　　　第2章　Ⅱ．生活支援のためのケアの演習2（行動・心理症状）
加藤　伸司　東北福祉大学総合福祉学部／認知症介護研究・研修仙台センター
　　　　　　第1章　Ⅰ．認知症ケアの理念・倫理と意思決定支援—1, 2-7）〜9），5
佐藤　信人　宮崎県立看護大学
　　　　　　第2章　Ⅲ．アセスメントとケアの実践の基本—1
進藤　由美　国立研究開発法人国立長寿医療研究センター
　　　　　　第1章　Ⅵ．地域資源の理解とケアへの活用
諏訪さゆり　千葉大学大学院看護学研究院
　　　　　　第2章　Ⅰ．学習成果の実践展開と共有
竹田　徳則　名古屋女子大学
　　　　　　第1章　Ⅲ．QOLを高める活動と評価の観点
田村みどり　認知症介護研究・研修仙台センター
　　　　　　第2章　Ⅲ．アセスメントとケアの実践の基本—4〜6
内藤佳津雄　日本大学文理学部
　　　　　　第1章　Ⅰ．認知症ケアの理念・倫理と意思決定支援—3, 4
中村　裕子　認知症介護研究・研修大府センターDCM推進室
　　　　　　第1章　Ⅱ．生活支援のためのケアの演習1—4
舟越　正博　社会福祉法人東北福祉会せんだんの杜
　　　　　　第1章　Ⅱ．生活支援のためのケアの演習1—3
本間　　昭　お多福もの忘れクリニック／認知症介護研究・研修東京センター上席研究員
　　　　　　第1章　Ⅰ．認知症ケアの理念・倫理と意思決定支援—2-1）〜6）
矢吹　知之　東北福祉大学総合福祉学部／認知症介護研究・研修仙台センター
　　　　　　第1章　Ⅳ．家族介護者の理解と支援方法
山口　喜樹　認知症介護研究・研修大府センター
　　　　　　第1章　Ⅱ．生活支援のためのケアの演習1—1, 2, 5
吉川　悠貴　東北福祉大学総合福祉学部／認知症介護研究・研修仙台センター
　　　　　　第1章　Ⅴ．権利擁護の視点に基づく支援

◎ も く じ

第1章

認知症ケアの基本

Ⅰ．認知症ケアの理念・倫理と意思決定支援

━学習の Point━

認知症ケアの歴史を振り返り，認知症ケアの理念の理解とパーソン・センタード・ケアの基本的な考え方を理解する．認知症施策の基本理念と方向性を理解し，施策のなかでの実践者研修の位置づけを学ぶ．また認知症ケアの倫理の必要性や倫理的ジレンマの克服，認知症の人の意思決定支援のプロセスの基本を理解する．

キーワード：歴史的変遷，施策，理念，パーソン・センタード・ケア，倫理，意思決定支援

1．認知症ケアの理念とわが国の認知症施策

1）社会状況と認知症施策，認知症ケアの歴史的変遷

認知症ケアに関する施策は，認知症施策推進大綱を核として展開されているが，現在に至るまでには長い道のりがあった．認知症施策を含む高齢者福祉の近代の歩みは，1963 年の老人福祉法制定によって始まることになる．本節では，現在に至るまでの認知症ケアの歴史を施策や当時の社会状況と合わせて解説する．

（1）老人福祉法制定以前

現在認知症と訳されているディメンシア（Dementia）という用語は，1908 年に呉秀三によって「痴呆」と翻訳されており，「認知症」と改められたのが 2004 年であることを考えると，痴呆の名称は約 100 年使われてきたことになる．かつて認知症ケアは基本的に家族にゆだねられていた．わが国では，1900 年に「精神病者監護法」ができ，私宅監置室が認められた．いわゆる座敷牢である．主に精神障害のある人を自宅や敷地内の物置などに監置するためのものであったが，認知症の人の多くは，自宅に隔離されていた時代であった．この法律は，1950 年の精神衛生法の改定まで続くことになる．認知症に対する偏見や，地域の冷たい視線にさらされる時代では，認知症は「恥ずかしい病気」「人に迷惑をかける病気」としてとらえられ，家族もそれを受け入れるしかなかったのであろう．法律が廃止された後も座敷牢的な隔離は続くことになり，家族は何の支援もない状況のなかで認知症の人の存在を隠し，罪悪感を抱きながら生きてきた人たちも多かったに違いない．自宅でケアすることができない家族にとっての選択肢は，精神病院というのが一般的な時代であったが，その当時の精神病院は認知症の人の収容と隔離を目的としたものであった．

（2）1960〜1970 年代

①社会状況と認知症施策

老人福祉法が制定されたことによって初めて高齢者が福祉の対象となったが，その当時の高齢化率は 5％程度であった．施設ケアについては，養護老人ホーム，軽費老人ホーム，介護の機能をもつ特別養護老人ホームが体系化され，ここで初めて介護の機能をもつ施設が誕生したといえる．一方，社会的には，1972 年に有吉佐和子の『恍惚の人』が発刊されたことにより，認知症の介護が社会的な話題となったが，認知症の人がなにもわからなくなった人や危険な行

動をする人という特異な病気をもつ人として描かれており，認知症になることへの恐れや介護者となる恐怖などを一般の人に感じさせる作品であったといえるであろう．社会においては，老人医療費無料化によって全国に多くの老人病院が開設されることとなる．

②認知症ケア

その当時，特別養護老人ホームは身体介護が中心であり，食事・入浴・排泄の三大介護を中心としたケアであった．認知症に関しては，1969 年に新福らが施設を対象に認知症の人の割合を調査し，特別養護老人ホームの 4 割程度の人が認知症と報告している．しかし，当時は認知症ケアに対する明確な理念や方向性もなく，場当たり的なケアが行われていたといえるであろう．行動・心理症状（Behavioral and Psychological Symptoms of Dementia；BPSD）は「問題行動」とよばれ，ケアを困難にするやっかいな行動ととらえられていた時代である．

その後，多くの老人病院が開設されたことにより，認知症は 1 つの病気であるという考え方が浸透した．しかし，病気は病院でみるという風潮も生まれ，生活の場であるはずの特別養護老人ホームよりも，老人病院や精神病院が認知症の人の受け皿になっていた．行動・心理症状（BPSD）に対しては，投薬や身体拘束なども日常的に行われていた時代である．

(3) 1980 年代

①社会状況と認知症施策

1980 年に「ぼけ老人を抱える家族の会（現 認知症の人と家族の会）」が発足し，1984 年には現在の認知症介護実践研修の前身である「痴呆性老人処遇技術研修」が開始された．この研修は，各都道府県・政令指定都市の特別養護老人ホームを県 1，市 1 単位で指定し，管内施設のケアスタッフを対象に実践的研修を行うものであったが，この時代は，根拠のある認知症ケアというよりも認知症の人に対する処遇技術という考え方であった．

施策的には，1986 年に厚生省（現 厚生労働省）に「痴呆性老人対策推進本部」が設置され，同年に老人保健法改正公布や老人保健施設が本格実施されることになる．同時期に老人性痴呆疾患治療病棟および老人性痴呆疾患デイケア施設の創設があり，老人性痴呆疾患センターが創設された．1987 年には介護福祉士法と社会福祉士法が成立し，ケアワーカーやソーシャルワーカーの初めての国家資格が生まれた．1989 年の「高齢者保健福祉 10 ヵ年戦略（ゴールドプラン）」では，在宅福祉の推進や寝たきり老人ゼロ作戦などが提唱され，総合的に在宅サービスや施設サービスに対する数値目標が示された．

②認知症ケア

この時期になると，施設等でレクリエーション活動などが取り入れられ，集団的ケアが行われていたが，同時に個別対応を模索するようになった時期ともいえる．また，認知症ケアに有効な建築構造として回廊式が流行することになる．環境の重要性が認識され始め，一部の先駆者たちによるグループホームや宅老所が試行的に始まった時代でもある．

(4) 1990 年代

①社会状況と認知症施策

1990 年代前半には，老人保健施設痴呆専門棟の創設，デイサービスセンター E 型の創設，

「寝たきり老人ゼロ作戦」の推進，在宅介護支援センターの法定化などが行われ，ゴールドプランの見直しが行われ，新ゴールドプランとして，グループホームや小規模デイサービスなど在宅を基盤としたサービスの充実が図られることが示された．1990年代後半では，国庫補助事業によるグループホームが本格的に開始され，日本看護協会認定「専門看護師」，「認定看護師」が誕生した．さらに，新たに策定されたゴールドプラン21では，認知症高齢者の支援対策の推進がうたわれるなど，一連の施策の推進や制度改革を通して，高齢者福祉施策の充実が図られてきた．

②認知症ケア

1990年代前半には北欧諸国のグループホームが注目されるようになり，環境に関する研究が活発化していった．1990年代後半になると，小規模化したケア環境の有効性が主張されるようになり，ユニットケアが取り入れられ始めた．また，介護保険制度施行に先立ち，ケアプラン策定用のさまざまなアセスメントツールが開発された．問題行動の用語に替わる「行動・心理症状（BPSD）」という概念が紹介され，パーソン・センタード・ケアという考え方が紹介され始めた．このころから，認知症の人の内面にあるものを推察しながらケアすることが一般化し始め，役割のある生活や尊厳のある生活など，生活の質（Quality of Life：QOL）に目を向けたケアが模索されるようになってきた．

(5) 2000～2004年

①社会状況と認知症施策

2000年の介護保険法施行により，これまでの「措置」という考えから，「契約」という考え方に変化したことは，これまでの高齢者福祉の歴史のなかでも大きな出来事といえるであろう．グループホームが介護保険サービスに位置づけられ，介護保険施設等での身体拘束が禁止され「身体拘束ゼロ作戦」が推進された．また，成年後見制度が施行され，高齢者痴呆介護研究・研修センター（現 認知症介護研究・研修センター），日本痴呆ケア学会（現 一般社団法人日本認知症ケア学会）が誕生したのもこの年である．

1999年に策定された「今後5か年の高齢者保健福祉施策の方向（ゴールドプラン21）」では，今後取り組むべき具体的施策として，痴呆性高齢者支援対策の推進が取り上げられ，「痴呆に関する医学的研究の推進」「グループホームの整備等介護サービスの充実」「痴呆介護の質向上」「早期相談・診断体制の充実」「権利擁護体制の充実」が掲げられた．とくに「痴呆介護の質向上」では，高齢者痴呆介護研究・研修センター（現 認知症介護研究・研修センター）を中心に，介護技術の研究・研修のための全国ネットワークを整備することを掲げ，痴呆介護の質的な向上を図り，痴呆介護の専門職を養成し，介護現場において身体拘束禁止の趣旨を踏まえた質の高い介護サービスを実現することを目標とした．

2001年以降は，現在の認知症介護実践等研修の前身である痴呆介護指導者養成研修および痴呆介護実務者研修（基礎課程・専門課程）が全国でいっせいに始まり，グループホームのサービス評価制度開始，自己評価・第三者評価等サービス評価事業の本格稼働，個室・ユニットケアによる新型特養の推進の本格化など，認知症を含む高齢者ケアの充実が図られていくことに

なる.

　2003 年には,「高齢者介護研究会」において,「2015 年の高齢者介護；高齢者の尊厳を支える
ケアの確立に向けて」が報告され,「新しいケアモデルの確立」として,これからの高齢者介護
モデルは,認知症ケアモデルが標準モデルになることが示された.

　2004 年 10 月には,国際アルツハイマー病協会「第 20 回国際会議」が京都で開催され,「痴
呆」という名称が「認知症」に替わったのも同年 12 月である.

　②認知症ケア

　介護保険導入は,与えられるサービスから選べるサービスへの変化をもたらした. 施策面で
も認知症対策が全面に出てきたことにより,認知症ケアは制度上でも重視されるようになっ
た.「パーソン・センタード・ケア」という用語が一般化し,認知症の人を中心に据えたケアの
考え方が広がり始めた. また,バリデーションセラピーやディメンシア・ケア・マッピングな
どがさかんに紹介され,認知症の人のためのアセスメントシートであるセンター方式が開発さ
れるなど,新しいケアの流れが浸透し始めた.

(6) 2005 年〜現在

①社会状況と認知症施策

　2004 年に認知症に名称が変更されたことにより,国は「認知症を知り地域をつくる 10 カ年」
のキャンペーンを繰り広げ,「認知症サポーター 100 万人キャラバン」「「認知症でもだいじょう
ぶ町づくり」キャンペーン」「認知症の人「本人ネットワーク支援」」「認知症の人や家族の力を
活かしたケアマネジメントの推進」などが展開されるようになった. また,2005 年には,日本
認知症ケア学会認定の「認知症ケア専門士」が誕生し,学会レベルでのケアの人材育成も始まっ
た. 2000 年代後半の施策では,高齢者虐待防止法の制定,地域密着型サービスの創設による小
規模多機能型居宅介護の制度化,介護保険における新予防給付の創設,地域密着型サービス制
定など,介護サービスの整備や地域ケア体制の構築がなされてきた. 2010 年代になると,オレ
ンジプランから新オレンジプランに続くことになり,2018 年には意思決定支援ガイドラインが
発表され,2019 年には認知症施策大綱が発表されるなど,認知症を取り巻く環境はいっそう充
実してきた.

②認知症ケア

　2004 年 10 月に京都で開催された国際アルツハイマー病協会「第 20 回国際会議」では,国内
外の認知症の当事者による講演が行われ,反響をよんだ. 2005 年には認知症の当事者である人
たちの「本人ネットワーク」,2006 年の「認知症の人の本人会議」など,当事者による活動が
活発化してきた. また,2013 年ころよりユマニチュードがブームになった. 2014 年には認知症
介護基礎研修が始まり,同年には「日本認知症ワーキンググループ」が発足,2016 年にはワー
キンググループによって「認知症の本人からの提案」が厚生労働省老健局長に提出されるなど,
認知症の当事者たちによる運動も広がりをみせてきた. また,2017 年にはわが国で 2 度目の開
催となる国際アルツハイマー病協会「第 32 回国際会議」が京都で行われた.

　認知症のケアの現場から認知症の知識をもたない人をなくすことを目的に,2016 年から始

まった認知症介護基礎研修は，2021 年に e ラーニングによる受講が可能となり，無資格者の受講が義務化された（表1-1）．

2）認知症ケアの理念とその役割

（1）歴史から学ぶべきこと

　私たちはかつて認知症をなにもわからなくなる病気と考え，さまざまな症状だけに目を向け，認知症の人の訴えを理解しようとするどころか，認知症の人をごまかしたり，だましたり，抑制したりするという不当な扱いをしてきた歴史を振り返る必要がある．

　認知症の人が示すさまざまな訴えや行動・心理症状（BPSD）は不可解な言動と映り，介護者を含む多くの人々を困惑させるかもしれないが，これは認知症の人が私たちに対してなにかを伝えようとするこころの内にある訴えと考えなければならない．

　その訴えは，身体の不調かもしれないし，痛みかもしれない．また，不安の表現かもしれないし，不当な扱いに対する抵抗の形かもしれない．私たちは認知症の人が示すさまざまな言葉や行動を無視したり，不可解な言動と決めつけたりするのではなく，ケアのあり方に対する認知症の人のこころの内にある訴えとして受け止める必要がある．そして，この訴えの意味を私たちがきちんと理解しない限り，ケアは認知症の人には届かない．認知症の人の訴えを無視し，認知症という病気だけをみて対応しようとすることは，認知症の人の QOL を高めるどころか，人としての尊厳や権利まで剥奪してしまうことといえるであろう．

　認知症の人の尊厳を傷つけるケアとは，「認知症」という病気だけをとらえて蔑視されたり，疎んじられたり，阻害されたり，不当に拘束されたり，虐待されたりすることなど，社会的に隔離された状態で人としての存在を無視されることである．そして，認知症の人が望むケアとは，たとえ認知症という病気を抱えていたとしても，1 人の人として存在が認められ，悲しみや苦しみから解放され，尊厳をもって安全，安心に生きていくための支援である．そして，認知症の人を支援するすべての人たちは，このことを理解しなければならない．

（2）認知症ケアの理念とは

　「理念」とは，物事のあるべき状態についての基本的な考え方のことであり，「認知症ケアの理念」とは，認知症ケアの向かうべき方向性を示すものである．理念がなければ，介護者が自分の行動を選択する際の基準がないということになる．理念のないケアとは，運転士のいない貨物列車のようなものである．行き先もわからず，積み荷をどこに届ければよいのかもわからないなかでブレーキもかけられないまま暴走する列車はとても危険である．優れた介護技術があっても，それをどのような場面でどのように活用するかがわからない状況や，認知症の人が望むことが理解できないまま，決められたケアを行う姿は，過去のものとしなければならない．認知症ケアにおける理念とは，認知症の人の立場に立ってその人が安心・安全に幸福に暮らすことを目指すものであり，介護者のための理念であってはならない．

（3）安全の保障と尊厳の保障

　私たちが生きていくうえで，安心，安全に暮らしたいと思うのは，共通の願いである．安全に暮らすことを自分の努力によってかなえられないときには，認知症の人の安全は，介護者で

表 1-1　認知症ケアの歴史的変遷

年代	社会状況と認知症施策	認知症ケア
老人福祉法制定以前	・Dementia を「痴呆」と翻訳（1908） ・精神病者監護法（1900）	・認知症は恥ずかしい人に迷惑をかける病気という認識 ・私宅監置室における監禁や精神病院への収容
1960 年代〜1970 年代	・老人福祉法制定により特養の等施設の体系化（1963） ・有吉佐和子の『恍惚の人』が社会的話題に（1972） ・老人医療費無料化（1973）	・特別養護老人ホームは身体ケア中心 ・認知症ケアの理念や方向性のないケアの時代 ・行動・心理症状（BPSD）は問題行動とよばれ，投薬や拘束が日常的 ・多くの老人病院が開設され，認知症の受け皿に
1980 年代	・ぼけ老人を抱える家族の会発足（1980） ・痴呆性老人処遇技術研修開始（1984） ・厚生省に痴呆性老人対策推進本部設置（1986） ・老人保健施設が本格実施（1988） ・老人性痴呆疾患治療病棟および老人性痴呆疾患デイケア施設の創設（1988） ・介護福祉士法と社会福祉士法が成立（1987） ・老人性痴呆疾患センター創設（1989） ・高齢者保健福祉 10 ヵ年戦略：ゴールドプラン（1989）	・施設等でレクリエーション活動が取り入れられるようになる ・徘徊などの周辺症状の背景や意味を考え始めるようになり，個別対応を模索するようになった時期 ・研修として初めて痴呆性老人処遇技術研修が体系化． ・認知症ケアに有効な建築構造として回廊式が流行 ・その後環境の重要性が認識され始め，一部の先駆者達によるグループホームや宅老所が試行的に始まった時代
1990 年代	・老人保健施設痴呆専門棟創設（1991） ・デイサービスセンター E 型の創設（1992） ・「寝たきり老人ゼロ作戦」の推進（1993） ・在宅介護支援センター法定化（1994） ・高齢者保健福祉 5 ヵ年計画：新ゴールドプラン（1994） ・国庫補助事業のグループホーム本格開始（1997） ・日本看護協会認定「専門看護師」誕生（1996） ・「認定看護師」誕生（1997） ・ゴールドプラン 21 策定認知症支援対策の推進（1999）	・北欧諸国のグループホームが注目される（1990 年代前半） ・認知症の人の環境に関する研究が活発化（1990 年代前半） ・小規模化したケアの有効性が主張されるようになり，大型施設にもユニットケアが取り入れられ始める ・問題行動の用語に替わる「行動・心理症状（BPSD）」という概念が紹介される ・パーソン・センタード・ケアという考え方が紹介され始める ・役割のある生活や尊厳のある生活など，生活の質に目を向けたケアが模索されるようになる（1990 年代後半） ・介護保険を前にさまざまなアセスメントツールが開発される
2000〜2004 年	・介護保険法施行（措置から契約へ） ・グループホームが介護保険サービスに位置づけられる ・介護保険施設等での身体拘束が禁止され，身体拘束ゼロ作戦が推進される ・「ゴールドプラン 21」痴呆性高齢者支援対策の推進が取り上げられる， ・成年後見制度施行 ・高齢者痴呆介護研究・研修センターの創設（2001） ・日本痴呆ケア学会（現 日本認知症ケア学会）誕生（2001）	・介護保険導入に伴い，与えられるサービスから選べるサービスへ変化 ・介護保険により，認知症ケアは制度上でも重視される ・現在の認知症介護実践者研修・実践リーダー研修・指導者養成研修の前身である，「痴呆介護実務者研修基礎課程」「痴呆介護実務者研修専門課程」「痴呆介護指導者養成研修」が全国一斉に始まる（2001） ・認知症ケアは学会レベルでも重視されるようになる ・トム・キットウッドの「パーソン・センター

	・グループホームのサービス評価制度開始（2001） ・自己評価・第三者評価等の評価事業の本格稼働（2002） ・個室・ユニットケアによる新型特養の推進（2002） ・「2015 年の高齢者介護」が報告される（2003）高齢者ケアは認知症ケアが標準モデルとなる ・国際アルツハイマー病協会「第 20 回国際会議」が京都で開催（2004） ・「痴呆」という名称が「認知症」に替わる（2004）	ド・ケア」という用語が一般化し，認知症の人を中心に据えたケアの考え方が広がり始める ・バリデーションセラピーやディメンシア・ケア・マッピングなどがさかんに紹介され，認知症の人のためのアセスメントシートであるセンター方式が開発されるなど，新しいケアの流れが浸透し始める ・2004 年 10 月に京都で開催された国際アルツハイマー病協会「第 20 回国際会議」では，国内外の認知症の当事者による講演が行われ，反響をよぶ
2005～2009年	・「認知症を知り地域をつくる 10 カ年」（2005）「認知症サポーター 100 万人キャラバン」「「認知症でもだいじょうぶ町づくり」キャンペーン」「認知症の人本人「ネットワーク支援」」「認知症の人や家族の力を活かしたケアマネジメントの推進」などが展開されるようになる（2005） ・日本認知症ケア学会認定「認知症ケア専門士」誕生（2005） ・高齢者虐待防止法の制定（2006） ・地域密着型サービス制定（2006） ・小規模多機能型居宅介護の制度化（2006） ・介護保険における新予防給付の創設（2006）	・認知症の当事者である人たちの「本人ネットワーク」，認知症の人の本人会議（2006）など，当事者による活動が活発化する
2010 年以降	・認知症施策推進 5 か年計画：オレンジプラン（2012） ・認知症施策推進総合戦略：新オレンジプラン（2015） ・国際アルツハイマー病協会「第 32 回国際会議」が京都で開催（2017） ・認知症の人の日常生活・社会生活における意思決定支援ガイドライン発表（2018） ・認知症施策推進大綱発表．認知症基本法の動き（2019） ・認知症初期集中支援チームが全市町村に整備完了（2019）	・2012 年に認知症カフェが日本に紹介され，その後急速に広まり始める ・2013 年ごろよりユマニチュードがブームになる ・「日本認知症ワーキンググループ」が発足（2014） ・認知症介護基礎研修が全国一斉に始まる（2016） ・日本認知症ワーキンググループによって，「認知症の本人からの提案」が厚生労働省老健局長に提出（2016） ・認知症の当事者達による講演や，学会などでの特別講演などが増え，当事者達による運動が広がりをみせている ・認知症介護基礎研修の e ラーニング開始．無資格者の受講義務化（2021）

ある私たちが保障していく必要がある．安全に生きるということは，物理的な危険を排除するだけではなく，認知症の人自身が不安なく生活できることを指しており，その人の立場に立った安心，安全の保障を考えていかなければならない．

　介護保険法は，要介護状態にある人が尊厳を保持し，その有する能力に応じ，自立した生活を営むことができるよう必要なサービスを提供することを法の目的としている（第 1 条）．尊厳とは，人格に備わる，何物にも優先し，ほかのもので取って代わることのできない絶対的な価

値であり，厳かで侵すことのできないものをいう．認知症の人の尊厳とは，その人が感じている絶対的な価値であり，それを保障することが介護者の責務ともいえるであろう．

　しかし，危険を排除するという目的で行われる安易な身体拘束は，介護者にとっての安心であり，認知症の人の立場に立った安全の保障ではない．また，拘束される理由が理解できない認知症の人にとっては，尊厳を侵される行為であることを理解しなければならない．

（4）認知症ケアにおける理念の役割

　QOLとは，生活の質，あるいは人生の質などと訳される．認知症ケアにおいて，このQOLを高めていくことは大きな課題である．

　認知症ケアにおいては，安全を保障することや尊厳を保障することが重要なことはいうまでもないが，介護者の不注意や不適切なケアによって危険な状態になることや，尊厳が侵されることもありうる．たとえば，介護者の不注意によって転倒や転落が起こることや，身体的不調を察知することができず，体の病気が悪化するようなことがあるかもしれない．したがって，身体を清潔に保つことや栄養状態に気をつけること，水分補給に心がけること，安眠を確保すること，健康に気を配ることなどは最低限行わなければならないケアである．このように，外部からみて客観的にわかるQOLは，客観的QOLといわれる．客観的QOLを高めることは，介護者にとって最低限行わなければならないケアであり，このレベルに達して初めて基本的なQOLを保証していることになる．

　質の高いケアとは，その一歩先にあるケアのことである．QOLには主観的QOLもある．それは，本人が考えたり感じたりすることで，本人が望むQOLである．主観的QOLとは，本人が生活していくうえで全般的に満足していることや，不安なく精神的に安定していること，自分の意思で自ら行動したいと思う気持ちや活力があること，自分のことを自分の意思で決定すること，といった内容が含まれる．

　もし，認知症の人が生活していくうえで困難を感じているようであれば，その困難な状況だけに目を向けるのではなく，その背景にある原因を考え，その原因に対する対処を考えていく必要がある．それは，認知症の症状によって起こるだけではなく，さまざまな周辺にある要因が作用して起こるものと考え，その周辺の問題を解決していくことが重要となる．認知症の人の安心，安全を保障することや，客観的QOLを高めることは，最低限行わなければならないケアであるが，質の高いケアとは，客観的QOLを満たしたうえで，主観的QOLを向上させるケアを行うことが大きな役割であることを理解しなければならない．

3）パーソン・センタード・ケアの基本的な理解

（1）オールドカルチャーからニューカルチャーへ

　これまでの認知症ケアでは，認知症を治らない病気としてとらえ，正確な診断と医療的なケアが中心になっていた．ケアの現場では，認知症の人が示すさまざまな行動を「問題」としてとらえ，その問題への対応をケアの中心と考えてきた時代があった．トム・キットウッドは，この時代を認知症ケアにおける第1の段階として，古い文化（オールドカルチャー）とよんだ．ここでいうカルチャーとは，社会に根ざした文化だけではなく，施設などの組織風土も含まれ

ている．

　近年では，認知症の人とのかかわり方を重視し，本人の苦しみや不安，周囲の人になにを求めているのかを知り，それにこたえていくことの大切さに気づくようになってきた．これを第2の段階，新しい文化（ニューカルチャー）とよんでいる．

　これまで私たちは，認知症の人はなにもわからなくなるという誤った認識をもってきたため，ケアを行うときに説明をしなかったりその人の行動を責めたりしてきたのがオールドカルチャーにおけるケアであったのではないであろうか．

　私たちは時間の流れに沿った「線の生活」をしているが，認知症の人は現在の「点の生活」をしているといわれる．認知症の人はなにもわからなくなるわけではない．生活の流れを理解できないとしても，いまなにが起こっているのかは認識している．こう考えると，認知症の人はひどい仕打ちを受ける理由は理解できなくても，ひどい仕打ちを受けているということは理解しているといえるであろう．また，認知症の人は，突然歩き出したり，大声を上げたり，盗まれたと騒いだりするなど不可解な行動をとると考え，これらの行動を「問題行動」とよんできた．私たちでも，知らない場所で知らない人ばかりのところにいると，落ち着かなくなったり不安になったりするのと同じように，認知症の人にとっても，ここがどこであるかわからない，あるいは周囲の人がだれなのかわからないという体験は，非常に不安なことである．もし私たちが同じ状況にあるとすれば，自分の家に帰ろうとするであろうし，帰るために歩くことになるであろう．こう考えると，認知症の人たちの行動は決して不可解な行動や問題となる行動ではないことが理解できる[1]．認知症ケアの歴史において，私たちが認知症の人の生活を理解しないでケアを行ってきたことが問題であったのである．

(2) 認知症の「人」を理解するということ

　オールドカルチャーの段階では，認知症の人が起こすさまざまな行動を不可解な行動と考え，その行動をどう抑えていくかというその場しのぎのケアやマニュアル的なケアが中心となっていた．残念ながら，このようなケアが過去のものとはいえない現状にあるのも事実である．

　つまり，「**認知症の人**」というように「**認知症**」という病気に目を向け，「**人**」という部分をあまりにも軽視してきたといえる．しかし近年では，認知症という「病気」を中心に考えるのではなく，「認知症の人」を中心におき，その人がなにに苦悩し，なにを求めているのかを考え，その人にどのようにかかわっていくかを中心に考えるようになってきた（図1-1）．これが新しい文化（ニューカルチャー）とよばれる認知症ケアにおける第2の段階であり，このようなケアの基本的な考えがその人（パーソン）を中心においた（センタード）ケアなのである．パーソン・センタード・ケアは，疾病や症状を対象としたケアのあり方ではなく，個人の生活を対象にしたケアのあり方に重点をおく考え方であり，ケアはサービス提供者が選択するのではなく，その人（パーソン）を中心に選択することを基本としている．そのなかでは，その人が生きてきた歴史や人間性（パーソンフッド），本人の物語をケアの中心に据え，その人の内的体験を聴くことにケアの原点をおく考え方なのである．ここでいう「パーソンフッド」は，そ

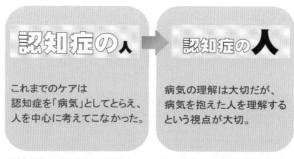

出典）認知症介護研究・研修センター監：認知症介護基礎研修標準テ
キスト．48, ワールドプランニング，東京（2015).

図 1-1 認知症の人のとらえ方

の人らしさ（その人の個性を尊重し，できることを伸ばす）に加え，認知症の人が周囲から自分のことを受け入れられている，尊重されている（自分は不要な人間ではない）と認知症の人自らが思える気持ちのことを指している．

「人」を理解するということはどういうことなのであろうか．1つには，その人の性格や気質，もっている能力，人に対する対処スタイルなどを理解することであり，認知症の人の人生の歴史を理解する（物語を理解する）ということである．子ども時代にどのような生活を送ってきたのか，結婚して子育てをしてきたときにどのような苦労があったのかなどを単に記録から理解するだけではなく，1人の人の人生として理解することなのである．また，その人の健康状態や感覚機能（視力や聴力等）の理解，さらにその人のこれまでの社会とのかかわり，人間関係のパターンなど，幅広く理解することが「人」を理解するということなのである．

しかしこれは，「認知症」という病気を理解する必要はないということではない．たとえば，アルツハイマー型認知症とレビー小体型認知症では，その中核症状も異なり，同じケアではうまくいかないことも多い．専門職として，病気の本質を理解することは重要であり，そのうえで「人」として理解していくことが大切なのはいうまでもない．

私たちがこれまで行ってきたケアの問題は，ケアを提供する人の「仕事」にその本人を合わせてきたことにある．これは介護者中心のケアであり，本人（パーソン）は，介護者の都合に合わせたケアを提供されてきたといえるであろう．しかし，個別ケアとは本来このようなものであってはならず，あくまでもその個人を中心にケアを展開していくことが原則である．つまり，パーソン・センタード・ケアでなければ「個別ケア」とはいえないのである．その人の声に耳を傾け，その人の世界を理解しようと努力し，その思いにかなったケアを展開していくことが個別ケアなのである．もっとも重要なのは，その人の安全が保障され，尊厳をもった1人の人として尊重されること，そしてその人のQOL向上をケアの目標に据えていくことであり，そのケアの基本姿勢がパーソン・センタード・ケアであり，それは当たり前のことなのである．

(3) 悪性の社会心理

トム・キットウッドは，認知症ケアの歴史のなかで行われてきた事柄，その人らしさを深く

表 1-2　悪性の社会心理

■ <u>だます</u>……本人の関心をそらすこと，だますこと，ごまかすこと
■ <u>できることをさせない（ディスエンパワメント）</u>……本人のもつ能力を使わせないこと
■ <u>子ども扱い</u>……無神経な両親が幼児を扱うようにすること
■ <u>おびやかす</u>……おどしたり，力ずくで本人に恐怖心を抱かせたりすること
■ <u>レッテルを貼る</u>……本人とかかわるときや本人の行動を説明するときに「認知症」という診断区分を分類として使うこと
■ <u>汚名を着せる（スティグマ）</u>……本人をあたかも病気の対象，部外者，落伍者のように扱う
■ <u>急がせる</u>……本人が理解できないほど早い情報提供や選択肢の提供
■ <u>主観的現実を認めない（インバリデーション）</u>……本人が経験している主観的現実や気持ちを理解しないこと
■ <u>仲間はずれ</u>……物理的・心理的に本人を追いやり，排除すること
■ <u>もの扱い</u>……生命のないもののように扱うこと．持ち上げたり，食べ物で口をいっぱいにしたり，食べ物を流し込んだり，排泄させたりすること
■ <u>無視する</u>……本人がその場にいないかのように本人の前で会話や行為を続けること
■ <u>無理強い</u>……本人になにかを強いること．要求を覆したり，選択の機会を否定したりすること
■ <u>放っておく</u>……願いを聞こうとしないこと．本人のニーズを満たそうとしないこと
■ <u>非難する</u>……行動の失敗や本人が状況を誤解することなどを非難すること
■ <u>中断する</u>……本人の行為や考えを突然妨げるなど不安にさせること．露骨に本人の行為や考えをやめさせること
■ <u>からかう</u>……本人の行動や言葉をあざけること．いじめる，恥をかかせる，本人をだしにして冗談を言うこと
■ <u>軽蔑する</u>……「能力がない」「役立たず」「価値がない」などと本人に言うこと．本人の自尊心を傷つける発言をすることなど

トム・キットウッド（高橋誠一訳）：認知症のパーソンセンタードケア：新しいケアの文化へ，85-86，筒井書房，東京（2005）をもとに筆者作成．

傷つけ，身体のよい状態さえも損なうケア環境の兆候を示すきわめて有害なものを悪性の社会心理としてまとめた（表1-2）．ここでいう「悪性」という言葉を，必ずしも介護者側に悪意があるという意味で用いているのではなく，多くの介護者の仕事はほとんどが優しさと良心から行われているとし，「悪性」は私たちの古い文化における文化的遺産の一部であると述べている．しかし，悪性の社会心理に該当するケアはきわめて有害なケアであり，私たちの有害なケアが認知症の人の健康さえ損ねてしまうことになることを十分理解しなければならない．

4）認知症施策推進大綱の理解と実践者研修の位置づけ・意義

（1）基本的考え方

2019年6月18日，新オレンジプランに代わって認知症施策推進大綱が発表された（図1-2）．この基本的考え方は，認知症をだれでもがなりうる身近なものとしてとらえ，認知症の発症を遅らせ，認知症になっても希望をもってすごせる社会を目指し，「共生」と「予防」を車の両輪として施策を推進していくとしている．

共生とは，認知症の人が尊厳と希望をもって認知症とともに生きるという意味であり，生活に困難が生じた場合でも周囲の理解と協力のもと，住み慣れた地域のなかで暮らし続けることができる社会を目指すというものである．

予防とは，認知症にならないという意味ではなく，「認知症になるのを遅らせる」「認知症に

【基本的な考え方】	
認知症はだれもがなりうるものであり，家族や身近な人が認知症になることなどを含め，多くの人にとって身近なものとなっている．認知症の発症を遅らせ，認知症になっても希望をもって日常生活を過ごせる社会を目指し，認知症の人や家族の視点を重視しながら，『共生』と『予防』を車の両輪として施策を推進していく．	
（共生とは）	（予防とは）
「共生」とは，認知症の人が，尊厳と希望を持って認知症とともに生きる，という意味である．引き続き生活上の困難が生じた場合でも，重症化を予防しつつ，周囲や地域の理解と協力の下，本人が希望を持って前を向き，力を活かしていくことで極力それを減らし，住み慣れた地域の中で尊厳が守られ，自分らしく暮らし続けることができる社会を目指す．	「予防」とは，「認知症にならない」という意味ではなく，「認知症になるのを遅らせる」「認知症になっても進行を緩やかにする」という意味である． 運動不足の改善，糖尿病や高血圧症等の生活習慣病の予防，社会参加による社会的孤立の解消や役割の保持等が，認知症の発症を遅らせることができる可能性が示唆されていることを踏まえ，予防に関するエビデンスの収集・普及とともに，通いの場における活動の推進など，正しい知識と理解に基づいた予防を含めた認知症への「備え」としての取組に重点を置く．結果として 70 歳代での発症を 10 年間で 1 歳遅らせることを目指す．また，認知症の発症や進行の仕組みの解明，予防法・診断法・治療法等の研究開発を進める．
【5 つの柱】	
①普及啓発・本人発信支援 ②予防 ③医療・ケア・介護サービス・介護者への支援 ④認知症バリアフリーの推進・若年性認知症の人への支援・社会参加支援 ⑤研究開発・産業促進・国際展開 ※対象期間は 2025（令和 7）年 　　↓　　　↓	
③医療・ケア・介護サービス・介護者への支援 （1）早期発見・早期対応・医療体制の整備 （2）医療従事者等の認知症対応力向上の促進 （3）介護サービス基盤整備・介護人材確保・介護従事者の認知症対応力向上の促進 （4）医療・介護の手法の普及・開発	

図 1-2　認知症施策推進大綱と認知症介護実践者研修

なっても進行を緩やかにする」という意味であり，生活習慣病の予防や社会的孤立の解消など，認知症の発症を遅らせる可能性があるものを推進し，予防の可能性のエビデンスをさらに収集し，普及していくこととしている．

（2）5 つの柱と実践者研修の位置づけ

　認知症施策推進大綱には普及啓発や本人発信支援から研究開発・国際展開まで 5 つの柱があり，認知症介護実践者研修は 3 つ目の柱である「医療・ケア・介護サービス・介護者への支援」に位置づけられている．さらに，そのなかには 4 つの項目があり，そのなかの（3）「介護サービス基盤整備・介護人材確保・介護従事者の認知症対応力向上の促進」のなかに含まれており，そのなかには，「認知症についての理解のもと本人主体の介護を行い，できる限り認知症症状の

進行を遅らせ，BPSD を予防できるように，基礎研修，実践者研修，実践リーダー研修，指導者養成研修を推進する」と明記されている．

　都道府県・政令指定都市で行われている認知症介護研修は，認知症介護実践者研修と認知症介護実践リーダー研修があり，リーダー研修まで修了した人は，原則都道府県・政令指定都市の長の推薦を受ければ，認知症介護研究・研修センターが実施する認知症介護指導者養成研修を受講することができる．この3段階のステップアップ研修は，認知症介護実践研修とよばれている．現在，これらの研修受講修了者の存在は，認知症ケアを行っている介護保険施設等における加算要件となっており，介護保険のなかに位置づけられている．

2．認知症に関する基本的知識
1）加齢に伴う身体・心理状態の変化
　老化は生理的老化と病的老化に分けられるが，両者の区別は必ずしも明確ではない．顕著な臨床症状がない場合を前者，臨床症状を示す場合を後者ということが多い．老化に伴い，一般的には身体機能は低下するが，個人差が大きく，身体機能の低下も一様ではない．また，環境やライフスタイルによって影響される．

　加齢に伴う感覚機能を含めた身体機能の変化を表 1-3 に表す[2]．

2）認知症の診断基準（DSM-5 について）
　従来，認知症の診断基準は米国精神医学会による診断基準である DSM-Ⅳ-TR（Diagnostic and Statistical Manual of Mental disorders, Fourth edition, text revised；精神疾患診断統計便覧第 4 版本文改訂版）と WHO（World Health Organization；世界保健機関）による ICD-10（International Classification of Diseases-10th Edition）の精神および行動の障害の診断基準によってきた．2013 年に DSM-Ⅳ-TR が改訂され DSM-5 となった．日本語版は 2014 年に発刊されている．この DSM-5 では，DSM-Ⅳ の「せん妄，認知症，健忘障害，および他の認知障害」のカテゴリーが，神経認知障害群（neurocognitive disorders）という新たなカテゴリーとして設けられた．認知症の個々の原因疾患で慣用的に用いられてきた認知症という用語はそのまま用いることができるが，それらを包括するカテゴリーの名称として認知症（dementia）という用語は DSM-5 では用いられなくなった．神経認知障害群はせん妄（delirium）と神経認知障害（neurocognitive disorders；NCD）から構成され，NCD は major NCD と mild NCD から構成される．前者はいままでの認知症，後者は軽度認知障害（Mild Cognitive Impairment；MCI）に相当する（図 1-3）．

　DSM-5 の認知症の診断基準として大きく変わった点は2つある．1つ目は dementia が major NCD という用語に変更された点で，2つ目はせん妄を除く神経認知障害群（major NCD と mild NCD）を診断するための A〜D までの5つの基準のひとつの A の項目に神経認知領域とよばれる6つの認知機能が示された点である．DSM-Ⅳ-TR では記憶障害が必須の項目であったが，DSM-5 では6つの認知機能のひとつとして示されるようになった．また，認知症の診断基準とは直接関連しないが，従来の MCI が mild NCD として疾患のひとつとして位置づけられた．

表 1-3　加齢に伴う身体機能の変化

循環器系	・心疾患がない限り，心臓の重量には大きな変化はない ・安静時の心拍出量は加齢による変化はないが，心拍数は加齢とともに減少するため 1 回拍出量は増加する ・高齢者の心臓は負荷に対する予備能力が低下するため心不全になりやすい ・収縮期血圧は加齢とともに上昇，拡張期血圧は後期高齢期以降では逆に低下する
呼吸器系	・肺弾性収縮力が低下し（1 秒量の低下），胸壁コンプライアンスが低下し（胸壁が硬くなり，肺活量が低下），横隔膜筋力が低下する ・肺炎で死亡する患者の多くは 65 歳以上の高齢者であるが，その理由として加齢による免疫機能の異常，気道線毛系の輸送能力の低下に加えて上気道反射の低下がある．上気道反射の低下によって，誤嚥，とくに夜間の不顕性誤嚥が生じやすくなり，容易に肺炎を発症する
消化器系	・口腔／咽頭：加齢による歯牙の欠落により咀嚼能力が低下する．嚥下能力も低下しやすい．したがって，若年者に比べて誤嚥のリスクが高い ・食道：逆流防止機能の低下がみられ，逆流性食道炎や食道けいれんなどの頻度が高い．また，食道裂孔ヘルニアが出現しやすくなる ・胃：加齢に伴い胃粘膜は萎縮する ・小腸／大腸：加齢に伴い粘膜・筋層が萎縮する ・肝臓：加齢に伴い，肝容積，肝血流量が低下し，肝薬物クリアランスが低下する
嚥下機能	・嚥下反射には明らかな加齢に伴う変化はない
内分泌系	・女性の老化は閉経，つまり卵巣からのエストロゲン分泌の停止により加速する ・男性ではテストロゲンが緩やかに低下する ・加齢に伴い甲状腺からのサイロキシン分泌は低下するが，末梢での代謝が低下するために血中濃度はあまり変化しない
骨・運動器系	・骨密度は加齢に伴い低下するため骨折の頻度が高まる．高齢者では，後方あるいは側方への転倒のために大腿骨近位部骨折が急激に増加する．とくに，閉経周辺期および閉経後数年間の骨密度の減少はいちじるしい
腎・泌尿器系	・腎血流量は 10 年間に 10％ずつ低下する ・クレアチニンクリアランス，尿濃縮，希釈機能は加齢に伴い低下する ・高齢者では薬物代謝のクリアランスが低下する ・膀胱の伸展強度は 10〜20 代に比べて，50〜70 代では 41％減少する ・排尿機構の老化に伴い，膀胱容量の減少，膀胱壁の伸展性の減少，残尿の出現，最小尿意量の増加，膀胱排尿筋の無抑制収縮の出現，尿道閉鎖圧の低下，尿流量の低下などが出現し，尿閉，尿失禁，尿路感染などが起きやすくなる
血液・免疫系	・血液の細胞成分のなかで加齢による変化がもっとも明らかなものは赤血球の減少である ・加齢に伴い腸管から鉄の吸収が低下するため体内の鉄の総量は低下する ・生理的な条件では高齢者の造血能の変化は目立たないが，抗がん剤の投与などのストレスがかかった場合には，高齢者では若年者にみられない造血能の低下がみられる ・獲得免疫系を構成する T 細胞は加齢による影響を受けやすい
運動機能	・加齢に伴う身体機能の変化のなかでサルコペニア（加齢に伴う筋量や筋力の低下）が自立度に大きく関連する．サルコペニアは上肢よりも下肢でいちじるしく歩行能力に強く影響するため，それを抑制する筋力とトレーニングや適切な栄養摂取量が重要になる
視力	・白内障，緑内障，加齢黄斑変性などの視力障害の割合は加齢とともに上昇する ・色覚では加齢によって青黄軸の混同が増加する
皮膚	・加齢とともに皮膚の水分を保持する力が落ち，皮膚は乾燥し，皮脂腺からの皮膚の脂量が低下するため，湿度が低下し，乾燥する冬季には皮膚が極度に乾燥し，鱗屑を生じる乾皮症が高齢者に頻発する
聴覚・嗅覚	・加齢に伴って聴覚は低下する．生理的聴覚低下を老人性難聴という．高音が聞こえにくくなり，とくに騒音下での言語聴取能力が低下する ・生理的範囲での嗅覚の年齢変化は軽度と考えられている

味覚・咀嚼機能	・味覚では，甘味，塩味，酸味，苦味の4基本味あるいはうま味を加えた5基本味説が知られている．加齢による味覚の変化は味覚の受容から脳における認知まですべての過程において，機能低下があることが原因とされている．さらに，義歯のぐあいや口腔内の状態によっても影響を受ける

大内尉義編：老年医学の基礎と臨床1：認知症を理解するための基礎知識．ワールドプランニング，東京（2008）をもとに作成．

図1-3　神経認知障害群

　神経認知領域に含まれる6つの認知機能を表1-4に示す．表1-5に認知症（DSM-5）と軽度認知障害（DSM-5）の診断基準を示す．

3）認知症の原因疾患（軽度認知障害，若年認知症を含む）

　介護保険実施前には日本において多くの疫学調査が行われたが，実施後に行われた調査は1つしかない．全国6地域の65歳以上約5,000人について一定の基準で行われた疫学調査結果ではアルツハイマー型認知症がもっとも多く66％を占め，次いで血管性認知症であった（図1-4）．65歳未満に発症した若年認知症では血管性認知症がもっとも多く，次いでアルツハイマー型認知症であった（図1-5）．この調査では日本全国で約38,000人と推定されている．表1-6に認知症の四大原因疾患の特徴を示す．

　軽度認知障害の診断基準は認知症の診断基準の項に示した．

4）認知症に間違えられやすい状態，疾患

（1）認知症の原因と間違えられやすい状態

　「ボケてきた」と言われることがある．認知症は医学的に定義されている用語であるが，ボケは一般的に用いられている言葉である．認知症の意味で，ボケという言い方がされることも，ただ歳をとっただけの変化を示す場合もある．ボケといわれるさまざまな状態のなかで，うつ状態，せん妄および認知症は病的な原因によるボケということができる．認知症と間違えられやすい状態と認知症との違いを簡単に以下に述べる．

①加齢による変化

　人の名前をすぐに思い出せない，ど忘れが目立つなどの変化が含まれている．このような変化は，病的なものではない．自覚できていることが多く，見当識障害はない．半年，1年で，家族がはっきりわかるほど変化することもない．もちろん，普段の生活に支障をきたすことは

表 1-4　神経認知領域の症状の例

認知領域	症状や所見の例
複雑性注意	重度：テレビや会話などの複数の刺激のある環境で容易に気が散る．いま言われた住所や電話番号を思い出すなどのような新しい情報を保持するのが困難 軽度：通常の作業に以前よりも長く時間がかかる．仕事で以前よりも再確認する必要が出てくる
実行機能	重度：日常生活に役立つ活動を計画し，意思決定をするのに他者に頼る必要がある 軽度：多くの段階を踏む計画を完了するために努力を要することが増える．複数の処理を同時にするような仕事が困難になる
学習と記憶	重度：しばしば同じ会話のなかで同じ内容を繰り返す．買い物をするときの品物や1日の予定を思い出すことができない 軽度：最近の出来事を思い出すのに苦労し，リストを作成したり，カレンダーに頼ったりすることが増える．時折，数週間にわたって同じ人に同じ内容を繰り返すことがある．請求書がすでに支払われたかどうか思い出せない 注：重度の認知症を除いて，意味記憶，自伝的記憶，潜在記憶は近時記憶に比べて比較的保たれる
言語	重度：言語の表出にも受容にもいちじるしい困難がある．しばしば，一般的に使われる語句，「あれ」とか「なにを言いたいかわかっているよね」を使い，ものの名前よりも一般的な代名詞を好む．症状が進むと，より親しい友人や家族の名前すら思い出せない．特有な言い回し，文法的な誤り，および自発言語やむだを省いた発語が起こってくる．常同的言語が起こる．反響言語と自動言語は無言症に通常先行する 軽度：喚語困難が目立つ．特定の用語を一般的な言葉で代用するかもしれない．文法的な誤りでは，冠詞，前置詞，助動詞などの微妙な省略や不正確な使用がある
知覚-運動	重度：以前から慣れていた活動（道具使用や自動車運転）や慣れた環境での移動がいちじるしく困難になる．しばしば夕暮れ時にさらに混乱する 軽度：以前より地図などに頼る．駐車が以前ほど正確でなくなる．大工仕事，組み立て，縫い物，編み物のような空間作業により大きな努力が必要になる
社会的認知	重度：許容できる社会的範囲から明らかに逸脱したふるまい．服装の節度または会話の政治的，宗教的，性的な話題についての社会的基準に無神経になる．1つの話題に過度に集中する．家族または友人に配慮せずに行動を意図する．安全を考えずに意思決定する．典型的にはこれらの変化に対してほとんど病識がない 軽度：行動または態度の微妙な変化から社会的な手がかりを認識したり，顔の表情を読んだりする能力の減少．共感の減少．抑制の減少．しばしば人格変化として記述される

日本精神神経学会日本語版用語監修，髙橋三郎，大野　裕監訳：DSM-5 精神疾患の診断・統計マニュアル．585-587，医学書院，東京（2014）をもとに作成．

なく，もの忘れを補うために，適当に話のつじつまを合わせること（作話）などもない．認知症との違いを表 1-7 に示す．

②廃用性の変化

廃用性の変化といわれるものがある．健康な人であっても，足腰を長く使わずにいると弱ってしまうのと同じようなことが，精神的な働きについても当てはまる．頭を使わずにいれば，回転が悪くなるのである．日常生活動作（Activities of Daily Living；ADL）が低下してきた，つまり，自分の力では歩けないなどの高齢者が，何の刺激もない環境で寝たきりの状態が続けば，もともと頭がしっかりしていた人でも，日付や時間の感覚が不確かになったり，応答がちぐはぐになったり，緩慢になったりし，認知症と間違われかねない状態になりやすい．典型的には，いわゆる呼び寄せ老人の閉じこもりでみられることがある．このようなグループが認知

表 1-5　認知症（DSM-5）および軽度認知障害（DSM-5）の診断基準

認知症（DSM-5）

A. 1つ以上の認知領域（複雑性注意，実行機能，学習および記憶，言語，知覚-運動，社会的認知）において，以前の行為水準から有意な認知の低下があるという証拠が以下に基づいている：
　(1) 本人，本人をよく知る情報提供者，または臨床家による，有意な認知機能の経過があったという懸念，および
　(2) 可能であれば標準化された神経心理学的検査に記録された，それがなければ他の定量化された臨床的評価によって実証された認知行為の障害

B. 毎日の活動において，認知欠損が自立を障害する（すなわち，最低限，請求書を支払う，内服薬を管理するなどの複雑な手段的日常生活動作に援助を必要とする）

C. その認知的欠損は，せん妄の状態でのみ起こるものではない

D. その認知欠損は，他の精神疾患によってうまく説明できない（例：うつ病，統合失調症）

▷以下によるものか特定せよ
　アルツハイマー病
　前頭側頭葉変性症
　レビー小体病
　血管性疾患
　外傷性脳損傷
　物質・医薬品の使用
　HIV 感染
　プリオン病
　パーキンソン病
　ハンチントン病
　他の医学的疾患
　複数の病因
　特定不能

軽度認知障害（DSM-5）

A. 1つ以上の認知領域（複雑性注意，実行機能，学習および記憶，言語，知覚-運動，社会的認知）において，以前の行為水準から有意な認知の低下があるという証拠が以下に基づいている：
　(1) 本人，本人をよく知る情報提供者，または臨床家による，有意な認知機能の経過があったという懸念，および
　(2) 可能であれば標準化された神経心理学的検査に記録された，それがなければ他の定量化された臨床的評価によって実証された認知行為の障害

B. 毎日の活動において，認知欠損が自立を障害しない（すなわち，請求書を支払う，内服薬を管理するなどの複雑な手段的日常生活動作は保たれるが，以前より大きな努力，代償的方略，または工夫が必要であるかもしれない）

C. その認知的欠損は，せん妄の状態でのみ起こるものではない

D. その認知欠損は，他の精神疾患によってうまく説明できない（例：うつ病，統合失調症）

▷以下によるものか特定せよ
　アルツハイマー病
　前頭側頭葉変性症
　レビー小体病
　血管性疾患
　外傷性脳損傷
　物質・医薬品の使用
　HIV 感染
　プリオン病
　パーキンソン病
　ハンチントン病
　他の医学的疾患
　複数の病因
　特定不能

日本精神神経学会日本語版用語監修，髙橋三郎，大野　裕監訳：DSM-5 精神疾患の診断・統計マニュアル．594，596，医学書院，東京（2014）より作成.

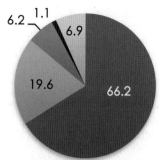

■アルツハイマー型認知症　　■血管性認知症　　■レビー小体型認知症
■前頭側頭葉変性症　　■その他

第 19 回新たな地域精神保健医療体制の構築に向けた検討チーム資料（2011.7.26）より

**図 1-4　全国 6 地域の 65 歳以上の約 5000 人（回収率 64％）を対象として
行われた疫学調査で認知症と診断された 373 人の診断**

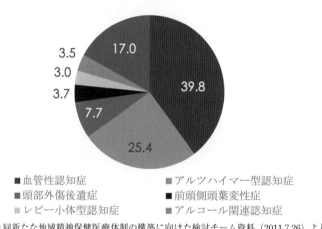

■血管性認知症　　　　　　　　■アルツハイマー型認知症
■頭部外傷後遺症　　　　　　　■前頭側頭葉変性症
■レビー小体型認知症　　　　　■アルコール関連認知症

第 19 回新たな地域精神保健医療体制の構築に向けた検討チーム資料（2011.7.26）より

図 1-5　全国 7 地域で 65 歳未満で発症した若年認知症調査

症を発症するハイリスクグループであることの確認は十分にはなされていないが，適切にかか
わることができれば日常生活には支障がない程度には回復することが経験的には知られている.

　③うつ状態による変化

　うつ状態は，憂うつ気分，気力が出ない，おっくうなどの訴え，不安・焦燥感（客観的には，
いらいらした多動状態，訴えとしては気持ちがゆったりしない，じっとしていられない，など
がある），自律神経症状（不眠がもっとも多い）の 4 つの症状から構成されている. 60 歳前で
は精神運動抑制（行動がのろく，弱く，活気がない，話しかけるとぽつりぽつりかろうじて，
ゆっくり，低い声で必要なだけ答える，そして間もなく黙ってしまう状態）が 60 歳以降に比べ
て多いが，心気（身体のぐあいについての関心やとらわれが高まる状態），不安，焦燥，自責
感，妄想などは後者で多い. 初老期から老年期にかけては不安・焦燥が多いため，自殺企図に

表 1-6　四大認知症疾患の特徴

	アルツハイマー型認知症	血管性認知症	レビー小体型認知症	前頭側頭型認知症（ピック病）
特徴	・近時記憶・エピソード記憶の障害が多い ・見当識障害・視空間認知の障害 ・失語失行失認など ・場合わせ，取り繕い反応	・脳の損傷部位・程度により異なる ・比較的保たれている部分とそうでない部分がある	・注意や覚醒レベルの変動と関係する認知機能の動揺 ・具体的で詳細な内容の幻視 ・パーキンソン症候群 ・レム睡眠行動異常症	・前頭側頭型認知症（社会的行動や人格の異常）→ピック病 ・進行性非流暢性失語（言葉を流暢に発することができなくなる） ・意味性認知症（利き手を挙げてと言われ「利き手ってなに？」） 前頭葉と側頭葉に萎縮 早期から性格変化，社会性の消失 手続き記憶，エピソード記憶，視空間認知能力は保たれている
精神症状	・妄想（物盗られ妄想） ・意欲低下 ・易怒性	意欲の低下，自発性低下，感情失禁，夜間せん妄など，再発することが多く，しかも，そのたびに階段状に悪化する（脳血管障害の再発を予防）	・幻覚，特に幻視 ・体系化した妄想 ・幻覚・妄想に基づく不安，焦燥，興奮，異常行動， ・注意明晰さの著名な変動 ・注意低下　など	・被影響性の亢進（まねをしないでと手を上げるとまねしてしまう） ・脱抑制（反社会的な行為） ・常同行動（時刻表的な生活） ・自発性の低下 ・特定のものに執着する
身体症状	・老年期によくみられる病態（脱水感染症など）→常に観察し，発見の遅れがないようにする（自らの訴えが少ない）	・動脈硬化のリスク（高血圧症・心疾患・糖尿病など） ・老年期によくみられる病態（脱水，感染症など）	・繰り返す転倒 ・失神 ・抗精神病薬に対する感受性亢進 ・CT，MRI 画像で特異所見がないことが多い ・後頭葉で脳循環代謝の低下	・特徴的な身体症状はなし
神経症状	・麻痺や固縮（筋強剛）など局所神経兆候は初期にはみられない（パーキンソン症状なし）	・排尿障害，歩行障害，麻痺，病的反射，仮性球麻痺に伴う嚥下障害，構音障害，パーキンソン症候群など ・錐体外路症状である構音障害と排尿障害のある人は嚥下障害を合併し誤嚥性肺炎を起こすリスクが高い	・パーキンソン症候群がある（固縮・小刻み歩行）	・麻痺や固縮など局所神経徴候は初期にはみられないことが多い ・運動ニューロン型では上肢に顕著な筋力低下と筋萎縮がみられる

至ることもある．また，憂うつ気分と抑制症状が目立たず不安・焦燥が目立つため，うつ状態であっても表情はニコニコし，よく動き，よく話す．しかし，計算を間違えたり，時間の感覚が不確かになったりするため，認知症と誤診されやすい（仮性認知症）．状態の変化が数週間前から，あるいは2〜3か月前から始まったものであるときには，まずアルツハイマー型認知症は考えにくい．老人のうつ状態の特徴として自律神経症状が全面にみられることがあり，身体疾患と間違われやすいという特徴がある（仮面うつ病）．高齢者では，若年者に比べて身体疾患や

表 1-7　健康な高齢者の加齢に伴うもの忘れと認知症のもの忘れ

普通のもの忘れ	認知症のもの忘れ
体験の一部分を忘れる	全体を忘れる
記銘力低下が主で，想起障害は目立たない	記銘力障害とともに想起障害もみられる
もの忘れを自覚している	もの忘れの自覚に乏しい
探し物も努力して見つけようとする	探し物もだれかが盗ったと言うことがある
見当識障害はみられない	見当識障害がみられる
作話はみられない	しばしば作話がみられる
日常生活に支障はない	日常生活に支障をきたす
きわめて徐々にしか進行しない	進行性である

薬剤性のうつ状態が出現しやすいことも特徴であるが，具体的な原因の検索については専門医にゆだねられるべきであろう．また，臨床的にはうつ病と認知症が合併することも決して少なくない．臨床検査等で鑑別することはできず，信頼できる家族からの情報によることになる．したがって，単身者や十分な情報が家族から得られない場合には，専門医を受診することが望ましい．

　④認知症とせん妄

　せん妄とうつ状態は，診断さえできれば回復可能な状態であり，認知症にみられる，あるいは関連する症状のなかでは精神科的な治療の対象になる二大症状といえる．老年期では，一過性あるいは長期にわたる意識の濁りが起きやすい．さまざまな原因で起こるが，脳血管性障害による場合がもっとも多い．また，感染症，心不全，糖尿病，アルコール中毒，薬物中毒（向精神薬や鎮静薬の過量投与），頭部外傷などによっても起こる．心理的ストレスが誘因となることも，しばしばある．

　せん妄は，軽い意識障害（注意力の散漫となってみられる），幻覚（幻視が多い）と運動不穏（落ち着きなくウロウロするなど）を伴う状態であるが，幻覚におびやかされ，状況を誤認し，落ち着かずに歩き回ったり，大声で泣いたり，どなったりする状態が出現する．特徴として，夜間に増悪することが多く，夜間せん妄の形をとりやすい．認知症のある高齢者では，「家のおじいちゃんが急にボケてしまった」という訴えで，医療機関を受診することが多い症状のひとつでもある．せん妄が軽い場合には，一見正常のようにみえるが，うわのそらのようで話しかけてもはっきり返事ができない，自分の行為も明確に把握できない，注意力が散漫となり自分の周囲の状況をきちんと把握できないといった状態がみられる．状態の変化が何月何日の夜からというように，かなりはっきりした起こり始めがわかり，とくに夜間状態が悪くなるときには，まずせん妄を疑う必要がある（表 1-8）．

5）認知症の重症度の評価

　アルツハイマー型認知症の病期を ADL の障害の程度によって分類したものに，Reisberg らによる FAST（Functional Assessment Staging）がある（表 1-9）．CDR（Clinical Dementia Rating）とともに国際的にはもっとも頻用されている観察式の重症度評価法である．FAST は対象の ADL を総合的に判断し，認知症のなかでもとくにアルツハイマー型認知症の重症度を判定

表 1-8　認知症，うつ状態とせん妄の臨床的特徴

	認知症	うつ状態	せん妄
発　症	進行性で緩徐 特定できても季節か年単位	発症は週か月単位 多くは何らかの契機がある（身体疾患，配偶者の死亡，転居など）	何日の夜からというように発症時期を特定することができる．
症状の訴え方	多少のもの忘れに対する自覚はあるが，社会生活や仕事に支障をきたしている自覚はない 自分のもの忘れを隠す	自分のもの忘れなどの症状を強調する	一定しない
応　答	答えられない質問をはぐらかす，作話でごまかそうとする．あるいはごまかすために怒りだすこともある あまり考えないで，見当外れの答えが返る	はじめから「わかりません」などという拒否的な答えが多い 答えは遅れがちになる	簡単な質問でも何回も質問し直さないといけないことがある
注意力	簡単な質問には注意を向けていられるので，数字の順唱や逆唱はできる 注意力の日中の変化はないが悪くなるときは夕方が多い	注意力の障害は目立たず，1日のなかでも変化は一定しない	簡単な質問にも注意を集中できない．「えっ」「あっ何でしたっけ」という応答になりやすい 1日のなかでも変化しやすい
思考内容	自分の失敗を他人のせいにするなど他罰的	自責的，自罰的	一定しない
見当識	失見当の程度とADLの障害の程度はおおよそ一致している．失見当が変動することは少ないが，悪くなる時は夕方が多い．	失見当が軽いわりには，ADLの障害が目立つ	失見当が軽い割には，ADLの障害が目立つ
記　憶	記憶障害の程度とADLの障害の程度はおおよそ一致している 最近の記憶の障害が主体	記憶障害が軽いわりには，ADLの障害が重い 最近の記憶，昔の記憶，直前の記憶の障害の程度にあまり差がない	記憶障害が軽いわりには，ADLの障害が目立つ 即時再生**など直前の記憶の障害が目立つ
睡　眠	普通，睡眠障害はない	寝つきが悪い 夜中に何回も目が覚めるなど	夜間に悪化し，夜間せん妄の形をとりやすい

東京都高齢者施策推進室：痴呆が疑われたときに：かかりつけ医のための認知症の手引き（1999）より改変して引用．

することを目的としている．

　アルツハイマー型認知症について，正常老化を含め全部で7段階に病期が分類され，従来の評価法では記載が十分ではなかった境界状態，および軽度認知症，また高度認知症についても臨床的特徴が詳細に記述されている．Stage 6 と 7 では，それぞれ 5 段階と 6 段階の substage が設けられ，病期の進行に応じた具体例が示してある．とくに，軽度認知症については，日常生活における行動の変化が重要な診断上の指標となるが，これらの変化は必ずしも家族や本人から訴えられるとは限らない．そのため，病歴を聴取する際に想定し得る症状を1つひとつ家族や本人に聞きながら確かめる必要がある．境界状態あるいは軽度認知症の特徴は，職業を含む社会生活で何らかの支障が認められることであるが，FAST に記載されている具体的な ADL の行動変化の例は非常に参考となる．このことは本尺度の大きな特徴である．

　2 番目の特徴として，それぞれの stage のおおよその期間と予後が示してある点である．認

表1-9 FAST（Functional Assessment Staging）によるアルツハイマー病（AD）の重症度

Stage	臨床診断	特 徴
1	正常	主観的にも客観的にも機能低下なし
2	年齢相応	ものの置き忘れの訴え，喚語困難
3	境界状態	他人がみて分かる仕事の効率の低下 日常生活では機能低下は顕在化しない
4	軽度 AD	社会生活・対人関係では支障あり 日常生活ではほぼ介助なしで生活 計画・段取りをつけられない 時間の見当識障害 うつ状態が起きやすい 服薬管理は困難 カードでの買い物は困難 銀行の通帳の取り扱いは困難 近所で簡単な買い物はできる 特定の相手であれば電話できる
5	中等度 AD	日常生活でも介助が必要 気候に合った服を選んで着ることができない 理由なく，着替えや入浴をいやがる 場所の見当識障害 ひとりで外出して警察等に保護される
6	やや高度 AD	不適切な着衣，着衣に介助が必要 靴ひも，ネクタイは結べない 入浴しても洗髪は困難 湯音や湯量の調節ができない 人物の見当識障害（同居していない家族の顔はわからなくなる）
7	高度 AD	日常生活で常に介助が必要 同居している家族の顔がわからない 簡単な指示も理解できない

Reisberg B, Ferris SH, Anand R, et al.：Functional staging of dementia of the Alzheimer type. *Annals of the New York Academy of Sciences*, 435：481-483（1984）より作成.

知症が進行するにしたがって各 stage の期間は短くなる．軽度の認知機能の低下，つまり境界状態ではおおよその期間は 7 年であるが，中等度の認知機能の低下，つまり軽度認知症では約 2 年になる．

　3 番目の特徴として，各 stage の認知機能低下を示す状態の鑑別診断が示されている．たとえば，職場では問題がないにもかかわらず，家計の管理ができない場合には，失計算を巣症状として示す限局性の脳病変，あるいは仮性認知症を示すうつ病などの疾患が考慮されねばならない．また，着るものを適切に選択できるにもかかわらず正しく着ることができないときにもうつ病の可能性は否定できない．脳血管障害，あるいは中枢神経系の転移性占拠性病変である場合もある．とくに，うつ病では境界状態からやや高度の認知機能低下が認められる可能性があることに十分注意する必要がある．さらに，認知症の経過が，本尺度で示されている経過といちじるしく異なる場合にも AD 以外の疾患を疑う必要がある．

　FAST の信頼性の結果は示されていないが，FAST の基となった BCRS の評価者間信頼性は，評価者の組み合わせで多少異なるが，0.76-0.96 と十分な結果が報告されている[3,4]．妥当性の検討では，MMS との相関は 0.873 であった．欠点としては，評価するための情報は本人の状態をよく知っている介護者あるいは家族から聴取する必要があり，独居の場合には本方法による重症度評価は困難になる．

　介護者あるいは家族からの情報に基づいて簡便に評価する方法もある．手段的日常生活動作（Instrumental Activities of Daily Living；IADL）の障害があり IADL の障害にとどまっていれば軽度，一部の ADL を手伝う程度であれば中等度，全介助であれば重度とする考え方である．この方法は DSM-Ⅲ-R で用いられ，DSM-5 でも示されているが，FAST と同様の欠点がある．

　独居や認認介護であるなど，介護者や家族から情報が得られないことが増えてきている．このような場合には，改訂長谷川式簡易知能評価スケール（HDS-R）や Mini-Mental State Examination（MMSE）などの簡便な認知機能検査を用いざるを得ないが，両者とも認知症のスクリーニングを目的として作成された検査であり，重症度評価は本来の目的ではないことに留意する必要がある．さらに，認知機能検査得点はそのときの本人の状態や教育歴あるいは職業歴によって左右されやすい．

6）認知症の薬物療法

　認知症の薬物療法には大別して 2 とおりある．1 つは認知機能障害を対象とした治療薬であり，もう 1 つはいわゆる行動・心理症状（BPSD）を対象とした向精神薬による薬物療法である．前者は認知症の原因がアルツハイマー型認知症あるいはレビー小体型認知症の場合に用いることができる．表 1-10 に，現在使うことができる薬剤の一覧を示す．そのなかで，ドネペジル塩酸塩の効能・効果は添付文書の表現では「アルツハイマー型認知症およびレビー小体型認知症における認知症症状の進行抑制」と示され，他の 3 つでは「アルツハイマー型認知症における認知症症状の進行抑制」となっている．その効果を模式的に示すと図 1-6 のようになる．つまり，治療開始後一定期間改善方向に変化がみられるが，その後悪化する経過をたどる．一定期間後に治療開始時と同じレベルに戻るわけであるが，これは治療薬の効果がなくなったということではなく，経過が右方向へ移動，つまり認知症の進行が抑制されるということになる．したがって，治療を始めるのであればできる限り早期に始めたほうが意味があることになる．副作用は表 1-10 に示すが，コリンエステラーゼ阻害薬では消化器症状が共通してみられる．

　わが国では専門医，かかりつけ医問わず，行動・心理症状（BPSD）に対して向精神薬が広範に用いられている．しかし，行動・心理症状（BPSD）への対応の第一選択は薬物療法を用いない対応であり，本人や介護者に身体的な危険が及ぶ可能性がある場合など限られた場合のみ抗精神病薬の使用を検討することができる．2012 年に認知症，とくに行動・心理症状（BPSD）への適切な薬物使用に関するガイドライン作成に関する研究が行われ，そのなかで向精神薬開始後の状態のチェックポイントが示された（表 1-11）．2016 年には第 2 版が示されている．

表 1-10　アルツハイマー型認知症およびレビー小体型認知症の治療薬

一般名/販売名	ドネペジル/アリセプト	ガランタミン/レミニール	リバステイグミン/イクセロン・リバスタッチ	メマンチン/メマリー
投与回数	1 日 1 回	1 日 2 回	1 日 1 回	1 日 1 回
適応	アルツハイマー型認知症およびレビー小体型認知症における認知症症状の進行抑制	軽度および中等度のアルツハイマー型認知症における認知症症状の進行抑制	軽度および中等度のアルツハイマー型認知症における認知症症状の進行抑制	中等度および高度のアルツハイマー型認知症における認知症症状の進行抑制
作用	AChE 阻害薬 神経保護作用 海馬萎縮抑制作用	AChE 阻害薬 APL 作用	AChE 阻害薬 BuChE 阻害作用	NMDA 受容体拮抗薬 神経保護作用
剤形の種類	錠剤，口腔内崩壊錠，細粒，ゼリー剤，ドライシロップ	錠剤，口腔内崩壊錠，内用液	経皮吸収型製剤	錠剤，口腔内崩壊錠
半減期（時間）	70.7（口腔内崩壊錠 5 mg）	8.0〜9.4（4，8 mg）	3.3（18 mg パッチ除去後）	55.3〜71.3
有効用量/維持用量（mg/日）	アルツハイマー型認知症 軽〜中等度：5 高度：10 レビー小体型認知症：10	16-24	18	20
食事の影響	なし	食後が望ましい	なし	なし
副作用 10％以上	下痢，頭痛，嘔気	嘔気，嘔吐	下痢，頭痛，食欲不振，嘔気，嘔吐	―
1-10％	腹部障害，攻撃的行動，焦燥，食思不振，風邪，めまい，疲労，幻覚，不眠，筋肉のけいれん，痛み，発疹，失神，尿失禁，嘔吐	腹痛，食思不振，無気力，錯乱，うつ病（非常に希に自殺企図を伴う），下痢，めまい，消化不良，転倒，疲労，発熱，頭痛，高血圧，外傷，不眠，全身倦怠，鼻炎，嗜眠，失神，振戦，尿路感染，体重減少	腹痛，消化不良，焦燥，錯乱，疲労と無気力，頭痛，全身倦怠，嗜眠，発汗，振戦，体重減少	めまい，便秘，頭痛，高血圧，嗜眠

Jones RW：A review comparing the safety and tolerability of memantine with the acetylcholinesterase inhibitors. *Int J Geriatr Psychiatry*, 25（6）：547-553（2010）をもとに改変.

7）中核症状と有する能力の理解

　認知症の症状は，「中核症状」と「行動・心理症状（BPSD）」を合わせた形で出現する（図 1-7）．ここでは，中核症状がその人の生活や心理に与える一般的な影響について，アルツハイマー型認知症を中心に解説する.

（1）アルツハイマー型認知症の中核症状

　中核症状とは，脳の病的変化による認知機能障害が原因で起こるもので，認知症の原因疾患に同じであれば，共通してみられる症状のことをいう．ここでは，アルツハイマー型認知症の中核症状を中心に解説する．代表的な中核症状には，顕著な記憶障害（近時記憶の障害）と見当識の障害，判断力の障害，実行機能障害，失行，失認などがある.

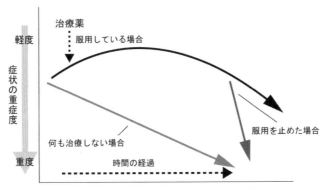

図 1-6　アルツハイマー型認知症に対する治療薬の効果

表 1-11　向精神薬開始後の状態のチェックポイント

・日中のすごし方の変化
・夜間の睡眠状態（就床時間，起床時間，夜間の排尿回数など）
・昼間の覚醒度や眠気の程度
・服薬状況の確認
・とくに制限を必要としない限り水分の摂取状況（食事でとれる水分量を含めて体重（kg）×（30-35）/日 mL が標準
・食事の摂取状況
・パーキンソン症状の有無（寡動，前傾姿勢，小刻み/すり足，振戦，仮面様顔貌，筋強剛など）
・転倒しやすくなったか
・減量・中止できないかの検討

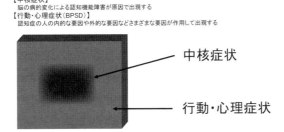

図 1-7　認知症の中核症状と行動・心理症状（BPSD）

（2）中核症状の特徴と日常生活への影響

①記憶障害

　アルツハイマー型認知症にみられる主要な中核症状は，「もの忘れ」にみられる記憶障害が代表的である．しかし，厳密にいえば「忘れる」というよりも「覚えられない」ととらえたほうがよいであろう．病気の初期では，直前の事柄を覚えていない近時記憶の障害が目立ち，何度も同じ話を繰り返す，約束事を忘れる，同じものをたくさん買い込むことなどが起こる．この

表 1-12　記憶障害が日常生活に与える影響と心理面への影響，その対応

日常生活への影響	心理面への影響	対応
・直前のことが覚えていられない ・これからさきの約束を覚えていられない ・ものをなくす ・買い物に行ってなにを買うかを覚えていない ・買い物に行って同じものを買ってくる ・頼まれたことを覚えていない	・さきほどまでなにをしていたのかわからない不安 ・自分がこれからなにをするのかがわからない不安 ・身に覚えがないことを責められることへの怒りの感情 ・大切なものが消えていく被害感	・もの忘れを責めず，根気よく対応する ・不安感があって頻繁にたずねてくる場合は，不安の原因を減らす ・生活空間を整備し，ものが見つかりやすい環境にする ・日課を明示して1日の生活を理解しやすくする

ように，記憶障害が原因で日常生活全般に支障が起こるようになる．

　自分がこれからなにをするのか，これからなにをしたらよいかわからないことは，認知症の人を不安にさせる．本人は覚えていないため，「言いましたよね」と言われても，いわれのない言いがかりのように感じてしまう．自分がものをしまったという体験を覚えていないため，目の前からものが消えていくように感じると訴える人も多く，しだいにだれかが持って行ったのではないかと被害的になることもあるであろう．ケアにあたる人の，「だから……」や「さきほども言ったように……」という発言は，認知症の人の立場からすれば，自分が責められている体験となる．このことは，認知症の人とケアにあたる人との人間関係にまで影響を与えることになる．また，もの忘れを利用して適当にごまかしたり，嘘を言って本人を納得させようとしたりすることもあるかもしれない．これは，「どうせ覚えていない」という気持ちが背景にあるために起こることであり，認知症ケアの理念に反する不適切な対応といえるであろう．

　認知症の人の記憶障害に対しては本人を責めず，何度聞かれても同じように繰り返し対応していくことが大切である．しかし，何度もたずねてくることは不安の表れでもあるため，不安の解消に向けたケアを考える必要がある．記憶障害は，日常生活のさまざまな面に影響を与えるため，部屋を整理してものが見つかりやすい環境にすること，「今日の予定」などとして日課を明示することなども効果がある．もの忘れが起こっていちばん困っているのは，認知症の人自身であるということを忘れてはならない（表1-12）．

　②見当識障害

　見当識には，時間，場所，人に対するものなどがあるが，見当識障害が起こるとさまざまな見当をつけることがむずかしくなっていく．

　時間の見当識障害が起こると，昼と夜を間違えたり，季節がわからなくなり季節にそぐわないものを着込んだりするようになる．

　場所の見当識障害が起こると，道に迷ったり，自宅にいながらトイレの場所がわからなくなったりする．また，部屋の明かりのスイッチの場所がわからなくなることも多い．

　人物に対する見当識障害では，家族や身近な人がわからなくなり，さらに高度になると，自分自身のこともわからなくなってくる．これは，家族や親しい人の顔がわからなくなるという

表 1-13　見当識障害が日常生活に与える影響と心理面への影響，その対応

日常生活への影響	心理面への影響	対応
【時間の見当識障害】 ・時間的感覚がわからなくなり，昼と夜を間違える ・季節の混乱が起こり，季節にそぐわないものを着る	【時間の見当識障害】 ・日時や季節がわからないことに対する不安 ・昼か夜かがわからなくなることによる混乱	【時間の見当識障害】 ・カレンダーや時計を使って日時がわかりやすい環境を整える． ・会話のなかに時間の話題を入れたりする．
【場所の見当識障害】 ・慣れた場所で道に迷う ・出かけて行って帰ってくることができない ・トイレや電気のスイッチなどの場所がわからない	【場所の見当識障害】 ・ここがどこなのかがわからない不安 ・知っている場所が見つからないことへの不安や混乱	【場所の見当識障害】 ・場所を理解しやすいように環境を工夫する ・場所がわからなくて不安になっている場合は，不安の解消を図るケア
【人物の見当識障害】 ・家族のことがわからない ・知っている人がわからない ・家族や知人との関係性が理解できない ・自分のことがわからない	【人物の見当識障害】 ・周囲にいる人がだれかがわからない不安 ・知らない人に囲まれている疎外感 ・周囲の人との関係がわからないことへの不安感や焦燥感	【人物の見当識障害】 ・認知症の人の混乱に振り回されず，落ち着いた対応を心がける ・介護者から名乗って関係性を理解してもらう

よりも，関係性がわからなくなるということであり，見慣れた人であるが，その人が自分とどのような関係にあるのかがわかりにくくなるのである．

　時間の感覚がわからないことは，認知症の人を不安にさせるため，不安を解消することを念頭においた対応を考える必要がある．環境を整えるという意味では，大きな時計をみえる場所に置くことや，カレンダーの終わった日に×を書いておくこと，日めくりカレンダーを利用することなどの方法がある．また，日常会話に時間の話題を入れていくことも効果的である．日常生活のなかでは日課を変えず，生活リズムを整えていくことが重要である．

　場所の見当識障害によって道に迷うようであれば，見守りが必要になるであろう．周囲の環境を整えたり，認知症の人がわかりやすい環境をつくったりすることなど，環境の整備が重要である．ここがどこだかわからないということは本人を不安にさせるため，不安の解消に向けたケアを行っていくことも大切である．

　人に対する見当識障害は，病状が進行したときに出現することが多い．身近な人に対する見当もつかなくなってくるため，家族は混乱しがちであるが，認知症の人の混乱に振り回されず，落ち着いて冷静に対応していくことが大切である．周囲の人がわからなくなり不安になっているのは認知症の人自身であることを理解し，本人を落ち着かせ，不安を取り除くように対処していくことが重要である．認知症の人に「私がだれだかわかる？」とか「私の名前は？」というように，試すようなやりかたは，認知症の人のプライドを深く傷つけるやり方であり，非常に不適切な対応となる（表 1-13）．

　③思考力・判断力の障害

　直前の記憶や今後の予定の記憶（展望記憶）などが障害を受けると，自分がいまなにをすればよいのか，これからなにをしなければならないのかという判断ができなくなるため，日常生

表 1-14　思考力・判断力の障害が日常生活に与える影響と心理面への影響，その対応

日常生活への影響	心理面への影響	対応
・目的に沿った行動ができない ・やりかけの事柄が中断される	・どう考えてよいのかわからないことによる混乱 ・判断できないことによる焦燥感	・むずかしい判断を要求する機会を減らす ・判断材料や選択肢を減らして判断しやすくする ・情報を簡潔に伝える

表 1-15　実行機能障害が日常生活に与える影響と心理面への影響，その対応

日常生活への影響	心理面への影響	対応
・作業などの手順がわからなくなる ・物事の段取りがつけられなくなる ・自分がやろうとしていることがうまくできない	・作業の手順がわからないことによる焦燥感 ・できないことに対する不安や怒りの感情 ・失敗したことによる後悔や抑うつ感	・物事の段取りや手順を口頭で1つずつ伝える ・作業に対する訓練的なかかわりを避ける ・できなくなったことを責めない対応

活にも大きな影響を及ぼすことになる．このため，台所に立ってもなにをしたらよいかわからなくなり，やりかけの仕事や作業が途中で止まってしまうことになるなど，目的に沿った行動ができなくなる．

　思考力や判断力の障害は，認知症の人を混乱させることになり，焦燥感も生まれてくるであろう．本人の意思を尊重することは大切であるが，判断力が低下した人に自分で何でも決めてもらうということは，負担を強いることになるため，情報をなるべく減らし，判断材料を少なくすることが効果的である．また，情報はなるべく簡潔に伝えるほうがよい．自分で決められない場合には，AとBのどちらかというように，少ない選択肢から本人に選んでもらうようにすると混乱が少なくなることが多い（表 1-14）．

　④実行機能障害

　実行機能の障害とは，物事の手順がわからなくなったり，作業の段取りがつけられなくなったりする障害である．このため，中途半端で止まったままの作業が残っていくことになる．また，タオルを渡して「顔を洗ってください」と言っても，そのタオルでテーブルを拭き始める行動をとることもある．

　実行機能の障害が起こると，できないことへの戸惑いや焦燥感，不安や怒りの感情，失敗したことによる後悔や抑うつ状態など，さまざまな心理的な問題を抱えることになる．

　実行機能障害に対しては，その手順を口頭で1つずつ伝えると意外にできることが多い．「次はどうするのか考えてみてください」というような訓練的なかかわりをすることは，認知症の人を混乱させる不適切な対応となる（表 1-15）．

　⑤失行

　失行とは，運動機能に障害がないにもかかわらず，以前はできていたことができなくなる状

表1-16　失行が日常生活に与える影響と心理面への影響，その対応

日常生活への影響	心理面への影響	対応
【観念失行】 ・動作の組み合わせができない 【着衣失行】 ・服がうまく着られない 【構成失行】 ・模写や積み木，パズルなどができない 【観念運動失行】 ・自然にふるまうとできることが意図的にはできない	・運動機能は問題なくても自然な動作ができなくなることへの違和感 ・自分がやろうとすることがうまくできないことへの焦燥感 ・これまでできたことができなくなることへの喪失感	・着衣等に関しては，着替えやすい着衣の工夫や言葉かけによるケア ・本人が失敗しそうな場面をなるべく避ける ・できなくなったことに対する周囲のさりげない支援 ・本人の困惑や混乱，喪失感，不安などを軽減させる対応

態である．失行には，観念失行，着衣失行，構成失行，観念運動失行などがある．

　観念失行は実行機能障害に似ているが，動作の組み合わせができなくなるものであり，袋から割り箸を取り出し，割るという一連の行為ができなくなるようなことが起こる．

　着衣失行では，ボタンの掛け違いや，服の袖に足を通してしまう，服を裏返しに着てしまうなどの行為が現れる．また，構成失行では，形を構成することの障害で，模写をすることができない，積み木やパズルがうまくできないなどの症状が現れる．

　観念運動失行では，人と別れるときに「バイバイ」といって手を振ることはできても，「もう帰りますから，あいさつしましょう」と言われると手が振れなくなってしまうなど，自然に振る舞う行為はできても，意図的にやろうとするとできなくなる．

　失行が起こると，なぜその動作ができないのかが本人にはなかなか理解できないため，自然な行為がうまくできないことに対する違和感をもつことがある．また，いままでスムースにできたことができなくなることへの焦燥感や喪失感などを抱きやすい．麻痺などと異なり，運動機能の障害ではないため，リハビリテーションもあまり効果が得られない．失行に対しては，周囲の人のさりげない支援が必要となる（表1-16）．

　⑥失認

　失認とは，感覚障害がないにもかかわらず，対象を認知することができなくなる状態であり，「物体失認」「相貌失認」「聴覚失認」「地誌的失認」「半側空間無視」などがある．

　物体失認は，対象となるものがよく知っているものでも，何だかわからなくなってしまう症状である．

　相貌失認は，失顔症ともいわれ，人の顔をパーツで理解したり，声や歩き方，服装などで判別したりすることができるが，全体で認識できなくなる症状であり，家族の顔も場所が変わると認知できなくなる．また，鏡に映る自分の顔が自分であると認知できなくなることも特徴である．

　聴覚失認は，電話の呼び出し音やインターホンの音など，よく知っているはずの音が何なのかわからない症状である．

　地誌的障害は，街並失認と道順障害が一般的に知られている．街並失認は，よく知っている

表 1-17　失認が日常生活に与える影響と心理面への影響，その対応

日常生活への影響	心理面への影響	対応
【物体失認】 ・よく知っているはずのものでも，何だかわからない 【相貌失認】 ・人の顔を全体で認識できない ・鏡に映る自分の顔を自分と認識できない 【聴覚失認】 ・よく知っているインターホンの音などが何の音かわからない 【地誌的失認】 ・建物が認知できなかったり，何の建物かはわかってもどちらの方角に行けばよいかわからないので迷子になったり目的地にたどり着けなかったりする 【半側空間無視】 ・視界の右側もしくは左側のどちらかが認識できない	・感覚機能に問題はなくても，さまざまなものが認識できない不安感 ・知っているはずなのにそれがなにかがわからない焦燥感 ・外を歩いていても，目的地に到着しない焦燥感や恐怖感	・正しい認知ができない部分に対しては，周囲の人が情報を提供する ・半側空間無視に対しては，歩行時や活動時の見守り ・半側空間無視の食事場面では，食事中の食器の移動などを行う ・認知できない部分に対する周囲のさりげない支援 ・本人の困惑や混乱，不安などを軽減させる対応

建物を認知できない障害であり，その結果道に迷ったり，目的地に行くことができなくなったりする．また，道順障害は方角・方向・距離感覚の障害と考えられており，「目の前の建物が何の建物かはわかるが，その角をどちらの方向へ行けばよいのかわからない」という自覚症状があることなどから，アルツハイマー型認知症の見当識障害とは異なっている．

　半側空間無視は，空間の左側もしくは右側が認識できなくなる症状であり，認識できない側の壁やものが認識できないために，ものがあるのに気づかなかったり，歩いて壁にぶつかったりしてしまう．しかし，本人は自覚がまったくないのが特徴である．

　失認が起こると，これまで問題なく認知できていたことができなくなってくる．そのため，本人は不安を感じるであろう．目の前にあるものが何なのかが理解できないこと（物体失認）や，自分に聞こえてくる音がなにを意味しているのかがわからないこと（聴覚失認）によって，認知症の人は困惑し，混乱を示すようになる．また，自分が目的地に行こうとしてもその街並みが理解できず，どのように行けばよいのかわからなくなるとき（地誌的失認）などでは，不安感や焦燥感などを生むことになる．

　失認は，リハビリテーションやトレーニングで改善することはむずかしいため，認知できない部分に対しては，周囲の人が情報を提供したり，さりげなくサポートしたりしていくことが必要である．また，半側空間無視が起こると，壁にぶつかって転倒する場合もあるため，見守りが必要となる．食事場面では，トレイのどちらか半分がみえなくなっていることを理解し，食器を移動するなどのケアが必要になるであろう．いずれにしても本人の困惑や混乱，不安などを軽減させる対応が重要である（表 1-17）．

（3）本人の有する能力の理解と支援

　本人が有している能力を理解するうえで欠かせないのはアセスメントである．アセスメント

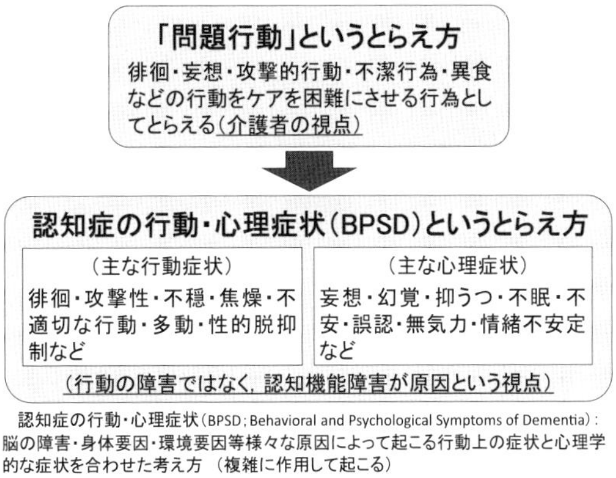

認知症の行動・心理症状（BPSD；Behavioral and Psychological Symptoms of Dementia）：
脳の障害・身体要因・環境要因等様々な原因によって起こる行動上の症状と心理学
的な症状を合わせた考え方（複雑に作用して起こる）

出典）加藤伸司：認知症の人の視点から考える BPSD．老年精
　　　神医学雑誌，27（増刊）：158（2016）.

図 1-8　問題行動から行動・心理症状（BPSD）へ

では，「現在サポートなしでできること」「サポートがあればできること」「能力を発揮すること
を妨げているもの」「サポートがあってもできないこと」の 4 つの視点をもつことが重要であ
る．サポートを受けることなく発揮できている能力があれば，それを維持できるように支援す
ることが必要となる．また，サポートがあればできる能力に関しては，適切なサポートの方法
について検討することが必要である．一方，何らかの理由で本来有している能力が発揮できな
い場合の多くは，周囲が「できない」と判断して，有している能力を発揮できる機会を奪って
いることが原因であることが多い．これはアセスメントを誤った結果として起こるものであ
り，本当にできないのか，サポートがあればできるのかを正しく判断し，そのサポートの方法
を検討することが必要となる．サポートがあってもできないことに関しては，そのような状況
をつくらないような支援が必要となるが，この判断は慎重に行わなければはならない．いずれ
にしてもアセスメントを誤ると，本人の能力を奪うことにつながるということを忘れてはなら
ない．

8）行動・心理症状（BPSD）の理解

（1）行動・心理症状（BPSD）はなぜ起こるのか

　徘徊や妄想，ケアへの抵抗などは，認知症の行動・心理症状（BPSD）とよばれる．BPSD
は，かつて問題行動とよばれていたが，それは介護者視点での用語であり，本人は問題と感じ
ていないという理解が進み，むしろ「問題行動」という用語は不適切用語と考えられるように
なった．行動・心理症状（BPSD）には，徘徊や攻撃的な行動など行動に表れる行動症状と，妄
想など面接や会話によって明らかになる心理症状がある（図 1-8）．具体的には，「徘徊」「妄想」
「ケアへの抵抗」などさまざまな症状があり，同じ疾患の人であっても出現の特徴はさまざまで
ある．たとえば，中核症状は何らかの形ですべての認知症の人にみられるが，行動・心理症状

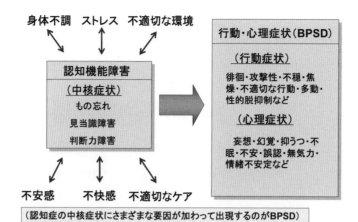

出典）加藤伸司：認知症の人の視点から考える BPSD. 老年精神医学雑誌, 27（2）：157（2016）.

図 1-9　行動・心理症状（BPSD）の出現原因

（BPSD）はすべての認知症の人に一律にみられる症状ではない．また，行動・心理症状（BPSD）が単独の症状で現れる人や，複数の症状が同時に現れる人，症状の内容が進行に伴って変化していく人などさまざまである．中核症状が認知症の人のほとんどにみられるのに対し，行動・心理症状（BPSD）の出現に違いがあるのはなぜであろうか．

　行動・心理症状（BPSD）はさまざまな要因が作用して出現するが，その要因には認知症の人の内的要因と，外的要因がある．内的要因としては，認知機能障害のほかにその人のもともとの性格や気質，心理的要因や身体的要因がある．外的要因としては，社会的要因や環境要因，不適切なケアなどがある．そのため，どの要因が大きく関与しているのか，あるいはどの程度関与しているのかによって症状の出現の仕方も変わってくるといえるであろう．

　行動・心理症状（BPSD）に対しては，「徘徊」や「攻撃性」などの現象だけをとらえて対処法を考えていくだけではなく，認知機能障害に加えてその原因となる「不安」「焦燥」「ストレス」など，本人の心理的側面と身体的側面，その人を取り巻く環境，ケアのあり方，周囲の状況などに目を向けて対処していくことが重要である（図 1-9）.

（2）介護者との関係性から生じる行動・心理症状（BPSD）

　行動・心理症状（BPSD）は，認知症の人と介護者との関係性によって誘発されることがある．たとえば，認知症の人が介護を困難にする行動をとったとする．そのことによって介護者はストレスを感じたり，イライラしたりするであろう．その結果，介護者は意識的ではないにしても，認知症の人に対して不適切な対応をしてしまうことがある．その不適切な対応は，認知症の人に影響を与え行動・心理症状（BPSD）を誘発することになる．行動・心理症状（BPSD）は，介護者側の負担感やストレスなどを増やすことになり，不適切なケアが増え，行動・心理症状（BPSD）を悪化させるという悪循環が起こることになる（図 1-10）．さらに，認知症ケアに対する知識不足や，介護者にゆとりがなくなっている場合には，この悪循環を断ち切ることはむずかしくなる．このため，行動・心理症状（BPSD）に対する対応を考える場合，

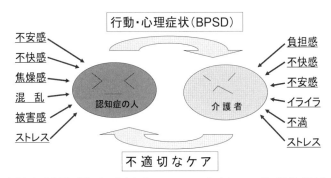

出典）加藤伸司：認知症の人を知る．53，ワールドプランニング，東京（2014）.

図 1-10　介護者との関係性から生じる行動・心理症状（BPSD）

表 1-18　行動・心理症状（BPSD）の出現原因を考える 10 の視点

①認知機能障害が本人の生活にどのような影響を与えているか
②中核症状に対する適切なケアが行われているか
③身体症状や痛みなど身体的な要因はないか
④不安やストレスなど心理的な要因はないか
⑤現在の生活環境がどのような状態になっているか
⑥行動・心理症状（BPSD）が出現する時間帯に特徴があるか
⑦行動・心理症状（BPSD）が出現する前の本人の様子はどうであったか
⑧行動・心理症状（BPSD）が出現する前の周囲の人たちの様子はどうで
　あったか
⑨行動・心理症状（BPSD）に対してどのような気持ちでどのようなケア
　を行ったのか
⑩その結果本人の様子はどのように変化したのか

認知症の人のケアだけではなく，介護者に対するケアと，適切なケアが提供できるような教育
も大切となってくる．また，ケアスタッフと認知症の人との間に悪循環が起こる場合もあり，
蓄積した介護ストレスが虐待に発展することもある．その際もっとも大切なのは，ケアスタッ
フが認知症の中核症状を正しく理解し，中核症状に対する適切なケアを行うことであり，その
ことによって行動・心理症状（BPSD）の出現も抑制できる可能性がある．また，ケアスタッ
フのストレスに対しては，個人の問題だけではなく，チームによる支援や組織的な対応が必要
になってくる．

（3）行動・心理症状（BPSD）の出現原因を考える視点

　行動・心理症状（BPSD）は，認知症の人自身の問題が原因にあると考えがちであるが，私
たちのケアのあり方が行動・心理症状（BPSD）を悪化させていることもよくある．行動・心
理症状（BPSD）は，複数の要因が関与して出現するものであり，身体的要因や心理的要因な
どの当事者の内面にある要因と，痛みや身体症状などの身体的要因，その人を取り巻く物理的
環境要因や人的環境要因，介護者との関係性などが複雑に作用していることも多い．それを考
えるうえでは，表 1-18 に示すような 10 の視点で観察することが役立つ．そのため，これまで

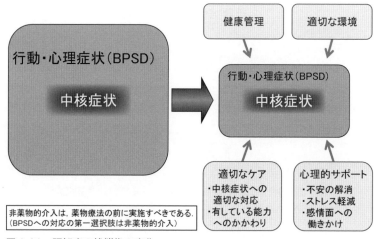

図 1-11　認知症の状態像の変化

のように，BPSD の症状のみに注目し，それをいかに軽減していくかを考えることが重要なのではなく，その背景や周囲の状況，環境，かかわり方など，広い視点でとらえていくことが重要であること理解しなければならない．

　中核症状に対する適切なケアはもちろんであるが，行動・心理症状（BPSD）が出現したときに，人や環境を含めて周囲がどのような状況になっていたのか，本人の心理的変化がどのように関与しているのか，行動・心理症状（BPSD）が出現する前の本人の状況がどうであったのか，そのときの周囲の様子はどうであったのか，そのときにケアにあたる人たちはどのような気持ちでどのようにかかわったのか，そのことによって認知症の人がどのように変化し，行動・心理症状（BPSD）がどうなったのかという視点をもってケアに臨まなければならない．行動・心理症状（BPSD）は，認知症の人自身の要因のみで出現するのではなく，周囲の環境や私たちのかかわりなどの相互作用で出現するということを理解したうえで，ケアにあたることを望みたい．

（3）認知症の状態像の変化

　中核症状の改善は困難であるが，行動・心理症状（BPSD）は，適切なケアや環境の工夫によって改善できる可能性がある．良好な環境のもとで適切なケアが提供されている場合，認知症が改善したようにみえることがあるが，これは中核症状が改善しているわけではない．実際には，図 1-11 に示すように健康管理が適切な環境，適切なケアや心理的サポートなどによって認知症の人の心理的ストレスが軽減し，行動・心理症状（BPSD）が抑制されたり予防されたりした結果として，周辺部分の症状が改善したためなのである．このように行動・心理症状（BPSD）を抑制できた場合，認知症の状態像は変化していくこととなる．適切な環境や適切なケアは行動・心理症状（BPSD）を予防したり抑制したりするが；不適切な環境や不適切なケアは行動・心理症状（BPSD）を誘発することを忘れてはならない．

（4）非薬物的介入と薬物療法

行動・心理症状（BPSD）に対する対応の第1選択肢は，非薬物的なアプローチといわれている．つまり，認知症の人が示すさまざまな行動・心理症状（BPSD）に対しては，薬物を用いないケアをまず優先して考えるべきということである．しかし，適切なケアだけでは解決しない場合もあり，薬物療法が必要になることがある．薬物療法の併用にあたっては，ケアにあたる人が，本人の状態や薬を服用する前後の様子に関して，主観を交えることなく正確に医師に伝えることも重要である．「薬がよい」「薬が悪い」と考える前に，どのようにすれば認知症の人が苦痛なく，楽に生活できるようになるのかを考えていくことが大切である．

（5）中核症状への誤った対応が誘発する行動・心理症状（BPSD）

不適切なケアや不適切な環境が行動・心理症状（BPSD）を誘発したり悪化させたりすることは先述したとおりであるが，ここでは，中核症状への誤った対応がなぜ行動・心理症状（BPSD）を誘発するのかについて考えてみたい．

アルツハイマー型認知症の中核症状である「もの忘れ」に対しては，もの忘れを責める対応がもっとも不適切なケアといえるであろう．たとえば，何度も同じことを繰り返す人に対して，「だから」や「さきほども言ったように」という発言をすることは，認知症の人と介護にあたる人の人間関係にも影響を及ぼす．理不尽な対応と感じる認知症の人は，攻撃的になったり，逆に抑うつ的になったりする場合がある．人間関係が悪化した環境は居心地の悪い環境であり，そのことが徘徊を誘発させることもあろう．また，見当識障害は認知症の人を混乱させる大きな症状のひとつであるが，場所がわからない，時間的な感覚がわからない，周囲にいる人がわからないことによって不安が喚起され，焦燥や抑うつ，妄想，攻撃性，徘徊などの行動・心理症状（BPSD）が出現することも多い．判断力や実行機能障害に対して，本人の能力を上回る要求することが原因でストレスとなり，攻撃性を誘発させることがある．いずれにしても，これまで行動・心理症状（BPSD）の出現原因は認知症の人にあると考えがちであったが，実際には介護にあたる人側にあることが多いことを忘れてはならない．

9）認知症の人の声

「あなたたちはなにもわかっていない」．この言葉は当事者から発せられた言葉である．その人はケアマネジャーを例に挙げ，「あの人たちは家族にしか話さない．家族と話していると私がなにか言おうとしても言えなくなる」とも話していた．私がいるのに，私のことを話しているのに，私に話しかけているわけではないという思いであろう．多くの家族は当事者の味方であるが，なかには認知症という病気を受け入れられず，「なぜこんなこともできないのか」「本当はできるだろう」というように，病気を受け入れられない人たちがいる．また，なにもできなくなったと考えて，何でも代わりにやってあげようとする守りすぎる家族もいる．しかし，これは家族が悪いというわけではない．当事者と1対1で話すと，実はいろいろなことを話してくれる．私たちは，当事者がなかなか話せない状況にあるということをよく理解して当事者と向き合うことが大切である．

また，ある人は，「買い物に行こうとして家を出た．店に行くとなにを買いにきたのかどうし

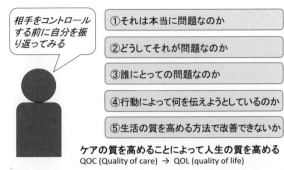

ケアの質を高めることによって人生の質を高める
QOC (Quality of care) → QOL (quality of life)

トム・キットウッド, キャスリーン・ブレディン（高橋誠一監訳, 寺田
真理子訳）：認知症の介護のために知っておきたい大切なこと；パーソ
ンセンタードケア入門. 70, 筒井書房, 東京（2005）をもとに作成.

図 1-12　困ったときの考え方

ても思い出せない. 店のなかをみて歩けば思い出すだろうと思って2時間くらい歩いてみたが,
やはり思い出せなかった. 仕方なく帰ろうと思って電車に乗ったが, 自分のおりる駅がわから
なくなった. でも私は徘徊したわけではない」. これはある認知症の人の体験である. 私たちは
すぐに徘徊と決めつけてしまうが, たいていはこのように何らかの理由があり, それは当事者
と話をすると明らかになる.

　病気が進行してくると, 自分の思いを言葉として表現できず, 行動になって現れることもあ
る. その行動はときにはケアを困難にさせる行動かもしれないが, そのとき私たちは, どうす
ればそれが解決するかをまず考え, 対処してきたのかもしれない. かつて問題行動とよばれた
行動・心理症状（BPSD）は, さまざまな思いや問題を自分のなかに抱えているために起こる
ものとしてとらえる必要がある. かつて室伏は「理にかなったケア」ということを述べている.
これは当事者の理にかなったという意味であり, ケアをする人たちの理屈ではない. そう考え
ると, 当事者の声に耳を傾け, 当事者の行動の起こる背景を考えることが大切なことはいうま
でもない. 行動・心理症状（BPSD）をメッセージと考えた場合, その解決策を考える場合に,
トム・キットウッドは次に示すような5つのことを自分に問いかけることを勧めている.

　①それは本当に問題なのか

　②どうしてそれが問題なのか

　③だれにとっての問題なのか

　④行動によってなにを伝えようとしているのか

　⑤QOL を高める方法で解決できないか

　認知症の人の起こす行動は私たちの不適切なケアに対するメッセージであるという視点を
もったとき, これまでの行動を抑えるというやり方がいかに不適切であったかがわかる. これ
からは, 認知症の人の生活を高める方法で解決できないかという視点をもつことがもっとも重
要である（図 1-12）.

【演習 1】
1．DSM-5 の認知症の診断基準の特徴は？
2．認知症の主な原因とその特徴は？
3．アルツハイマー病とレビー小体型認知症の薬物療法の効果とその意義は？

【演習 2】
1．認知症の中核症状の種類とケアの工夫について話し合い，まとめてみよう．
2．四大認知症のそれぞれの原因と特徴，ケアの工夫について話し合い，まとめてみよう．
3．認知症の重症度ごとに，その特徴とケアの留意点について話し合い，まとめてみよう．
4．Aさんの事例を表 1-16 の視点から検討し，話し合いながらケアの方法を考えてみよう．

3．認知症ケアの倫理

1）認知症ケアの倫理の必要性

　倫理とは，「人倫の道」といった人間社会全般に適用されるべき規範である（一般倫理）．たとえば，認知症の人を社会のなかで包摂していくような政策には，社会の構成員の多様性と人権を認めるといった倫理観が反映されている．しかし，ここでは「認知症ケア」を行う対人援助の専門職に適用される職業上の倫理（職業倫理）を対象として考えていこう．

（1）職業倫理とは

　一般倫理に対して，社会のなかでの各場面で適用される倫理を応用倫理という．職業倫理は応用倫理のひとつであり，各職業において業務の実施の過程や結果について，守るべき規範を示したものである．現代社会は専門的に役割が分化されていることによって，外部からその仕事ぶりがみえにくい構造となっており，提供される商品やサービスの質は提供者の良心にゆだねられている側面が大きい．職業倫理は，ある職業の人が自ら守るべき行動の規範であり，その業界や専門職が社会に対して示している守るべき行動規範の宣言でもある．

　たとえば，食品製造において，最終的に販売される製品の製造過程は消費者からみえない．法律上規定されている部分もあるが，製品に表示された産地，加工方法，添加物等が正しいことは，製造の各段階にかかわる組織・人の誠実さや正直さによって保証されており，製造の各段階にかかわる組織・人の自主的な倫理観にゆだねられる部分が大きい．守ることを宣言したルールやその達成に必要となる誠実さや正直さが裏切られた場合（たとえば，産地を偽装していたなど），社会から大きな非難を受けることになる．自主的な職業倫理が守られない場合には，守るべきルールが法定化され，自主的なルールから強制的なルールになることもある．自主的なルールが強制的ルールに変更されることで，その業界における専門性の自由度は減り，たとえば技術革新による新たな工夫を行おうとしたときにその適用が抑制されることもあり，業界全体が損失をこうむる可能性もある．

　①介護における職業倫理の必要性

　職業倫理はその仕事を行うにあたって守るべき規範であり，その仕事に従事する人が参照する行動基準である．では，介護職等の対人援助を行う専門職の職業倫理はどのようなものであろうか．高齢者介護においては，職員と利用者は1対1となっている場面で支援が行われるこ

とも多いこと，利用者側からは苦情を言いにくいこと，利用者は意思を表明する力が弱っていることも多いこと，とくに入居型の施設等においては家族からは日常の介護の過程はみえにくいことなど，外部からその仕事ぶりがみえにくい構造となっている．とくに，認知症の人は自ら受けているケアについて，意思を表明することがむずかしい場合が多い．そのため，社会から信頼を得るための自主的な規範である職業倫理を示すことが求められており，それが事業所・施設全体として守られ，その従業者が確かに守るための努力が必要となる．

　高齢者介護には，優しさや誠実さといったよい態度をもって行われること，利用者の状態に応じた安全で適切な技術をもって行われることなど，質の高いサービスが社会的に期待されている．介護保険制度では，介護サービスには尊厳の保持や自立支援・重度化防止等を目指すという基本方針が法や運営基準で定められており，事業所・施設に守ることを求めている．しかし，その具現化は実践のなかで任されている部分が大きい．そのためには，事業所や施設として質の高い支援を推進していくとともに，1 人ひとりの職員がこうした理念に沿ったケアを実行することに価値をおく倫理観をもつことが求められている．

　また，ケアを提供するうえで行ってはならないことがある．たとえば，虐待にあたるような行為が禁止されているのはいうまでもない．仕事上のストレスがどんなに高まったとしても決して虐待行為を行わないためには，職場においてストレスが過大にならないための環境整備が重要であるが，やはり個々の倫理観が求められるところである．さらに，身体拘束にはあたらない行為であっても，利用者の自由や権利を奪うような行為を行わないという倫理観も必要とされている．

　行うべきケア，行ってはならないケアのそれぞれについて，介護事業所や施設では，職員が職業倫理を守ることを推進していくことが求められている．

2）倫理的ジレンマの克服と倫理 4 原則

　ある分野において求められる根本的な行動基準を倫理原則という．高齢者ケアにおいても，自らの支援に関する行動に倫理的判断が求められたとき，その倫理原則に従って判断を行うことが求められる．対人援助における倫理原則については，さまざまな整理が行われているが，基本的な考え方としては，ビーチャムとチルドレスの医療倫理の 4 原則[5]が適用されている．ケアにおける倫理原則についても，この医療倫理の 4 原則を基盤に考えていくことが有効である．

　医療倫理の 4 原則は，自律尊重原則，善行原則，無危害原則，正義原則の 4 つの原則からなっている[5]．それぞれについてみていこう．

（1）自律尊重原則

　自律とは，自分自身で自分のことを決めることであり，基本的人権の重要な要素として位置づけられている．第 1 に，ケアの支援者が支援対象者の行動に対して支配的な制約を行わないことが求められている．どのような状況にあっても虐待が許されないのはいうまでもないし，正当な理由がない行動の制約を行わないことが求められている．法で定められている身体拘束にあたらない場合であっても，たとえば，大きな声で行動を制約すること，本人の希望をまっ

たく無視すること，本人が希望しない活動に強制的に参加させることなどは，この原則に抵触する可能性を十分に検討することが必要である．

　さらに，支援対象者が自律を保ち，自ら自己決定できるように支援することもこの原則にとって重要なことである．次節で述べる意思決定支援は，この原則に沿った支援の実現あるといえる．また，ケアプラン（介護サービス計画および各サービスの個別援助計画）の説明と同意の手続き（インフォームドコンセント）は，本人の自己決定を重視する重要な手続きである．さらに，個人情報を適切に保護し，守秘義務を守ることは，本人の個人情報へのアクセスや利用は本人自身が自らコントロールすべきであるという自律尊重の原則に基づくものである．

(2) 善行原則

　ケアの対象者本人にとって最善のことをすべきであるという原則であり，与益原則とよばれることもある．支援者側がもっともよいと決めるのではなく，利用者にとって最善ということが重要なポイントである．また，そのために専門性を最大限発揮する必要があり，専門的な技術を最大限発揮することも，専門性を高める努力をすることも，善行原則に従って求められている．

(3) 無危害原則

　ケアの対象者に危害を加えないように行動すべきであるという原則である．危害については，もちろん虐待のように故意に与えることが禁止されているのはもちろんであるが，過失や不作為による危害を可能な限り防ぐように努力することも含まれる．利用者の状態に注意をはらい，苦痛を与えない，楽しみを奪わない，能力の発揮を妨げないといったことに取り組むことが必要である．

(4) 正義原則（公正・平等原則）

　正義原則とは，支援の対象者には公正・平等に支援すべきであるという原則である．とくに，医療や介護といった税や保険料によって運営されているフォーマルな支援においては，その有限な資源を公正に配分するべきだという考えに基づいているものである．「公正・平等」が社会的にどのように実現されるかということは社会によって考え方が異なるが（たとえば，医療保険制度のあり方など），事業所や施設における利用者への支援においては，知り合いかどうかということや好き嫌いにとらわれず，その人の状態像に応じて，専門性に沿った支援を行うべきである．

(5) 倫理のジレンマ

　倫理原則は，倫理的判断を行うときに重要な基準であるが，現実の支援のなかでは絶対的なものではなく，ジレンマが生じることで判断に迷うことがしばしばある．

　自律尊重原則では，利用者の意思決定を最大限重視すべきであるが，その行動によって生命や身体に危険が生じるときにそれを避けるべきだという無危害原則が対立することになり，どのように判断すべきか迷う場面がある．たとえば，歩行力が低下して転倒の危険性があり，車いすを使用している認知症の人が立ち上がって歩こうとしたときに，どのような判断をするであろうか．

　認知症の人については意思決定が不明確なことも多く，本当に本人の意思を尊重したケアとなっているのか常に考えていくことが必要であるが，それでも本当に本人にとっての善行原則に沿っているのか迷う場面もある．

　守秘義務は対人援助の専門職においては重要な倫理的な行動基準であり，通常は厳重に守られるが，たとえば，支援対象者が虐待にあたる行為（とくにその相手の生命や身体の危険がある場合）をしていることを知った場合には，通報の義務が守秘義務を上回ると考えられている．しかし，利用者との信頼関係を考えると通報すべきか迷うこともある．

　また，善行原則に沿った支援方針は専門分野によって重点が異なることがある．たとえば，医療では尊厳の保持を考えるにあたって，生命や身体の安全を選択することが多いが，福祉領域では自由（自己決定）を重視することも多く，多職種連携を行う際に双方の倫理的判断が食い違うことがある．たとえば，健康と飲酒の兼ね合いや疾病と食べ物の要望（たとえば，糖尿病がある人の甘いものを食べたいという要望）について，お互いの専門性への理解を図りながら，意見を交換する必要がある．

【演習3】次のような行動は，どのような点が倫理原則に反しているのか，考えてみよう．
①利用者の前で，その利用者の行動の失敗について，職員同士で話をする．
②社会的活動に参加しない利用者を「認知症だからしょうがない」と放っておく．
③相手の反応を待たずに，介護側のペースでケアを行う．
④反応が乏しい利用者とは，コミュニケーションの機会を持たない．

4．認知症の人の意思決定支援

1）意思決定支援の必要性

　尊厳には，重要な要素として「自由」や「人権」が含まれており，自分に関することは自己決定できる権利を守ることが重視されている．自分に関する事項を決めることを「意思決定」という．しかし，認知症による認知記憶機能の不調は，客観的な情報に基づき意思決定をすることや，意思決定した結果を表明することを妨げることが多い．だからといって，本人の意思決定を無視して，周囲の人が無条件に決定を代行することはできない．もちろん，周囲の人は「善行原則」に基づき，本人によいと思うことを代行していることが多いが，とくに重大事項については，本人の意思決定を尊重すべきであり，意思決定を支援する「意思決定支援」を行うことが求められている．厚生労働省は2018年に「認知症の人の日常生活・社会生活における意思決定支援ガイドライン」を発出しており，認知症の人への意思決定支援がこのガイドラインに沿って行われている[6]．ここでは，そのガイドラインに沿って，意思決定支援の要点について考えていこう．

2）意思決定支援の基本的考え方

（1）本人の意思の尊重

　認知症の人が，一見すると意思決定が困難と思われる場合であっても，意思決定しながら尊厳をもって暮らしていくことの重要性について認識することが必要である．そのために，自己決定に必要な情報を，認知症の人が有する認知能力に応じて，理解できるように説明すること

が求められる

　本人の意思の内容（好み，志向等）については，支援者の視点で評価するだけでなく，本人の表明する意思・選好を可能な限り確認し，尊重しようとする努力が求められる．また，本人の意思決定能力が低下している場合に，本人の価値観，健康観や生活歴を踏まえて，本人が望むであろうことを関係者で推定することが必要になることもあるが，可能な限り本人に確認することが大切である．意思表示を理解するためには，言語による意思表示だけでなく，認知症の人の身ぶり手ぶり，表情の変化も読み取る努力を最大限に行うことも求められる．

(2) 本人の意思決定能力への配慮

　認知症の症状にかかわらず，本人には意思があり，意思決定能力を有するということを理解して前提にする．本人の意思決定能力を固定的に考えずに，本人の保たれている認知能力等を通じて適切な働きかけを行うことが求められる．本人の意思決定能力は，説明の内容をどの程度理解しているか，それを自分のこととして認識しているか，論理的な判断ができるか，その意思を表明できるか，によって構成されているが，周囲からの働きかけ方によってその能力の発揮は変化する．

(3) チームによる早期からの継続的支援

　認知症の軽度段階では，本人が自ら意思決定できる期間に，本人の生活の見通しを本人や家族，関係者で話し合い，起こりうることへの方針をあらかじめ決めておくことが有効である．しかし，意思決定は変化しうるものであり，意思決定支援は繰り返し行われる．本人の意思を理解したと判断しても，その過程や判断が適切であったかどうかを確認し，支援の質の向上を図ることが必要である．また，意思決定支援の経過と結果は記録し，相互に確認することが求められる．

　意思決定支援にあたっては，1人の専門職が本人の意思を確認したり，推定したりするのではなく，本人の意思を踏まえて，身近な信頼できる家族・親族，福祉・医療・地域近隣の関係者および成年後見人等がチームとなって日常的に見守り，本人の意思や状況を継続的に把握し，必要な支援を行うための「意思決定支援チーム」が必要であり，このチームでの会議を「意思決定支援会議」という．意思決定支援会議の開催は，意思決定支援チームのだれからも提案できるようにする．多職種のそれぞれの見方を尊重し，根拠を明確にしながら運営することが必要である．

　とくに，本人の意思決定能力の判定や，支援方法に困難や疑問を感じる場合，本人の意思を日常・社会生活に反映したときに他者を害するおそれや本人にとって重大な影響が生じる場合には，チームで情報を共有して会議を行う必要がある．意思決定支援会議では，意思決定支援の参考となる情報や記録が十分に収集されているのか，意思決定能力を踏まえた適切な支援がなされているのか，参加者の構成は適切かどうかなど，意思決定支援のプロセスを適切に踏まえているかを確認することが必要である．

　なお，意思決定支援会議には，原則として本人の参加が望ましいが，知らないおおぜいに囲まれるとかえって意見を出せなくなる場合があることに配慮する．

3）意思決定支援のプロセスの理解

（1）意思形成支援；本人が意思を形成することの支援

　　まずは，以下の点が守られているか確認する．

・本人が意思を形成するのに必要な情報が説明されているか．

・本人が理解できるよう，わかりやすい言葉や文字にして，ゆっくりと説明されているか．

・本人が理解している事実認識に誤りがないか．

・本人が自発的に意思を形成するに障害となる環境等はないか．

　認知症の人は説明された内容を忘れてしまうこともあり，そのつど，ていねいに説明し，答えを強制したり，誘導したりしない．

（2）意思表明支援；本人が意思を表明することの支援

・本人の意思を表明しにくくするような意思決定支援者の態度，人的・物的環境がないか配慮する．

・本人と時間をかけてコミュニケーションをとり，決断を迫って本人を焦らせるようなことは避ける．

・複雑な意思決定を行う場合には，意思決定支援者が，重要なポイントを整理してわかりやすく選択肢を提示することが有効である．

・本人の示した意思は，時間の経過や本人がおかれた状況等によって変わりうるため，最初に示された意思に縛られることなく，適宜その意思を確認する．

・重要な意思決定の際には，表明した意思を，可能であれば時間をおいて確認する，複数の意思決定支援者で確認するなどの工夫が適切である．

・本人の表明した意思が，本人の信条や生活歴や価値観等からみて整合性がとれない場合や，表明した意思に迷いがあると考えられる場合は，意思決定のプロセスを振り返り，改めて適切なプロセスにより，本人の意思を確認する．

（3）意思実現支援；本人が意思を実現するための支援

・自発的に形成され，表明された本人の意思を本人の能力を最大限活用したうえで日常生活・社会生活に反映させる．

・意思決定支援チームが，多職種で協働して，利用可能な社会資源等を用いて，日常生活・社会生活のあり方に反映させる．

・他者を害する場合や本人にとって見過ごすことのできない重大な影響が生じる場合以外は，形成・表明された意思が，ほかからみて合理的かどうかを問わない．

（4）意思決定支援プロセスにおける家族の位置づけ

・家族も本人の意思決定支援者と考える．

・本人の意思決定支援をするうえで，本人をよく知る家族は本人を理解するために欠かすことはできず，家族が意思決定支援チームの一員に入ることが望ましい．

・本人と意見が分かれる，家族の記憶と異なっている，社会資源等を受け入れる必要性の判断について見解が異なるといったことがあるが，専門職である意思決定支援者は，家族に

対して，本人の意思決定を支援するのに必要な情報をていねいに説明し，家族が不安を抱かないように支援をする．

(5) 日常生活や社会生活における意思決定支援

・日常生活の意思決定支援としては，食事・入浴・被服の好み，外出，排泄，整容などの基本的生活習慣や，日常のプログラムへの参加等が想定される（これらに限るものではない）．

・日常生活については，これまで本人がすごしてきた生活が確保されることを尊重することが原則である．

・本人の意思や好みを理解するためには，意思決定支援チームで，本人の情報を集め，共有することが必要である．

・社会生活の意思決定支援としては，自宅から施設等に住まいの場を移動する場合や自宅でのひとり暮らしを選ぶ場合，どのような介護等のサービスを選ぶか，また財産を処分する場合等が想定される（これらに限るものではない）．

・本人の示した意思を日常・社会生活に反映した場合に，本人にとって見過ごすことのできない重大な影響が生じる場合は，意思決定支援チームで話し合うことが必要である．

【演習 3】
認知症の人の日常生活・社会生活における意思決定支援ガイドラインの補助教材を使用して支援のポイントについてグループで討議しよう．
https://www.mhlw.go.jp/stf/seisakunitsuite/bunya/0000212395.html

---

5．自己課題の設定

1）理念に沿ったケアを実現するために

　理念倒れという言葉がある．これは，崇高な理念の割に現実が伴わないことを意味している．教わった理念を実行するのではなく，理念を自分で構築することの意味は，理念のなかに含まれる具体的内容を理解することにある．たとえば，「○○な暮らしを支えます」「○○な生活を目指します」という理念のなかには，「してほしくないこと」「してほしいこと」があり，それをもとに「してはならないこと」「やらなければならないこと」が導き出されるからである．理念はつくって満足するものではなく，それを具体的にどのように実現していくのかが重要である．

2）理念の実現を阻害しているもの

　理念に沿ったケアが実現できない原因はさまざまである．それを組織の問題や人手不足の問題にすることはたやすいが，そこで終わってしまえばなにも変化は起こらない．自分自身のこれまでのケアを振り返り，なにが理念を実現できない原因であるのかを考えてみる必要がある．

　たとえば，さまざまなケアの場面を振り返り，そのケアが理念に沿ったものであったのかをチェックしてみるのも1つの方法であろう．日常のケアの場面を振り返り，理念に反したケアを具体的に書き出してみること，あるいは理念に沿ったケアを具体的に書き出してみることによって，これまでの自己の問題点を整理することができる．

3）理念の実現に向けて

　認知症ケアの理念に沿ったケアを行ううえで，自分にはなにが必要かを考えてみることは大切である．そして，実践者研修においてなにを学ぶ必要があるのかを考えてみることも重要である．学ぶことによってすべてが実現するわけではなく，実践者研修を修了することによって，すぐに理念に沿った完璧なケアが提供できるわけでもない．理念に沿ったケアが実現できていない原因はなにか，実現するためにはどうすればよいのか，そのために今日からなにができるのかを考えていくことが，理念に沿ったケアの第一歩であることを理解しなければならない．

Ⅱ．生活支援のためのケアの演習 1

┌─**学習の Point**──────────────────────
│ 本節では，スタッフがかかわることの多い食事や入浴，排泄ケアの場面を取り上げ，中核症状や身
│ 体的要因，生活習慣や性格，まわりのかかわり方などが認知症の人の生活に与える影響を理解し，
│ 本人の困難さを解消するためにその要因を分析し，本人に合ったケアを提供できる力を身につけ
│ る．また，日常のケアのなかで「人間らしい生活」を強く意識することで，認知症の人が持ち続け
│ ている個人の能力を生かすケアを目指す.
├────────────────────────────────
│ キーワード：生活障害，中核症状，日常生活，生活のとらえ方，食事ケア，入浴ケア，排泄ケア
└────────────────────────────────

1．生活支援のためのケアの理解

　認知症の人は，なにもかもをスタッフに介助されるような生活を望んでいるわけではなく，いままで自分で行ってきた普通の生活が継続していくことを望んでいる．しかし，中核症状の進行によって，当たり前にできていたさまざまな生活行為に支障が出てくる．はじめは買い物や電話応対などの IADL から支障が出始め，進行とともに食事や排泄などの ADL にも支障が及んでくる．できなくなることが徐々に増えてくるなか，大きな不安にさいなまれ，戸惑いや失敗を繰り返すうちに自信を失っていく．自信を失うと気力もなくなり，できることもやらなくなってしまうという悪循環に陥りやすい．

　一連の生活行為ができないからといって，すべてを取り上げてしまったり，介助してしまったりすると，認知症の人の自尊心は大きく傷つく．そうではなく，スタッフが症状の進行によって生活行為ができなくなった要因を 1 つひとつていねいに確認し，認知症の人が自分で認識し，自身で行えるようなケアを提供していくことで，認知症の人は混乱せず，自信を失わずに自己肯定感を持ち続けて生活することができる．

　いままでの認知症ケアは，認知症の人がうまくできなくなったことをスタッフが代わりにやることが推奨されてきた．しかし，新しい認知症ケアでは，認知症の人の生活のしづらさを解消するために，スタッフが中核症状や身体的要因，生活習慣や性格，まわりのかかわり方などを工夫することによって，認知機能の低下がありながらも生活行為を続けられたり，再び自分でやれるようになることができたりすることを意識してケアを実践していく．このように，スタッフのケアの視点を切り替えていくことが新しい認知症ケアでは求められる．そして，認知症の人が望む「普通の生活を継続する」ことがケアの大きな目標となる．

2．認知症の人の生活障害

　認知症の人の生活障害は，「認知症の人にみられ，それゆえに個人的・家庭的活動と社会参加を困難にする日常生活上の障害である」といわれている[7]．人間は常に自分の行為を確認し，まわりの環境との関係性を確認しながら暮らしている．認知症の人も同じである．比較対象となるまわりの人が連続した記憶のなかで生活しているなか，その場の限られた情報でしか動く

ことのできない認知症の人は，まわりの人との感覚の違いにおおいにさいなまれる．同じ時間に同じ場所にいながらも，常に大きなハンディキャップを背負うことになる．

　1つの行為がうまくいかないだけで，「できない」「わかっていない」というレッテルを貼られ，認知症の人は信用や信頼を失いやすくなる．結果，認知症の人と生活行為が切り離され，次なる生活障害を生むきっかけになりやすい．

1）記憶障害と日常生活の困難

　施設での食事の場面を例に挙げる．声をかけられ部屋から出たが，しばらくするとなぜ自分が部屋の前にいるのかがわからなくなる．声をかけられたことが「体験していない」ことになるからである．食卓につき，「まだ食べないでください」と言われて「はい」と返事をするが，しばらくすると食事に手をつけ始める．認知症の人にとっては，結んでいない約束であるため，ケアスタッフとの約束を反故にしたわけではない．まわりに合わせて食べ始めた当然の行動である．みたことや聞いたことが記憶として残らないことは，過去からつながった記憶のなかで判断できず，いまの瞬間にみえるものや聞こえるものを頼りに状況を判断し，行動しなくてはならない状況におかれやすい．

　とぎれた記憶をたどることもできないなかでは，自分の行為の説明がうまくできず，まわりの人との会話において意思疎通がうまくいかない状況が生じやすい．

2）見当識障害と日常の困難

　認知症の人の言動はときに滑稽に映る．滑稽と感じる人は，いまいる場所やみているもの，まわりの人などを認知できるため，認知症の人の言動を場にそぐわないこととととらえるのであろう．

　しかし，本人は正しいと思って行動していることも多い．時間や場所，ものや人の認知も間違えようと思って間違えているわけではなく，本人としては「正しい」と思って行動しているのではないかという疑問をもつ必要がある．

　見当識障害による生活上の困難さは，記憶障害と複合してさまざまな場面でみられる．

　時間の見当がうまくつかなくなると，夜中に出かけようとしたり，昼間に雨戸を閉めたりする行為がみられることがある．

　場所の見当がうまくつかなくなると，元の場所に戻ってこられなくなったり，部屋を間違えたりする行為がみられることがある．距離や大きさ等，空間の認識がうまくいかないことも多く，字が曲がったり大小の文字が混ざったりするようになると書き物も困難になる．

　ものの見当がうまくつかなくなると，新しい機械などが使えなくなったり，異なった使い方をしたりするなどの行為がみられることがある．

　人の見当がうまくつかなくなると，孫を子どもと間違えたり，他人を家族と思い込んだりする行為がみられることがある．

　新しい器具や空間，しつらえなどは，身につけた習慣や経験が生かされないことが多く，失敗を繰り返すという結果になりやすい．

3）実行機能障害と日常生活の困難

　順序立てて作業ができなくなると，やり遂げられる生活行為が減ってしまう．いくつかの認知機能障害が複合して知的な機能が低下しまうことが多い．

　入浴の場面で考えてみる．浴室を出た後，着替えの入った袋を渡されても，ファスナーを開けてなかの衣類を取り出し，肌着やシャツを下着から順に着ていくことがうまくいかない．手が動くのに順番にボタンがはめられないようなことも起こる．

　このように実行機能が低下すると，行為を1人で遂行できず，時折まわりのサポートが必要になることが多い．「できる」はずの行為が，やり始めたら「できない」という葛藤も生みやすい．

4）思考力や判断力の障害と日常生活の困難

　思考力や判断力の低下は，記憶や見当識，実行機能などの他の中核症状の影響を受けやすく，すべての生活行為でさまざまな困難を生み出してしまう．考えようと思っても的確に考えられない状況は，目的に沿った行動ができなくなるという形で現れやすい．

　思考力や判断力を補うのは見当識であるが，それが障害されているなかでは，物事を判断すること自体が本人のなかでむずかしくなってしまう．いまの状況が的確に認識できないと，過去の記憶を頼りに判断するため，場にそぐわない判断をしてしまうこともある．

　思考や判断をサポートするようなかかわりがもてない場合には，迷っている状況でも「なにも考えられない」と思われやすく，正確な情報を得る機会が奪われやすい．

5）身体機能，健康状態の低下と日常生活上の困難

　下肢機能の低下は，主に移動の不便さを生みやすい．軽度の場合には，歩行に支障が出る．障害が進めば，立ち上がりなどに支障が出る．さらに低下すれば，部屋から出ることや布団・ベッドを離れることにも影響が及ぶ．障害の程度にもよるが，下肢機能の低下によりさまざまな生活行為が制限される．

　上肢機能の低下は，爪が切れない，食器が持てない，身体が洗えない，着替えられない，排泄の後始末等，食事や入浴，排泄の場面など，身近で頻繁な生活行為の困難さに直結しやすい．

　視覚の低下による影響も多岐にわたる．細かいものの判別などにとどまるうちは影響が少ないかもしれないが，文字やサインがみえないような状態であると生活の困難さは大きくなる．ものや人を勘違いしたり間違えたりすることも増えてくる．

　聴覚の低下は，人対人のコミュニケーションに大きな影響を及ぼす．うまく聞き取れないことから言葉のキャッチボールがおろそかになりやすく，まわりの人との行き違いなどが起こりやすい．人の表情が区別しにくいなどの視覚の障害と相まって，相互の意思確認に大きな支障をきたす．

　味覚の低下は，調理などに影響を及ぼす．味がぼやけやすく，塩分の取りすぎなどにつながってしまうこともある．いままで好きであったものを食さなくなるような嗜好の変化を起こすこともある．

　嗅覚の低下は，おいしいにおいを感じにくくなることによって，食欲の減退などを生じさせ

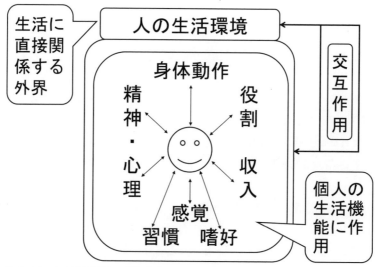

図 1-13　人と生活環境の交互作用

やすい．いやなにおいを感じにくくなることで，腐ったものを食べてしまったり，衣服の汚れに気づきにくくなったり，排泄物やごみの放置につながったりすることもある．感覚器の障害は，危険を察知するなどのもっとも基本的な生活行為をおびやかす要因となることも多い．

　循環器・呼吸器の機能低下は活動性の低下につながりやすく，生活行為全般に影響しやすい．手足の冷えや呼吸苦のため眠れなくなったり，ふらつきなどを起こしたりすることもある．起立性の低血圧などで，食事時や排泄時に血圧の低下を招くようなこともある．

　口腔機能・嚥下機能の低下は，食事に影響する．噛み合わせが悪い場合や入れ歯のない状態は発語にも影響し，コミュニケーションを妨げたり，見栄えや口臭を気にして人との接触を控えたりすることもある．

　また，高齢者の身体機能の低下には，薬剤の使用による影響があることも忘れてはならない．

3．認知症の人の生活環境づくり

1）生活環境の理解

（1）認知症の人と生活環境

　生活環境は，生活を営む人にかかわる周囲そのもの（外界）をいい，人の身体的，精神・心理的，社会的状況に影響して，文化，経済などさまざまな社会活動にも作用する．人の営みは自身の生活を形成するだけではなく，他者や集団の活動，地域社会のあり様に影響を与え，組織的活動や社会システムを構成するなど，生活環境とそこにいる人とは，交互に影響し合う特徴をもっている（図 1-13）．

　人の暮らしにおいてとくに重要な生活環境は，「居住環境」「人的環境」「地域社会環境」の 3

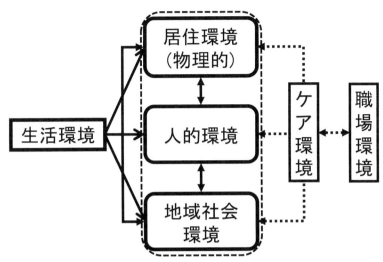

出典）舟越正博：ケアのしつらい・場のしつらい（チームケアと環境整備を考える）．（長嶋紀一編）基礎から学ぶ介護シリーズ：認知症介護の基本，63-77，中央法規出版，東京（2007）を一部追記．

図 1-14　生活環境の3分野

つといえる．これらは認知症の人においても当然に変わらない．

　この生活環境の3分野は，ケアスタッフにとって生活支援を行う「ケア環境」であり，視点を変えると「職場環境」ということもできる（図1-14）[8]．

　認知症の人における生活環境の「構成要素」は，次のとおりである（表1-19）[8]．

①居住環境

　居住環境は住居（居宅や施設）としての建物構造や設備・備品，屋内の温度・湿度や音，においなどの物理的環境が多くを占める．

　しかし，住居の広さや設備の充実度だけが，その善し悪しを決定づける要因にはならない．注目すべきことは，住居そのものの性能だけではなく，認知症の人本人にとって望ましい居住性（暮らしやすさ）を有しているかどうか，という点にある．

②人的環境

　人的環境は，人の営みによる他者との人間関係であり，物事の考え方や他者との関係のもち方などに影響される．認知症の人における人的環境は，生活を共に営む家族，時と場を共有するケアスタッフの影響が大きい．

③地域社会環境

　地域社会環境は，人が他者と関係し，暮らしを形成するために必要な地域資源や社会制度との関係であり，社会的な事象と物事をいう．

④環境要因のとらえ方

　生活環境を構成する3分野のうち，居住環境と地域社会環境は変動が少なく安定的なことから「静的要因」，人的環境は日々変動しやすいことから「動的要因」ということができる．つま

表 1-19　生活環境の主な要素と内容・機能

構成要素		内容・機能
居住環境（物理的環境）	自分らしさ（自己表現）	主体性，プライバシー，自由，趣味，興味関心の表現
	なじみやすさ（親しみ，回想，一体感）	直感的な理解，見覚え，想起，慣れ（継続性）
	わかりやすさ（認知）	配置，大きさ，色，形，明るさ，コントラスト，音響
	移りやすさ（移乗・移動）	段差，階段，手すり，通路，出入口，床
	動きやすさ（活動）	空間の形や大きさ（広さ，狭さ）
	使いやすさ（操作）	住宅設備，家事等の生活機器・器具，福祉用具
	居心地，心地よさ（安らぎ，癒し，楽しみ）	人とのかかわり，共にいる人との関係
	整えやすさ（負担の軽減）	清掃，用具の操作性，性能（堅牢，防汚）
	健康の維持，増進（身体的健康）	温度，湿度，照度，空調，清潔，音，におい
	その他の住まいに関すること	窓やベランダ，庭，食器，衣装，通信，等
人的環境	生活主体者中心のケアアプローチ	主体の転回（当事者中心），人と生活のケア
	人権の保障と権利の擁護	権利擁護の考え方と方法，代弁機能
	ケアの理念（基本理念，行動基準など）	ケア理念，目標，方向性，判断基準の明確化
	コミュニケーション	相互理解の促進，受容，共感的対応
	介護に必要な周辺知識	一般教養（歴史，家政等），心理，地域福祉，医学，リハビリテーション，レジャー，ほか
	チームワーキングとチームケア	理念と目標の共有，役割の明確化，連携と協働
	観察と記録	情報の理解と固定，情報連携・活用
	アセスメント	情報の整理，検討と推定，判断
	ケアのプランニングとモニタリング	ケア計画の立案，実行状況の把握と評価
	介護・介助，看護などによる生活ケア	日常生活の支援，協同，創造，再構成
地域社会環境	自然	自然のあり様（土，緑，風，山，川，海など）
	交通	公共交通機関，歩道と車道，散策路
	安全	交通安全，生活安全，構造物の安全性
	社会的な制度・サービス，手続き	介護保険，障害者総合支援制度，医療・保健・福祉サービス
	店舗（商店，スーパーマーケットなど）	買い物などの活動，人とのかかわりや語らい
	公共機関（役所，郵便局など），金融機関	社会的な活動，人とのかかわり，やりとり，手続き
	医療機関	健康の保持・増進，疾病の予防，回復のよりどころ，交流
	近所づき合い	知り合い，助け合い，安心感，楽しみ
	地域の組織とのつき合い	所属の意識，活動への参加，つながりの広がり
	インフォーマル・サービス等	見守り，情報のネットワーク，助言，家事支援，運動支援，認知症カフェ・サロン，認知症サポーター

出典）舟越正博：ケアのしつらい・場のしつらい（チームケアと環境整備を考える），（長嶋紀一編）基礎から学ぶ介護シリーズ；認知症介護の基本，63-77，中央法規出版，東京（2007）より一部修正.

り，動的要因とは変化を与えやすいことを意味し，静的要因は変化しにくいことをいう．さらに，居住環境や地域社会環境といえども，ほとんどは人の活動によって形成され変化する．それは人の考えや行動が，自他の居住性や地域社会のあり様に影響を与えることができるということでもある．

(2) 環境と行動・心理症状（BPSD）

　高齢者は，加齢に伴う老視や白内障などによる視覚機能の低下，難聴などによる聴覚機能の

低下が現れやすい．さらに，認知症の人は，記憶障害や見当識障害，理解・判断力の低下などの認知障害により，周囲の状況変化を正しく把握し，理解・適応することに支障が生じやすい．認知症の人は，住まいの転居や施設への入居・入院という生活環境の大きな変化に適応しにくくなり，リロケーションダメージ（移転による損傷・損害を意味し，転居等によるさまざまなストレスに適応できないことにより，不安や混乱等をきたすこと）を現しやすい状態にある．

　なお，環境認知の障害は認知症の中核症状が原因と考えられる場合もあるが，ここではとくに区別せず「本人や家族が困ること」を行動・心理症状（BPSD）とした．

　①居住環境と行動・心理症状（BPSD）との関連性

　①認知症の人にとって，住まいの変更は大きな負担となる．

　②居場所の模様替えや生活用具の変更などは，不安感や焦燥，混乱を招きやすい．

　③住み慣れているはずの場所で迷う，間違えやすくなる．使い慣れた道具を正しく用いることができなくなる．

　居住環境に関連する生活障害として，次のようなことが挙げられる．

・元の住まいを求めて家に帰ろうとする．

・落ち着いてじっとしていられない，屋内を歩き回る．

・自発的な行動が極端に少なくなる，室内に閉じこもる．

・食事摂取量が減るまたは食べすぎる，入浴をしたがらなくなる．

・トイレの場所がわからなくなる，場所を間違える，トイレ以外の場所で排泄せざるを得なくなる．

・トイレの使い方がわからなくなる，使い方を間違えて汚してしまう．

・レンジやコンロなど使い慣れた調理用具の使い方が危なくなる．

　②人的環境と行動・心理症状（BPSD）との関連性

　①家族と離れて暮らすことや周囲にいる人が変わることは，大きな負担となる．

　②日常的に接触する人の対応の仕方によって，不快や不安，不信や焦燥などを感じやすく，その反応が行動として現れる．

　③日常生活で自分の役割や仕事と感じる行為の機会がない場合，自発的な行動が少なくなる，本人に危険な行為や周囲の人が困る行動をとってしまう．

　人的環境に関連する生活障害として，次のようなことが挙げられる．

・物事を過度に心配する，寡黙になる，思い込みが強くなる，抑うつ的な状態になる．

・入眠しにくくなる，睡眠の中途で目覚めやすくなる．

・他者の働きかけに拒否的な反応が多くなる．

・他者に攻撃的になる，暴言や暴力をふるうようになる．

　③地域社会環境と行動・心理症状（BPSD）との関連性

　①交通機関や医療機関，公共機関などへのアクセスに障害が生じやすくなり，閉じこもり，健康に対する関心の減退，不衛生な状態に陥る可能性が高まる．

　②商業サービスや社会的サービスとのつながりが減り，衣食住の基本的生活が乱れる．

③近隣住民や地域社会から孤立することにより，他者を過度に避けたり，攻撃的になったりする．

地域社会環境に関連する生活障害として，次のようなことが挙げられる．

・病院に行きたがらなくなり，受診せず必要な治療もできなくなる．

・ものを購入・収集して自分で整理できなくなり，敷地や屋内にたまってしまう．

・家庭ごみを捨てられず，ため込んでしまう．

・外から人が訪ねてきても，家族以外とは会おうとしない．

(3) 認知症ケアにおける住環境の歴史的変遷

①住環境の多様化

何らかのケアを必要とする人のための「居住の場」は，さまざまな形態で設置できるようになり，多様化が進んでいる．

高齢者福祉施設は1950年の「生活保護法」により，それまでの養老院から養老施設となり，1963年に「老人福祉法」が制定されて，現在は「養護老人ホーム」「特別養護老人ホーム（介護老人福祉施設）」「軽費老人ホーム（A型）（B型）」「ケアハウス」となった．また，「有料老人ホーム」も位置づけられ，介護付き，住宅型，健康型の3形態がある．1987年の老人保健法改正により創設された現在の「介護老人保健施設」を含め，施設の種類は増えたが，設置基準により中央廊下または片廊下に面した4人室を中心とした，いわゆる病棟型（従来型）の施設がほとんどであった．

②介護施設の小規模化と多機能化

2000年施行の介護保険法により高齢者介護施設はさらに多様となった．特別養護老人ホームや介護老人保健施設などの「介護保険施設」は，1人室おおむね10人程度までを生活単位（ユニット）にすることが標準となった．いわゆる「認知症グループホーム」も急速に増加した．現在の認知症グループホームは，1人室9人までを生活単位（ユニット）とし，1事業所あたり最大3ユニットまで設置できる．2006年に制度化された「小規模多機能型居宅介護」は1つの拠点で通い・泊まり・訪問（家にくる）ができる多機能型サービスとして設置された．養護老人ホームやケアハウス，介護付き有料老人ホームやサービス付き高齢者向け住宅が「特定施設入所者生活介護」サービスの指定を受け，介護機能の強化を図る場合も多くなっている．「居住の場」の多様化とともに，認知症の人など利用者の生活単位を小規模化する居住環境や人的環境の整備が進んできた．また，「従来型」施設でも，利用者をグループ単位で生活支援することも多い．

このような「居住の場」を，認知症の人の心身状態や特性に応じて選択的に移動し利用することも考えられるが，反面，住まいの変更に伴うリロケーションダメージの可能性なども高まるため，多くの介護施設は居住を継続できる「生活の場」として，提供する介護サービスの多機能化（医療的ケアや機能訓練，看取り介護など）と，さまざまな行動・心理症状（BPSD）に対応できるようサービスの質向上に取り組んでいる．

表 1-20　居住環境のゾーニング

区域の分類	区域（空間）の目的・意味	入居施設での例
プライベート・ゾーン	極めて個人的な区域．生活する個人が管理し，占有している空間	自室（居室）
セミ・プライベート・ゾーン	ある程度個人的な区域．少数の人たちが選択的に利用する共有空間	リビング，デイルーム，等
セミ・パブリック・ゾーン	比較的共有性の高い区域．多くの人たちが利用する空間	食堂，浴室，廊下，談話室，等
パブリック・ゾーン	極めて高い共用区域．社会的に利用される空間	玄関，玄関まわり（ロビー），庭，畑，等

出典）舟越正博：ケアのしつらい・場のしつらい（チームケアと環境整備を考える）．（長嶋紀一編）基礎から学ぶ介護
　　　シリーズ：認知症介護の基本，63-77，中央法規出版，東京（2007）．

2）生活環境の評価視点

(1) 環境改善のための評価視点

①居住環境における構造と構成に対する視点

「生活の場」における建物設備の構造やその場を構成する物品，使用する用具は本人にふさわしい状態かどうかを検討する．

①固定的な構造面（壁，床面，窓など），②半固定的な構造面（扉，手すり，便器，浴槽など），③移動可能な構成面（家具，カーテン類，生活用具，福祉用具など），④変化・消耗する構成面（寝具，食器，装飾品，衣類，履物など）

②居住環境における区域に対する視点

居住環境におけるゾーニングの視点から，認知症の人本人の生活機能や暮らしに役立つ状態かどうかを検討する（表 1-20）[8]．

a）居室は，「自分らしい」環境になっているか？

本人にとっての自分らしさを検討し，機能として表現できるようにする方法を検討する．

b）リビング・食堂は，「わかりやすく」「なじめる」環境になっているか？

移乗・移動しやすいこと，落ち着いていることができるようにする方法を検討する．

c）トイレや浴室は，「わかりやすく」「安心」できる環境になっているか？

その場所はなにをするところなのか，認識しやすくする方法を検討する．

③人的環境と地域社会環境に対する視点

居住環境は「静的」存在であり，その機能を発揮するためにはケアスタッフの支援の仕方，つまり本人の住まいの「使い方」が大きく左右する．居住環境について検討することは，同時に人的環境を検討することでもある．また，地域社会環境は生活における居住性に直接影響する．認知症の人の日常生活を検討することは，その周囲にいる人（他者）や地域社会との関係性を検討するということと同じ意味をもっている．

ユニット名			
職員氏名			
評価	○	△	×
撮影日時			
場所			
(例)食堂の椅子　　　　　　　　　　　について			
(例)食べこぼしがこびりついて不潔　　　　　　　と思った			
感じる頻度	いつも	時々	たまに

図 1-15　キャプション評価カード（例）

(2) 環境改善のための具体的方法

①生活環境のアセスメント

認知症の人の生活環境における現在の状態を情報収集・整理して分析・評価する.

①「ケアカンファレンス」などでディスカッションして行う.

②一定期間を設けて,「付せん紙」に気になること（よい・よくないと思うこと）を短文で記入する方法で収集・整理して行う.

③一定期間を設けて,「キャプション評価法」により気になることを収集・整理して行う.

　キャプション評価法は, ケアスタッフが評価したいと思う場所や空間を撮影した画像と, それに関するキャプション（コメント）を1つのカードとして情報収集する方法である. 本来は利用する当事者が行う手法であるため, ケアスタッフだけではなく本人や家族が参加するとよりよい. ①気になる場所や空間を, ②撮影した画像に, ③撮影者が気になった理由（感想や意見）を自由に記載する（図 1-15）.

②環境課題の抽出

　生活環境について収集・整理した情報から, 環境改善のための評価視点を利用して課題を抽出する. とくに, 居住環境の課題のうち, 固定的な構造面のようにいますぐ実行できない事項も含まれるため, 次のように整理すると優先度を定めやすい.

①自分たちがすぐに実践できること（個人レベル）

②ユニットなどで検討した, 比較的すぐに実践できること（チームレベル）

③管理者を含む職員全体で検討したうえで, 実践できること（施設レベル）

④一定期間の検討と準備, まとまった資金を要すること（建物構造レベル）

③環境支援の目標設定

環境課題に対応する環境支援の目標を設定するために, 次の方法やそれを組み合わせると行

いやすくなる.

　①ケアカンファレンスのディスカッションは,　目標（本人が望むこと）から検討して環境課
　　題を抽出する（仮説を立てる）と立案しやすくなる.

　たとえば,「自分で植木に水やりができる」（生活目標）→「車いすで行けるようにしたい（行
きにくい）」「植木にすぐ手が届くようにしたい（位置が低すぎる）」（環境課題）.

　②付せん紙を用いて検討する場合,　気になる情報を分類整理しておくと立案しやすくなる.

　③キャプション評価法を用いた場合,　そのキャプション内容を参考にして立案することがで
　　きる.

　④「認知症高齢者への環境支援のための指針（PEAP 日本版 3）」（Professional Environmental
　　Assessment Protocol）を利用したり,　その一部を参考にしたりする.

　1996 年に Weisman らにより開発され,　日本向けに修正し改訂された「PEAP 日本版 3」は,
①見当識への支援,　②機能的な能力への支援,　③環境における刺激の質と調整,　④安全と安心
への支援,　⑤生活の継続性への支援,　⑥自己選択への支援,　⑦プライバシーの確保,　⑧入居者
とのふれあいの促進という 8 つの次元から環境支援の目標を検討できるように構成されている.

3）生活環境改善の具体的方法

（1）環境の工夫による代償的支援の方法

　「代償的支援」とは,　認知症の人の生活障害に対し,　現存するものや実行可能な手段,　方法を
使う環境調整や,　環境改善によって本人の支障や困難を代償し,　環境認知の障害があっても日
常生活を円滑に営むことができるよう積極的に支援することをいう.

　①自分らしさを感じられるように支援する.
・本人が自由にさわったり,　動かしたりできるものや機会を用意する.
・本人の興味・関心に応じた活動の場と機会を設ける.
　②生活の継続性を支援する.
・自室の家具等の調度品や寝具,　食器など,　本人になじみのある室内等の環境を整える.
・家族や友人など親しみのある人と会える,　いっしょに活動する機会を設ける.
・本人がわかりやすい場所に出かけて,　その場の様子を実感できるようにする.
　③移動・行動しやすい環境を整える.
・住宅設備（扉のノブや手すり,　洗面台のカラン,　照明のスイッチなど）や生活用具（コンロ
　やテレビのスイッチなど〉を操作しやすいように変更する.
　④生活空間をわかりやすいように整える.
・照明光をまぶしくないよう調光式にする,　色味を昼白色または電球色（暖色系）にするなど,
　視覚的に認知しやすくする.
・室内の床面と壁,　扉などのコントラストをはっきりさせて,　自分の居場所や生活用具を認識
　しやすいように工夫する.

（2）対人交流の促進

　「対人交流」は,　閉じこもりや孤独な状態,　地域や集団における孤立を回避したり,　傾聴ボラ

ンティアや寄り添いボランティアなども活用した穏やかな人間関係を形成したりすることができるように支援することを意図する.

①訪問系サービスでは, 認知症の人本人と家族との人間関係の調整がもっとも重要である. さらに, 友人など家族以外の人との関係の維持や形成が望まれる. そのため, 居宅介護支援事業所や居宅サービス事業所と, 介助だけではなく対人交流の視点をもってサービス連携を行う.

②通所系サービスでは, 他の通所利用者やボランティアとの交流による人間関係を形成・維持するため, レクリエーションなどを通して本人の特性に応じた対人交流の支援を行う.

③入居系サービスでは, ユニット等の生活単位における他の利用者との人間関係を形成・維持するとともに, 本人の特性に応じて外出や他者の訪問を利用して対人交流の支援を行う.

④居宅や施設において, コミュニケーション・ロボットを用いた余暇活動などでの人的支援, 見守り系センサーやコミュニケーション・ロボットを単独外出の危害 (危険, 損害) 防止のため補助的に利用する場合がある.

(3) 介護職員の役割

介護職員などのケアスタッフは, 人的環境として機能するだけではなく居住環境を整え, 地域社会環境へのアクセスを円滑に行えるよう, 「チームケア」を実行する役割を担っている.

①訪問系サービスでは, 居宅においてサービス提供する特性を生かし, 本人の心身状態や家族状況などの情報をもとに, 居住環境の課題解決などを居宅介護支援事業所や居宅サービス事業所と共に行う.

②通所系サービスでは, 居宅での生活との連続性が必要であり, 居宅生活と通所ケアの方法との乖離を防ぐ支援を行う.

③入居系サービスでは, ユニット等の生活単位が住まいとなることから, 居住環境の区域の性質に対応 (ゾーニング) して, 本人の生活環境づくりを行う.

(4) 地域資源の活用

一般に地域資源とは, 社会福祉や介護・医療などのフォーマルサービス (公的サービス), 見守り活動やボランティアなどのインフォーマルサービス (非公的サービス), これらを併用・融合した混合型サービス (保険外サービスを含むミニデイサービスなど) をいうが, 地域のインフラ (交通機関や公園など生活基盤となる施設・設備とサービス) や自然などを含む広義の地域資源を地域社会環境と考えることができる.

①訪問系サービスでは, 本人の生活ニーズや興味関心に対応し, 地域の「認知症ケアパス」や「地域資源マップ」なども利用して, 個人や団体・組織とつながる (関係できる) 支援を行う.

②通所系サービスでは, 通所ケアの特徴を生かしてレクリエーションや外出の機会などで地域社会環境との関係形成の支援を行う.

③入居系サービスでは, 本人の生活圏が過小にならないよう, 可能な限り外出の機会を確保する. また, 施設自体が閉鎖的にならないために, 本人とボランティアや地域住民などが

関係できる機会を積極的につくる．

4）環境のリスクマネジメント

　認知症の人に関する生活リスクには，「身体的リスク」「精神的リスク」「社会的リスク」の３つがある．身体的リスクは認知症の進行と身体機能低下によるもので，①転倒・転落，②誤嚥・誤飲，③食中毒・感染症などが挙げられる．精神的リスクは認知症の中核症状の進行とそれに伴う行動・心理症状（BPSD）で，幻覚や妄想，ケアへの抵抗や単独外出による行方不明などが挙げられる．社会的リスクは認知症の人に対する他者の無理解や偏見による権利侵害などで，行動制限や抑制による身体的拘束等および虐待が挙げられる．

　これらへの対応には，いずれも生活環境を利用する技術とともに，権利擁護の視点とリスクマネジメントの実施が必要となる．

（1）生活場面での転倒，誤飲，外出などのリスクと解決に向けた具体的方法

①生活環境と転倒リスク

（独法）国民生活センターが公表している危害情報や消費者庁の集計によると，居宅で高齢者にもっとも多い事故のきっかけは「転倒」「転落」である．その他のきっかけと，比較して死亡に至る率は低いが，入院治療が必要な状態や骨折，頭部外傷など重大な傷害を招くおそれがある．これは施設でも同じことがいえるであろう．とくに，認知症の人は視覚や聴覚の機能低下，認知症の中核症状や行動・心理症状（BPSD）により，ADLは独歩可能という能力評価でも，危険回避行動をとりにくいため転倒リスクが高い．

①居室やトイレ，浴室などよく利用する場所と通路（廊下）は，段差解消だけではなく適切な照明で「みやすく」，読める文字やわかる記号などで「指し示す」（ピクトグラム（絵文字）とそれを設置する位置は本人が意味を認識できるか確認して用いる）．

②玄関，階段など段差解消できない場合は，文字と色などで「注意と動作を促す」．

③ものを置いて行動を止めようとすることは，乗り越え動作などによる危険性が高まって逆効果であり，また身体拘束行為であるため行わない．

②生活環境と誤飲リスク

　誤飲は，食べ物以外のものを口に入れ（誤食），その異物を摂取して食道や胃，腸にある状態をいう．（公財）日本中毒情報センターによると，高齢者の誤食・誤飲事故は非常に増加しており，居宅だけでなく施設や病院でも多く発生している．視覚，味覚，嗅覚などの機能低下や認知障害は，食べられないものを口に入れても味やにおいが変だとわからない，噛み切れないとそのまま飲み込んでしまう可能性を高くする．また，多くの異物には何らかの毒性があるため，生理機能の低下や慢性疾患により重篤な中毒症状が起きたり，回復に時間がかかったりする．

①口に入れられる大きさや形状（液体など）の食べられないものは，できる限りみえるところに放置しない．

②内服薬は１回服用ごとに固い包装は外し，１袋にまとめて手渡す．多剤併用に限らず，一包化調剤されることが望まれる（中身がわかりにくい欠点がある）．とくに，プラスチックなどによるPTP（press through pack）包装やアルミ箔などによるSP（strip package）包

装に入ったまま1回分ずつ切り取って服用セットしたもの，放置されたものを誤飲する事故が多い．

③菓子や調味料など，食品包装は口を開けたら乾燥剤を取り除く，またはみえないところで保管する．

④衣類防虫剤は，タンスなどを開けてすぐにみえないところへ入れる．

⑤義歯は洗浄剤が入った水溶液につけたまま放置しない．義歯そのものを誤飲する場合があるため，正しく装着されているか定期的に確認する．

⑥詰め替え用洗剤やシャンプーなど，ひと目でわかりにくい包装物の露出配置，ペットボトルなど飲食品の容器に漂白剤や消毒剤など化学薬品を入れておくことは，思い込み事故を起こしやすいので行わない．

③生活環境と外出リスク

場所に関する見当識障害などがある場合，単独で外出して道に迷い行方不明になる，交通事故に遭う，事件に巻き込まれるリスクが高まる．

認知症の人の行動には，本人の生活習慣（散歩や運動など），その時や場の動機（体調が悪い，怒っている，用事がある，親族に会いに行く，家に帰るなど）があり，強制的に止めてはいけない．そのため，つき添い者といっしょに外出できればよいが，万一，行方不明になった場合は，できる限り早く気づき，捜索，発見・保護できるよう，連絡や対応方法などを事前に確認し，連絡網と支援体制を構築しておく．

①本人が利用可能な場合は，GPSによる位置検知装置を身につけてもらったり，スマートフォンやフューチャーフォンを携帯したりする．また，身元がわかるようにネームプレートやネームシールを利用することもある．

②管轄の「警察署」，市町村にある「SOSネットワーク」や「見守りネットワーク」にすみやかに連絡できるよう，本人または家族の同意を得て，本人の特徴を記載した「写真付き連絡カード」を事前に作成し，定期的に情報を更新しておく．「事前登録制度」がある場合は登録できるように支援する．

③本人または家族の同意を得て，地域包括支援センターや民生委員・福祉委員，地区社会福祉協議会などと情報共有し，見守りや捜索の「支援体制」を事前につくる．また，見守り支援者として認知症サポーターの活用も検討する．

④行方不明者発生のシミュレーションを行い，通報・連絡・連携・捜索・発見・保護の「模擬訓練」を行う．

(2) 環境づくりと安全の確保

認知症の人本人に望まれる生活環境の整備は，本人の安全を確保する方法でもあり，環境のリスクマネジメントを実行することが必要である．

①KYT基礎4ラウンド法（表1-21）[9]

ほとんどのKYT（危険予知トレーニング）の基本となる手法である．

①グループになって，リーダー，記録，報告の役割分担を行う．

表 1-21　KYT 基礎 4 ラウンド法の概要

ラウンド	危険予知訓練のポイント	ラウンドの内容（要旨）
1R	どんな危険がひそんでいるか	イラスト・画像シートの状況の中にひそむ危険を発見し，危険要因とその要因が引き起こす現象を想定して出し合い，共有し合う
2R	これが危険のポイントだ	発見した危険のうち，これが重要だと思われる危険を把握して○印，さらにみんなの合意でしぼりこみ，◎印とアンダーラインをつけ "危険のポイント" とし，指差し唱和で確認する
3R	あなたならどうする	◎印をつけた危険のポイントを解決するにはどうしたらよいかを考え，具体的な対策案を出し合う
4R	私たちはこうする	対策の中からみんなの合意でしぼりこみ，※印とアンダーラインをつけ，"重点実施項目" とする．それを実践するための "チーム行動目標" を設定し，指差し唱和で確認する

出典）厚生労働省・中央労働災害防止協会：社会福祉施設における安全衛生対策マニュアル．119，中央労働
　　　災害防止協会，東京（2009）より一部表現を変更．

②イラストや画像をみて，認知症の人の生活環境として「どのような危険があるか」を，4
　つの段階（ラウンド）を通して話し合う．
③教育・研修で行う場合は，さまざまリスクを意図的に盛り込んだイラストが多く用いられ
　る．また，実際の生活環境を撮影した画像を使うことも効果的である．
④危険予知に対する「感受性」「集中力」「実践力」を高めるのに有効である．
⑤とくに，居住環境の調整・改善や人的環境としてのケアスタッフの動作行動の修正に役立
　つ．
②KYM（危険予知ミーティング）
　業務の合間などに，ケアスタッフが「短時間ミーティング」として KYT を行うことをいう．
また，KYM は，「ヒヤリ・ハット」情報の収集にも利用できる．
①朝や夕方などの申し送りの機会を利用して，定時的に KY（危険予知）に関するミーティ
　ングを行う．
②ミーティングまでの間に，ケアスタッフが「ヒヤリ」「ハッと」した出来事をカードや付せ
　ん紙などにメモしておき，ミーティングで出し合って予防策を検討する．情報の提示・共
　有には，紙媒体やパソコン（PC）だけでなく，タブレットやスマートフォンなどの携帯情
　報端末の利用，構内インターカム（inter communication system（inter com）），いわゆるイ
　ンカムによるチームメンバー全員との双方向通話や一斉送話も効果的といえる．
③検討した予防策を継続実践できるよう，申し送り事項とする．
④設備・備品の不良・不備の早期発見，ケアスタッフによるヒューマン・エラーの防止に役
　立つ．
③KY 活動（ヒヤリ・ハット情報の収集，分析，対策，実践，評価）
　生活環境に起因する生活リスクの顕在化は，居宅や施設の建物設備・備品，福祉用具や介護
用具，ケアスタッフのエラー行動が要因になりやすい．KYT を効果的に運用し，KYM を通し

表 1-22　SHEL モデルの 5 つの要因

要　因			概　要
S	Software	ソフトウエア	マニュアル，規定などのシステムや手続き，手順の運用，方法に関することで，形にならないもの. たとえば，職場の慣例・習慣・ルール，教育体制，手順（マニュアル）などの組織内のシステムのこと
H	Hardware	ハードウエア	施設・事業所の構造・設備・備品，福祉用具，介護用具，医療用具などのものと，その性能や機能のことで物的資源のこと
E	Enviroment	環境	照明（明るさ），騒音（音），空調（温度・湿度）など人の行動に影響する物理的環境，仕事に影響する職場環境のこと
L	Liveware	本人 （当事者）	危険性や出来事（事故・トラブルなど）に関係する本人（当事者）の健康状態，心身機能，性格特性，習慣，心理状態，知識などのこと
L	Liveware	関係者 （本人以外）	本人以外の関係者（ケアスタッフ，他の利用者，家族）の健康状態，心身機能，性格特性，習慣，心理状態，知識，技術，経験などのこと

て収集した「ヒヤリ・ハット情報」を，体系的に整理・分析，評価することで，認知症の人の生活における危害発生を予防する，事故の再発防止策に役立てることができる.

　④SHEL（シェル）分析法

　環境のリスクマネジメントにはさまざまな手法が開発され，「4M-4E 分析法」「FTA（欠陥樹木分析法）」「ETA（エラー樹木分析法）」などあるが，もっとも一般的なもののひとつとして「SHEL（SHELL）分析法」がある.

　SHEL 分析法は SHEL モデルによりヒューマン・ファクターに着目する手法で，1972 年に Edwards が開発したものを 1975 年に Hawkins が発展させたダイアグラムによる「要因分析法」である. 現在は，さらに応用して経営管理で「m-SHEL モデル」，医療管理で「P-mSHELL モデル」なども用いられている.

　SHEL 分析法は，SHEL モデルの 5 つのファクター（要因）から要因分析を行う（表 1-22）.

　S（Software：ソフトウェア）は人的環境としてのケア方法，H（Hardware：ハードウェア）は居住環境のうちの建物設備・備品，E（Environment：環境）は居住環境のうちの温度・湿度・音響，においなどの物理的環境や職場環境，要因の中心に位置する L（Liveware：人）は認知症の人本人に起因すること，もう 1 つの L（Liveware：人）は人的環境としての関係者（ケアスタッフや他の利用者，家族）の心身状態や知識，技術などと考え，本人を中心に据えてリスク要因を分析する.

　このように，SHEL 分析法は生活環境を構成する 5 つの身近な要因から，現状を把握し，生活環境の構成要素間における交互作用が適合しない状態になることで生じる，生活リスクが顕在化する可能性を分析して，実行可能な環境調整や環境改善の立案に利用することができる.

　つまり，決して認知症の人本人に望まれる環境と安全確保（事故防止など）は相反することではなく，同時に達成できる一体的なものであることがわかる. さらに，身体的拘束等しないケアを実践する，不適切ケアを行わないためにも，環境のリスクマネジメントは大変有効なものである.

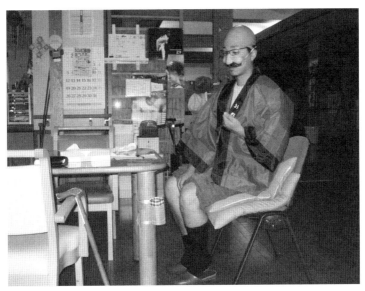

図 1-16　KYT（A さんの様子から危害を予測する）

【演習 1】自分が勤務する施設について次の事項を考えてみましょう．
　　訪問サービスに従事している場合は，訪問先の居宅を 1 つ選んで考えてみましょう．
　　1）認知症の人の生活環境として「よい」と思うことは，どこですか？
　　　①居住環境について，考えてみてください．
　　　②なぜ，そのように考えましたか？　理由を教えてください．
　　2）認知症の人の生活環境として「改善したい」と思うことは，どこですか？
　　　①居住環境について，考えてみてください．
　　　②なぜ，そのように考えましたか？　理由を教えてください．
　　3）認知症の人の地域社会環境として，どのような物事が，どのあたりにありますか？　支障がな
　　　ければ，固有名詞も含めて具体的に図に示してください．

【演習 2】KYT（危険予知トレーニング）
（図 1-16　KYT（A さんの状況から危害を予測する））
　図 1-16 をみて，A さんに危害が発生する可能性はどこにあると思いますか？
　居住環境の視点から，どの部分に，なにが起こる可能性があるのか考えてみましょう．

4．中核症状の理解に基づくコミュニケーション

1）コミュニケーションの基本知識

（1）コミュニケーションの前提

　コミュニケーションは，情報や意思などを伝達するという意味で使われるが，野村によれば，「情報の伝達」と「人と人の共同世界の構築」の 2 つの機能があるとされている[10]．

　つまり，互いに共感し理解し合う双方向の関係づくりという意味合いが含まれている．ケアの場面では，コミュニケーションスキルが重視されているが，共感し理解し合うためには，スキルだけでは十分とはいえない．

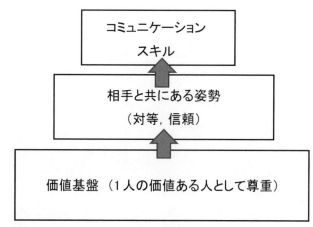

図 1-17　コミュニケーションの前提

　だれかと話しているときに,「相手から見下されている」などと感じた経験はなかったであろうか. いくら言葉巧みに語られても, ちょっとしたしぐさや目線などから, いやな感じを受けることがある. その理由として, 相手は自分を対等な人間と認めていないことや, 自分がないがしろにされていることに気づいてしまったことが考えられるであろう.

　この例からもいえるように,（認知症）ケアにおいてコミュニケーションを行う前提として重要なことは, まずは相手を自分と同じ「1 人の価値ある人」として認めることである. そして, この価値基盤をベースに, しっかりと「相手と共にある」という姿勢をもってコミュニケーションをスタートすべきであろう. 認知症の人へのパーソン・センタード・ケアの提唱者 Tom Kitwood は, その著書のなかで,「外部から気をそらされることなく, また内部からの撹乱もなく, 他人と共に, 他人のためにいること」[11]がケアの絶対的前提条件であると位置づけている. この前提を踏まえずにスキルばかりを磨いても, 相手との誠実な相互関係を築くことはむずかしい（図 1-17）.

(2) コミュニケーションの要素

　コミュニケーションは,「言語」「準言語」「非言語」の 3 つの要素で成り立っているといわれる[12].

　「言語」は, 言葉そのものによるコミュニケーションを意味し, 話し言葉や文字そのものの意味を表す.「準言語」は言葉そのものではなく, 言葉に伴いメッセージを伝える働きをする. たとえば, 音の強弱, 抑揚, 声のトーンやスピードなどによって, 言葉そのものに意味をつけ加える働きをする. したがって, コミュニケーションの要素としては「非言語」であるが,「言語」の使用と常に同時であることから, 準言語と表現される. また, 手書きの文字のていねいさなどからも, 書き手の人柄や相手への敬意が伝わることもある.「非言語」は顔の表情や視線, ジェスチャーなどの言葉以外のコミュニケーションが代表的であるが, 相手との距離, 姿勢の傾き, 身体接触, 服装なども重要なメッセージを伝える働きをする（表 1-23）.

　メールや手紙などでは主として「言語」による内容が伝えられるのに対して, 対面でのコミュ

表 1-23　準言語コミュニケーションと非言語コミュニケーション

準言語	非言語
声の大きさや高さ	距離
声の質	身体接触
強弱・抑揚・リズム	姿勢の傾き
話速度	しぐさ（ボディーランゲージ）
発話の明瞭度	ジェスチャー
手書き文字の美醜	視線
筆記用具の選び方	表情

三村　將，飯干紀代子編著：認知症のコミュニケーション障害；その評価と支援．第1版，12，医歯薬出版，東京（2013）をもとに作成．

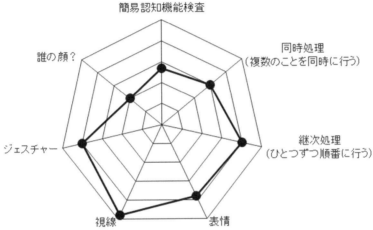

出典）認知症介護研究・研修大府センター，独立行政法人国立長寿医療研究センター編：
　　　笑顔で介護を！『にこにこリハ』で心もにっこり，パンフレット．

図 1-18　認知症高齢者の認知機能の特徴

ニケーションの場合はこれら3つの要素が同時に伝えられることになる．

　言語そのもののメッセージ内容と準言語，非言語のメッセージ内容が異なる場合，他者には，準言語，非言語のメッセージのほうがより伝わりやすい．たとえば，「うれしい」という言葉を，暗い表情と声のトーンで伝えた場合，多くの人は「この人はうれしいと感じてはいない」と理解するであろう．

　準言語・非言語のコミュニケーションは，感情や興味の対象といった，心の内面を伝えるための大切な情報であり，人が心を通わせて社会生活を営んでいくために不可欠なものである．

　図 1-18 は，認知症高齢者に行った検査の平均得点率を，健常高齢者の標準点に対して相対的に表したものである．全般的な認知機能が中等度に低下しても，表情，視線，ジェスチャーといった非言語のメッセージを認知する機能の低下が軽度であることがわかる．

（3）コミュニケーションの原則

　コミュニケーションでは，通常は送り手と受け手の間でメッセージのやり取りが行われるが，対面で行われるコミュニケーションの場合，メッセージのやり取りはほとんど同時に行わ

れる．つまり，自分が送り手として話している間にも，相手の表情や視線，ボディランゲージという非言語のメッセージを常に受け取っている．したがって，私たちは，送り手，受け手の両方の役割をほぼ同時に担っているコミュニケーションの「参加者」といえるであろう．

コミュニケーションの参加者として，踏まえておくべき原則を挙げてみよう．

①それぞれの価値観

だれもが多かれ少なかれ価値観や嗜好(好み)をもって生活している．この価値観や嗜好は，コミュニケーションにおいて一種のフィルターとなりうる．たとえば，行列に横入りする人がいたとする．このとき，「ルールは守らなければならない」という価値観をもつ人と，「少しぐらいのずるは許される」と思っている人とでは，相手に対して生じる感情や言動は異なってくる．すなわち，相手の言動をどのような意味に受け取るか，相手とどのようにコミュニケーションを図るかということは，受け手がもつ価値観や嗜好に左右されるのである．

したがって，円滑なコミュニケーションを図るためには，自らの価値観や嗜好，それらによって生じる感情に対して意識的になることが大切である．

【演習3】自分の価値観を知る
　「私は他者の○○な言動を好ましい（好ましくない）と感じる」のように，自分の他者の言動に関する価値観や嗜好を表す文章を書き出し，それらがコミュニケーションに与える影響について考えてみよう．

---

②非言語のメッセージ

非言語のメッセージは，意識されずに発信されることも多い．そのため，効果的なコミュニケーションを図るためには，自分が発信する非言語（準言語を含む）メッセージを意識することが大切である．とくに，自分の感情や興味の対象といった内心がどのように非言語メッセージに表れているかを意識する必要がある．

【演習4】自分の癖を知る
　「楽しい」「いやだ」といった感情を言語以外の手段で表現してみて，それがどの程度，どのようにまわりの人に伝わるか，確認し合ってみよう．

---

③相手の立場に立つこと

私たちは，自分がみたいこと，聞きたいこと，信じたいことなどを，無意識のうちに選択して受け取っている．したがって，メッセージを発する人の意図することがそのまま理解されるわけではなく，意図しないことが違う形で理解されることが起こる．つまり，「こちらがどう伝えたいか」よりも，「相手にどう伝わるか」を常に念頭におかなければならない．したがって，相手の立場で考え，相手のわかる言葉を使うこと，また相手の受け取りやすい非言語メッセージを発することが大切である．

たとえば，駅で大きな荷物を持った高齢者に，「おばあちゃん，大丈夫？　荷物持ってあげましょうか」と笑顔で伝えたとする．こちらは精いっぱい親しみを込めて言ったつもりでも，「結

構です」と断られたら腹立たしく感じるかもしれない．しかし相手は，初対面なのになれなれしいのが不快で，しかも見下されたと感じたかもしれない．このような行き違いが日常生活のなかで起こると，伝わらないことを相手のせいにしてしまうことがある．しかし実際には，伝わらなかったことの原因は，伝えた側にあるかもしれない．この点は留意しておく必要がある．

【演習5】「伝えたつもり」と「伝わったこと」のズレを確認する
　2人1組になる．「今日はいい天気ですね」という文に，1つ選んだ感情を込めて相手に伝わるように3回読み上げる．自分の込めた感情が相手に伝わったかどうか，うまく伝わらなかったのであれば，その理由はなにかを話し合ってみよう．
　感情は以下の8つから選ぶ．
　楽しい，幸せ，感動，やる気満々，悲しい，腹立たしい，軽蔑，怖い

---

(4) 認知症の人とのコミュニケーションにおける基本的姿勢

　コミュニケーションの参加者として，相手を理解することが必須である．しかし，矛盾しているようであるが，他人のことを完全に理解することはできないという謙虚さを忘れてはならない．その謙虚さを見失うと，「この人はいつもこうだ」と決めつけ，本人に聞いたり心理状態を察したりすることなく，こちら側の視点だけでケアにあたってしまう危険性が増すのである．

　人は限りなく個別性が高く，他人のことは完全にはわからないということを踏まえたうえで，認知症を患う人々がまわりの人との関係のなかで陥りやすい心理を理解しておくことが望ましい．

　①常に包まれる不安・不快

　人はだれもが，心身ともにゆったりとくつろぎ，安心できる状態でありたいと願っている．認知症でない私たちは，なにか不安になることがあっても，自分の力で何とかすることができる．たとえば，場所がわからず不安であればだれかに聞くことができる．しかし，認知症になると，自分の力だけでは不安や不快から逃れることがむずかしくなりやすい．

　少し想像してみよう．ある日突然，眠らされて連れ去られ，濃い霧のなかに放り込まれたとしよう．時間も場所もこれからどちらに向かって進めばよいのかもわからない状況下におかれたら，私たちもきっとどうしようもない不安を感じるに違いない．認知症はこれに近い状況なのかもしれない．なにが何だか状況がよくわからないために不安になる．しかも，一過性のものではなくずっと続くとなると，体はこわばり，不眠やパニックになり，自分を守るために他者に対して攻撃的になることもあろう．

　認知症の人が示す「暴力」とよばれる行為は，行動・心理症状（BPSD）や迷惑行為とよばれるものかもしれないが，本人にとっては上述したような感情が生じたうえでの非言語メッセージである可能性がある．したがって，この行動・心理症状（BPSD）をやみくもに薬で抑えたり，ごまかすことによって気を紛らわしたりするような方法をとれば，本人のメッセージを消してしまうことになるため注意が必要である．

　②アイデンティティの危機

　人間はだれしも，当たり前のように過去からつながった自分という存在を信じ，自分が何者

であるかを知っている．また，周囲の人もその人がこれまでやってきたことやどのような人であるかを知っていて，その人はその人であると認めてくれるのが常である．しかし，認知症になると，自分ができると思っている仕事を奪われたり，過去にどのような実績があろうとも若い人から子ども扱いされたりするなどして，アイデンティティ（自分らしさ）を傷つけられる体験が多くなる．

　もしも自分がそのような体験をしたら，比較的元気なときは怒りを相手にぶつけるかもしれない．しかし，アイデンティティを傷つけられる体験が続いたら抵抗できなくなり，最後には生きる意欲さえなくしてしまうかもしれない．

　③つながりの喪失

　人は社会的な生き物であり，他者とつながっていると感じることで，自分の存在意義を確認することができる．認知症になり，まわりが見知らぬ場所にみえたり，知らない人に囲まれていると感じたりすると，強い孤立感や不安感を感じるに違いない．そのようなとき，だれか信頼できる人や，昔からなじみのあるものなどとのつながりを強く求めるのは当然といえる．いまはもう亡くなってしまった夫をずっと探し続ける認知症の女性がいるが，それは現実の世の中では，だれとも安心できるつながりをもつことができていないことの表れで，安心できる誠実な人間関係を求めているのかもしれない．

　認知症の人がどのような体験をしているのかを，共感をもって理解しようとする姿勢が大切である．

　④役割の喪失

　多くの人は，自分にとって意味のある方法でなにかの活動を行いたい，役割を果たしたいと願っている．若いころは働き者で，どれだけ熱心に働いてきた人でも，認知症になったとたんに，「危ないからやめて」と多くのことを止められる経験をしているであろう．

　また，認知症になると，なにもできなくなったと誤解され，父として，母として，社長として，先生としてなどのさまざまな役割も失われがちである．

　⑤孤立感・寂しさ

　認知症になると，これまで親しかった友人や家族ですら離れてしまい，自らの選択の余地なく1人になってしまうことがある．また，たとえ家族と同居していても，まわりの人がだれかわからなくなり，孤立感にさいなまれることもあろう．だからこそ，だれか安心できる人と共にありたいと願う気持ちが，認知症になればよけいに強まるといえる．そのことを理解しておく必要がある．

2）認知症の人のコミュニケーションの困難さと有する能力の評価

（1）認知症の人のコミュニケーションの困難さの理解

　本項では，認知症の原因疾患として代表的なアルツハイマー病について述べる．

　疾患により引き起こされるコミュニケーションの障害には，主として記憶障害，見当識障害，注意障害に起因するものや，発語や読み書きの障害などの言語障害などから起こるものがある（表1-24）．

表 1-24　アルツハイマー型認知症に特徴的なコミュニケーションの喪失

	記憶	理解度	発語および言語機能	社会機能
初期	●時間に対する見当識を失う ●長期的および短期的記憶がいくぶん失われる（会話で常に明らかにわかるわけではない） ●最近得たばかりの情報を覚えていない ●5項目のリストまたは電話番号を覚えられない	●スピードの速い話，あるいは騒音または気が散る環境のなかでの話，込み入った会話または抽象的な会話，皮肉や当てこすりを理解する能力を失う	●なにについて話してよいかわからなくなる ●言語のスピード構成能力を失う（間が空いたり，ためらいが明確になる） ●ものの名前をすぐに言えなくなる．たとえば“砂糖”の代わりに“塩”と言うなど関連する語を使う（自己修正能力は維持されている）	●そのときの話題に関心を持ち続けられなくなる ●怒りや論争したい気持ちをコントロールできなくなる ●“会話中のつなぎ”がなくなり話が無遠慮で無礼な印象になる ●話し手への注意が数分間しか続かなくなる
中期	●時間および場所に対する見当識を失う（人物については失わない） ●長期的および短期的記憶がさらに失われる（会話で明らかにわかる） ●抽象的な語彙や概念，あまりなじみのない人の名前がわからなくなる ●3項目のリストまたは3段階の指示事項が覚えられない ●情報が提示されたすぐ後に覚えていられない	●一般的な長めの会話を理解できなくなる ●妨害や騒音があると集中できず注意を保てなくなる ●読んだ内容を理解できなくなるが，ただし読む機能は維持されている ●顔色を読み取れないこともあるが，感情的な意味の認知能力は維持されている	●とくに抽象的な言葉や特定の細かなことに関する言葉が言えなくなる ●会話に滑らかさがなくなる（間が空く，言い換え，文章が短くなることが多くなる） ●自己修正能力がなくなる ●会話の際に声が小さくなり発声による表現が失われる ●建設的で“提案的”な言葉遣いができなくなる	●別の視点からのものの見方ができなくなる（より独善的になる） ●質問が少なくなる ●会話が少なくなる ●目を合わせなくなる ●意見を言わなくなり，自己修正しなくなる ●社会環境から引きこもる ●会話から“几帳面さ”が失われる
末期	●時間，場所および人物に対する見当識を失う ●新しい記憶ができなくなる ●家族の人がだれだかわからなくなる	●ほとんどの言葉の意味が理解できなくなる ●全般的な認識が失われる ●話しかけられても気がついていないように見受けられる	●文章を終わらせられなくなる ●文法や語法が失われる（わけのわからない言葉を使う） ●まったく話さなくなり，無言となることもある	●社会的なつながり，または期待に対する認識を失う ●意思伝達についての明らかな願望がなくなる

Pietro MJS, Ostuni EMJ（北川公子訳）：Successful Communication with Persons with Alzheimer's Disease；An In-Service Manual. 2nd ed., Butterworth-Heinemann（2006）をもとに作成.

　進行の目安として，初期には人との約束を忘れてしまうなどの単純な近時記憶障害により，周囲の人との行き違いが出始める．徐々に自分が財布をしまった場所を忘れ，だれかが隠したという勘違いが起こることで，日常生活や周囲の人との関係に支障をきたすようになることが多い．また，見当識障害では，初期には日付や曜日などの時がわからなくなり，数年後には場所，さらに時を経て人物がわからなるといわれる．こういった障害が進むにつれて，周囲の人々と会話がかみ合わなくなり，人間関係に深刻な葛藤を引き起こすことがある．

　注意障害では，周囲の音や光などによる刺激に注意をかき乱されると，会話に集中することがむずかしくなるため，相手の話を理解できなくなることある．言語障害としては，比較的初

期のころから，言葉が出てこなくなる「喚語障害」により，「あれ，これ」という指示語が多くなることがある．また，徐々に聞いて理解する力も低下するため，複雑な長文などは理解することがむずかしくなる．中期になると，会話に滑らかさがなくなったり，言葉数自体が少なくなったりする．後期へと進行すると，言葉の理解が困難になり，言葉を発することが極端に減る傾向がある．

　なお，上述の知識を一般論として理解しておくことは重要であるが，例外が多いことを念頭におき，目の前の利用者を無理に当てはめることは望ましくない．

(2) 有する能力の評価の観点

　認知症の人のコミュニケーション能力の評価を行うにあたり，まずは個人の有する能力だけがすべてではないと認識することが必要であろう．つまり，まわりの物理的な環境や人的環境が本人に与える影響が大きく，それらの影響によってコミュニケーションのスムーズさが大きく変化すると考えられる．大切なことは，いつもよりコミュニケーションがうまくいかないと感じた際に，それを「認知症が進んだから」と安易に判断せず，コミュニケーションの障害になる要因にも意識を向けることである．

　すなわち，本人の認知機能だけでなく，体調不良や薬の影響もコミュニケーションの障害になりうる．また，音や光，室温やにおいなども同様である．

　人的環境でいえば，話し相手が本人に何らかの悪影響を与え，「この人とは話したくない」と口を閉ざしているかもしれない．「できる・できない」という軸だけでなく，「したい・したくない」という軸を踏まえておかなければ，誤った評価をしてしまうことになる．

　物理的環境や人的環境を十分考慮したうえで，能力検査という形式ではなく，日々のコミュニケーションを通して，以下の点に意識を向けることが望ましい．あえてささいな変化を見つけるつもりでコミュニケーションに参加することが大切である．

　　視力・聴力，話しかけた際の会話への参加意欲，表情や視線の移り変わり，身ぶり手ぶりの仕方，自ら発する言葉，会話相手の言葉の理解，会話相手がだれなのかの認識，文字の読み書き，返答の速さ，繰り返される内容，他者への気遣いなど

　上述の観点に基づいて，事業所独自の客観的な点数化を行うことも可能であるが，必ず数字以外に，個々のスタッフが気づいたことを具体的に記述し，スタッフ間で共有することが必要である．

3) 認知症の人の有する能力に応じたコミュニケーションの工夫や留意点

　これまでの項で述べてきた以下の点に留意し，事例演習を通して1人ひとりに応じたコミュニケーションを考えていきたい．

- ・自分たちと変わらない「1人の価値ある人」として出会い，コミュニケーションの場では互いに参加者であると認識すること
- ・まわりの人との関係のなかで，認知症の人が陥りやすい心理を理解しようとすること
- ・「できるかどうか」という観点と同時に，「したいかどうか」に着目すること

【事例演習】

・言語障害のある人とのコミュニケーション

　Aさん（男性，74歳，血管性認知症，ブローカ失語，要介護4）

　Aさんは，60代前半と後半に2度，左脳に脳出血を発症した．右半身に麻痺が残ったため，独居生活の継続がむずかしくなり，70歳のときに特別養護老人ホームへ入所した．

　スタッフが話す内容はおおむね理解できるようであるが，本人はゆっくりとしか話せず，発話は不明瞭であった．また，文字を書くことを勧めるといやそうな表情をするため，スタッフは無理に勧めないことにしている．朝夕の忙しい時間帯は訴えをゆっくり聞く体制をとることがむずかしいため，Aさんは周囲の人に対して怒りだすことが多くなってきた．

　Aさんとコミュニケーションを図る際に考えられる方法を検討してみよう．

　(1) 留意する点

　①現存機能の評価は適切か，根拠の共有はできているか

　言語障害がある場合，安易に「意思疎通不可」であると決めつけてしまいがちである．まずは，どういった方法であれば理解でき返事をするのか，日々のかかわりに対する反応を記録に残して，スタッフ全員で共有する必要がある．

　②利用者の意思表示をどのように理解し対応しているか

　本人の意思表示を理解するには，反応をよく観察することが大切である．たとえば，非常に重度の認知症の人であっても，声をかけて反応をゆっくり待つとまばたきや唇，指の動きなどで返事をしてくれるかもしれない．言葉以外のあらゆることから本人の訴えを読み取る努力，相手の反応を待つ姿勢が自分にあったかどうかを見直すことが大切である．

・記憶障害のある人とのコミュニケーション

　Bさん（女性，83歳，アルツハイマー型認知症，記憶障害，要介護2）

　Bさんは，80歳になったころに近時記憶障害が目立つようになり，アルツハイマー型認知症と診断を受けた．息子夫婦と同居し，日中はデイサービスを週3日利用している．

　最近，デイサービスのスタッフに「朝からなにも食べていない」と頻繁に訴えるようになった．ほかにも，帰宅してから「私のかばんに入っていたものが次々となくなっていく．だれか盗った人がいるのではないか」と訴え始め，対応に苦慮していると息子からスタッフに相談があった．

　Bさんとコミュニケーションを図る際に考えられる方法を検討してみよう．

　(1) 留意する点

　①認知症の中核症状を正しく理解しているか

　アルツハイマー型認知症の人が体験している記憶障害は，「やったことを忘れた」のではなく，「そもそも体験した感覚がない」のである．そのため，「食べていない」「ものが消える」というのは，本人にとっては実感を伴う事実だと理解する必要がある．

　②本人の真のニーズに目を向けているか

　頻繁に訴えることのなかに，本人がもっとも大事にしている思いが隠されていることは多

い．戦後の食べ物のない時代の苦労が鮮明に残っている可能性もある．苦労の多かった人生に思いを馳せ，本人の実感を共有する姿勢が大切である．

③同居家族の思いに配慮しているか

自宅で家族と同居している人の場合，家族のストレスケアが在宅生活の維持に大きく影響してくる．家族にはそれぞれ特有の歴史があることを理解し，安易な励ましや上から目線の指導をしないという配慮が必要である．

・見当識障害のある人とのコミュニケーション

Cさん（男性，78歳，アルツハイマー型認知症，見当識障害，要介護3）

Cさんは，隣の市に娘夫婦が暮らしているが，住み慣れた家から離れたくないと希望し，小規模多機能型居宅介護を利用しながら独居を続けている．通いのサービス利用時はいつもニコニコと穏やかにすごしており，トイレの場所がわからないときなどに，少しスタッフが介助する程度である．ある日，スタッフが訪問すると，初夏の蒸し暑い部屋のなかでコートを着ていたため，スタッフが脱ぐように促すと，Cさんは珍しく怒りだした．

Cさんとコミュニケーションを図る際に考えられる方法を検討してみよう．

（1）留意する点

①認知症の中核症状を正しく理解し支援しているか

見当識障害では，時間→場所→人物の順で障害が出てくるといわれている．Cさんの場合，トイレの場所がわからないことから，時間や季節がわからなくなっていたことも十分予測できた可能性がある．季節に応じた洋服の準備など，中核症状の進行に応じて必要な支援を考える必要がある．

②本人がいやがることを無意識に強制していないか

蒸し暑い部屋でコートを着ているCさんをみて，スタッフはむりやりコートを脱がせようとしてしまったかもしれない．あわてるとつい強引なかかわりをしてしまうこともある．あわてたときほど，ゆっくり行動することを普段から心がけておくことが大切である．

・実行機能障害のある人とのコミュニケーション

Dさん（女性，90歳，アルツハイマー型認知症，実行機能障害，要介護3）

Dさんは85歳のときにグループホームに入居し，今年で5年目になる．入居当初は，あねご肌の性格を発揮し，食事づくりやホームの掃除など率先して行ってきた．しかし，1年ほど前から，料理をつくる場面で「私はどうしたらよいですか」とスタッフにたびたび聞くようになり，最近では食事づくりはもちろん，入浴もいやがり，部屋にこもりがちになっている．スタッフは，そんなDさんをみなの輪に引き入れようと，リビングに出るように声をかけるが，「疲れたから私はいい」と拒否することが多くなった．

Dさんとコミュニケーションを図る際に考えられる方法を検討してみよう．

（1）留意する点

①現存機能の評価が適切か，根拠の共有はできているか

食事づくりの手順がわからなくなり始めたころ，Dさんが自信を失うようなことが起こった

のかもしれない．生活のさまざまな場面で，D さんはなにができてなにができなくなっているのかをていねいにアセスメントする必要がある．

　②脳の障害がもたらす不調にスタッフは気づいているか

　さまざまなことができなくなると，混乱や抑うつといった心理状態が生じやすい．加えて，そのような心理状態のなかでうまくいかない現実に対処していくことは，精神的に非常に疲れる作業でもある．疲れたときには積極的な休養も必要である．本人の心理状態や疲労の徴候に注意深く目を向ける必要がある．

4）これまでの自分自身のケアの振り返りと共有

　以下の点に基づいて自分自身のこれまでのコミュニケーションを振り返り，他者と共有してみよう．

　①あなたは何のために利用者とコミュニケーションをとっていましたか

　②対等な立場でのコミュニケーションの参加者という認識はありましたか

　③非言語のメッセージに着目していましたか

　④あなたは，相手にとって心地よいと感じてもらえる人でしたか

5．生活場面ごとの生活障害の理解とケア

1）認知症の人への介護技術（食事・入浴・排泄ケア）の基本的な視点

　「食事」「入浴」「排泄」は人間の生活の基本である．「おいしく食べ」「身体も心も温まり」「お腹がすっきりする」ことは，他のどの生活行為にも増して重要である．認知症ケアというと，生きがいづくりや楽しみの充実などに目が向きがちであるが，基本的な生活行為をおろそかにして他のケアに力を入れても，認知症の人の QOL は上がらないことが多い．

　認知症の人 1 人ひとり個別に工夫することだけではなく，全体で工夫することも大切であるということを意識しながらケアを考えていってほしい．

（1）中核症状による困難さを取り除く

　中核症状や身体の不調などによる本人の生活の困難さを理解し，困難さに働きかけていくことが重要になる．中核症状へのサポートがない，つまり本人の感覚や体験している世界とずれたかかわりを繰り返すと，本人の困難さが増幅することもある．困難さが大きくなると心理面にも悪い影響を与えるため，行動・心理症状（BPSD）などを生みやすい．

（2）嗜好や性格，習慣などを重視する

　施設などでは同じ時間に同じように行われることが多いため，個別性を失いやすい．同じ時間や同じ場所で行うことを否定するわけではないが，数の多さゆえにケアの個別性が失われやすいのである．食事や入浴，排泄は，生活習慣や性格などが影響することが多く，嗜好やプライバシーへの配慮も不可欠となる．

（3）「できない理由」に気づく

　「食べない」という現象をみたときに，声かけや口に入れるタイミングなどの身体介護の範疇で無理に「食べさせよう」とせず，「食べない」のではなく「食べられない」のではないかと考

えられるようにとらえ方を変えていく必要がある．人にとって必要な行為を「なぜしようとしないのか」という本人の困難さに焦点を当てる必要がある．

（4）指図をしすぎない

ケアスタッフの「させたい」という思いが強く出ると，認知症の人と思いのすれ違いが大きくなり，拒否を生みやすい．ケアスタッフの一方的な思いが受け入れられない状況が続くと，認知症の人だけではなくケアスタッフも疲労困憊してしまう．

過度な指示は，人間だれしもがもっている自尊心を傷つけてしまうことや過介護を生むことにつながる危険性もある．指示がなくても認知症の人が自分で行動できるよう，中核症状へのケアを充実することが求められる．

（5）生活行為を作業として分断しない

食事や入浴，排泄は「一連の生活行為」であるが，介護を強く意識してしまうと「一連の作業」とみなされてしまう．作業として考えてしまうと，生活行為を分断していくという意識も薄れ，複数人で分担していくことにも違和感がなくなってしまう．一貫したかかわりで混乱を回避することができるにもかかわらず，担当者が変わることによってケアの連続性が失われたり，不安定さが増したりして行動・心理症状（BPSD）を生む要因となることもある．

（6）ケアを組み立てる基本の実行

「いまをみて，過去を振り返って，これから（未来）を考える」．認知症ケアを展開するうえで必ず実施しなければならないプロセスである．「いまをみて」とは，認知症の人がその行為の中身を1つひとつ実施できているかを確認することである．中核症状や身体機能の低下により，動作にぎこちなさがないか，物事の見当はついているか，手順を踏めているかなどをチェックする必要がある．

次に，その人の「過去を振り返る」必要がある．体験してきたことか，慣れ親しんだことかなど，その人の過去といまを照らし合わせてみる．異なることがわかったら，認知症の人を新たに教育しようとせず，できる限りその人に染みついた感覚を生かせるように「これからのケア」を考え，かかわりや環境を変えていく．

2）認知症の人への食事ケア

（1）「食事」という行為のとらえ方

食物の摂取は，栄養素や水分を体内に補給し命をつなぐために必要なことである．しかし，食事にはそうした生命維持の側面だけではなく，「おいしさ」や「人と楽しく」などの喜びや楽しみなどの社会的行動の側面があることを忘れてはならない．

認知症の人の食事ケアは，こうした人の豊かな生活行為であるという認識が薄れることで，ケアする側の困難さが増すことが多い．

要介護状態になる以前は，買い物から"食"が始まっていたはずであり，人によっては野菜や果実を育て，だれかに料理の腕をふるっていたかもしれない．食欲がないと思われる認知症の人にそうした思いを抱くようになると，摂取量にこだわることだけが豊かな食事につながることではないと理解できるであろう．

（2）認知症の人の食事の際の困難さとその評価

①認知症の状態（中核症状等）に起因するもの

a）記憶障害

　記憶障害が進むと，食事の体験自体が抜け落ち「食べていない」と勘違いすることが増えてくる．「食べたでしょう」などと本人の思いと反する現実を突きつけると混乱する．食事場所が居住空間と離れている場合には，視覚的にも嗅覚的にも記憶の手がかりになるようなものが見つからないため現実を理解しようにも納得しづらく，まわりの人は食べて自分だけは食べていないのではないかという疎外感も強まりやすい．

b）見当識障害

　慣れ親しんだ料理や調理法でない場合には，食べ物だと認知されず，目の前にあっても手をつけないことがある．障害が進むと，食さないものでも誤って食べられるものであると思い込んで口にすることも起こる．また，隣の人の食事を自分のものであると勘違いして食べてしまうことも起こる．

　窒息などに配慮して食材を細かく切り刻むと，食べ物だとわからなくなることがある．フードカッターやミキサーなどで液状にしたものも同様に認知されにくい．そのため，認知症の人にはどのようにみえているのかを確認することが重要である．

c）実行機能障害

　実行機能障害が進んだ場合，食べ方で迷うといったことも起こる．ナイフやフォークを使ったり，調味料をかけたりするなどが順序立てて行えないことも起こってくる．凝った調理や，手巻き寿司や鍋料理など，口に運ぶまでに何工程か必要な料理などは，つくり方や食べ方がわからなくなることが多い．

d）思考力・判断力の低下

　自分の食べ物かそうでないかを区別することが困難になる場合がある．皿の数が多いと，間違えて隣の人の食事に手をつけることも起こる．おおぜいで並んで食事をするような場合や，食器の数が多い場合には間違われやすい．選択食などを実施する場合にも，種類が多いと混乱しやすい．

②身体的な状況に起因するもの

a）生理的な要因

　認知症の人の言動に目が行きすぎると，身体構造上の生理的な要因を見落とすことがある．腹部を圧迫するような姿勢や顎が上がり気道が開きやすい姿勢で食事をすることがないよう確認する必要がある．体が傾いていたり，足が地についていなかったりする場合には，事故の危険性も高まる．

b）体調面などの要因

　食事にむらがあるような場合や急に食べられなくなった場合などは，既往歴などを含め体調面の変化を気にする必要がある．便秘や下痢，胸焼けなどで食欲が落ちているかもしれないし，精神的に不安定であったり，けがをしたりしているかもしれない．認知症の人は，まわりの人

に身体状況を正確に訴えることが苦手であるため，とくに注意が必要である．

　③習慣や生活歴，性格などに起因するもの

　食事は，個人の嗜好が分かれやすい．ケアスタッフが本人の嗜好を理解していないと，せっかくつくっても食べてもらえないことがある．大規模施設だけではなく，小規模施設や訪問介護でも調理者がおいしいと思うものと，本人が食べたいものとは異なる場合もある．

　出身地や長く生活していた地域などが調理者と重なっていれば，勘と経験で本人の嗜好に合わせることができるかもしれない．しかし，そういった場合でも個人の嗜好を調査し，調理などに生かしていく必要がある．つまみを食べてお酒をたしなむような生活を送ってきた人は，おかずといっしょに出てくるごはんの出し方に戸惑うこともあろう．要介護状態になる以前は，多くの人が食べたいものを食べたいときに食べていたはずである．過去に食べてきたものはなにか，いま食べたいものはなにかなどの確認を怠らないようにしたい．

　みなが食卓を囲み，いっせいに食するわけではない．早く食べる人，黙って食べる人，1人で食べることが好きな人，すぐに席を立つ人等，食事のスタイルも人によって異なる．

　④本人を取り巻く社会環境に起因するもの

　おおぜいで食事をすることは，多くの人にとって慣れ親しんだ食事の風景ではない．ケアスタッフの声やざわついた室内，間接照明などもなじみのある食事風景と異なる場合が多い．よそよそしい食器やはしなどにしても，心理的に影響を与えることがある．

　自宅の場合には，しつらえや食器などに変化が少ないことは利点となりやすいが，認知症になる前とおかれた境遇や立場が異なる場合が多い．訪問介護など，自分の家の台所で他人が調理をするといういままでの役割が逆転するような状況になると心理的な影響は大きいであろう．食事の場所が変わっていなくても，シチュエーションの変化によって，心理的な影響が出ることを忘れないようにしたい．

(3) 食事介助方法の工夫やケアのポイント

　認知症の人の食事に限ったことではないが，介護者は摂取量に目が行きがちである．本来，食事の量は，疲れている，間食をした，運動をした等，身体の状態や食間で食べたものなどによって左右されるはずである．同じ量を毎回食べ続けることのほうが，むしろ不思議なことである．70歳以上の女性で身体活動レベルの低い人でも1日1,500 kcal[13]を下回るような状況は望ましくないが，食べたくないときもあろう．チェックシートなどで量を測るだけではなく，体重の増減や献立と照らし合わせて分析することが大切である．

　「食欲の低下」や「食事拒否」は，短絡的に認知機能の低下による症状であると思われやすいが，食事の環境づくりで大きく改善することが知られている．たとえば，「おいしそうか」ということを考えてみるだけでも，「見た目はよいか」「においはするか」「温度は適当か」などの五感を刺激するような配慮が思い浮かぶ．豊かな生活行為と考えると，「だれと」「なにを話しながら食べるか」なども重要な要素となってくる．個別性を重視するなかでは，「好きなものか」「好みの味か」「器や盛り方はどうか」「時間は適当か」なども食の豊かさに絡んでくる要素となる．

　個人の嗜好を追いかけることには限界もある．彩りを考えた盛りつけや調理したての食欲をそそるにおい，旬の食材など，おいしく食べられる工夫は，細かい嗜好にかかわらず多くの人に好まれる．メラミンの食器を使うこともあると思われるが，一部の人を除けば，磁器や陶器の器で熱いことを感じ，ガラスのコップで冷たさを感じることも大切である．息を吹きかけながら鍋を囲んだり，冷えたビールで乾杯したり，テーブルクロスや花を飾ったりすることで自然と食が進むことも多い．

（4）食事ケアの例

　食事ケアの例を表1-25に示す．

　認知症の人の食事ケアを考えるときには，直接的な食事介助技術も必要であるが，食への意欲を高めることの重要性を説明してきた．

　豪華な食事や高級食材だけが豊かな食事ではない．お茶づけや卵かけごはん，長年食べてきた素朴なものに食欲をそそられることもあろう．

　「空腹はいちばんの調味料である」という言葉もある．お腹が減っているかどうかに着目してほしい．そうすると，食事の前の活動などにも視点が広がる．たとえ記憶は連続しなくても，「お腹が減った」という気分で食事を迎えれば，それだけで食も進むはずである．

　直接的な食事ケアではないといわれるかもしれないが，認知症の人と私たちケアスタッフが共に食事を楽しみたいと思ったら，「なにを食べようか」「なにをつくろうか」「安くておいしいものを見つけた」などと話しながら買い物に行くこともよいであろう．食事にまつわるエピソードを話の種に回想しながら会話を弾ませることもできる．

　施設や在宅に限らず，ときには外に出て，弁当をつくって花見をしたり，屋外でバーベキューをしたり，昔なじみの店で外食したりすることも食事ケアと考えてよいのではないであろうか．

3）認知症の人への入浴ケア

（1）「入浴」という行為のとらえ方

　入浴ケアは，認知症の人の身体の清潔を保つために必要な行為である．しかし日本人の多くは，清潔保持だけではなく，整容やほっとしたり一息ついたりする目的でお風呂に入ってきた．「入浴ケア」と考えると，清潔保持を目的とした個別性の乏しい行為をイメージしてしまうが，「お風呂に入る」と考えるだけで，人によって目的が異なる生活の一部として考えることができる．

　身体清潔の場としての目的を強くもちすぎると，入浴は義務となりやすく認知症の人に強要しやすくなる．エスカレートすると認知症の人をだましたり強制したりして入れてしまうなど，その場しのぎで行動・心理症状（BPSD）を生みやすい状況となりやすい．

　入浴を身体清潔や身体を温める場としてとらえるだけではなく，心も温まるような行為としてとらえると，個別性の高い豊かな生活行為であるという理解が進む．

表1-25 食事ケアの例

①認知症の状態（中核症状等）に配慮したケアの例

アセスメントの確認ポイント	ケアの例や留意点
食事の場所がわかっているか	・できる限りいつも同じ席に着くようにする ・迷わないようにつき添って案内する ・名前を書いたプレートなどを置く ・個人で気に入ったものなどがあれば席に置いておく　等
食事時間がわかっているか	・寂しくないようまわりの人が集まるときに声をかける ・本人の目につくところに時計と食事時間を貼る　等
食べたことを覚えているか	・本人の言うことを信用し，現実を押しつけようとしない ・片づけを優先するあまり，食べたものをすぐに下膳しない ・何度も食べたいと話されるときには，無理にがまんさせずに食べてもらう　等 ※「食べていない」という場合には，食事以外に「居場所がない」などの心理的な不安を抱えていることが多い
食べ物であるとわかっているか	・新しいメニューなどは認知されにくいため，昔からあるメニューにする ・細かく切り刻むなどして原形をとどめていないと認知されにくい．できる限り形を残し，柔らかく調理するなどで工夫をする ・器と食べ物が同色であると認知されにくいため，器の色を変える ・ほかの人が食べていると認知されやすいため，みなで食べられるよう大皿に盛る　等
食器やはしなどが使えるか	・変わった形の器や材質の器はわかりにくいため，昔からあるような定番の器やお盆，はしなどを使う ・フォークなどはかえって使いにくいため，長年，自分で使っていたはしや器を使用する ・果物など，素手で食べるものは食べやすいように提供する ・調味料の入れ物を凝った形にしない　等
自分の食事と人の食事が区別できているか	・皿が多く並ぶと迷いやすいため，皿の数を減らす ・選択しやすいように，目の前の情報量をセーブする　等

②身体的な状況に配慮したケアの例

アセスメントの確認ポイント	ケアの例や留意点
体調が悪くないか	・発熱や消化器の不調だけではなく，疲れや睡眠不足に注意する ・環境の変化などでストレスを負っている可能性も考える　等
痛みやかゆみはないか	・頭やお腹などだけではなく歯や口腔内の痛みはないか ・転倒などによって，打撲や捻挫，骨折などの痛みはないか ・全身の状態をチェックする　等
飲み込みが悪くないかむせ込まないか	・嚥下や咀嚼の状態をチェックする ・トロミ剤の度を超える使用は，味を損ねるだけではなく，かえって飲み込みにくくなる ・乾いたものや酸味の強いものは避け，甘くとろみのつくようなメニューを提供する　等
歯は合っているか	・歯茎がやせやすいので，入れ歯や差し歯が合っているか確認する ・麻痺がある場合には，奥歯などに力が入ってグラついていることが多い　等
腰を痛がっていないか	・腰痛のもとになる長時間の車いす着座は避ける ・食堂までの移動時間を減らす　等
足が疲れていないか，足が冷えていないか	・順番を待たせるなどで長時間立たせない ・食事時間以外で歩きすぎていないか確認する ・ひざかけやあんかなどを使用する　等
食べる姿勢がとれているか	・あごを引いた姿勢がとれるよう，着座姿勢を整える ・手の届く範囲に食器や調味料などを置く　等
においや味を感じているか	・加熱を直前にすることやおいしいにおいを漂わせる ・塩分は多くできなくても，だしなどを工夫してはっきりとした味にする　等

③習慣や生活歴・性格に配慮したケアの例

アセスメントの確認ポイント	ケアの例や留意点
食べたことのあるものか	・できる限り過去に食べたことや調理したことのあるものを提供する ・食べたことのないものでも，味つけなどを嗜好に合わせる　等
よくわかった調理方法か	・食事づくりから行う場合，新しい調理器具ではなく，昔からの調理器具を使う　等
なじみのある味か	・味つけは個人の好みがはっきりするため，出身地などに合わせた味つけで提供する ・調味料や香辛料などを用意する　等
時間はどうか	・施設などの場合，時間が短すぎることがある ・生活習慣に合わせた時間にする　等
食事の温度はどうか	・温かいものが好みかぬるめが好みなのか，好みの温度に配慮する　等
季節に合ったものか	・旬の食材で調理する　等 ※冷凍技術の乏しかった時代は，いまよりも旬の食材を使用してきた．季節に合ったものはおいしいだけではなく，見当識も助ける
盛りつけはどうか	・小皿に盛るのか，大皿にたくさん盛りつけるのかの好みに配慮する　等
食べる順番はどうか	・おかずやお米を順に少しずつ食べるのか，お米は最後に食べるのか，おいしいものをさきに食べるのか，最後までとっておくのかなどの好みに配慮する　等
食事時間はどうか	・早食いなのか，時間をかけて食べるのかの好みに配慮する　等
まわりとの関係はどうか	・話をしながら食べるのか，テレビや音楽を聴きながら食べるのか，黙って静かに食べるのか好みに配慮する　等

④本人を取り巻く社会環境に配慮したケアの例

アセスメントの確認ポイント	ケアの例や留意点
まわりの様子はどうか	・ざわついた環境になじまない場合，席を変えるなどの配慮をする ・人がおおぜいいる状況を怖がられることもある．そういった場合には個別に食べることにも配慮する　等
隣人との関係はどうか	・隣や前に座る人の影響は大きいため，相性をみて座る場所には十分配慮する　等 ※食堂での食事はとくに席の影響が大きい
スタッフのケアは威圧的でないか	・大きな声で職員同士が話さない ・怖がられることがあるので，立って介助したり，後ろから介助したりしない　等
テーブルやいすは合っているか	・テーブルの高さやいすとの距離を合わせる ・机のレイアウトや間隔などは適当か　等
食器やはし，自助具は合っているか	・わかるだけではなく，とりやすい形状，持ちやすい形などに配慮する　等
音はどうか	・にぎやかな環境を好む人も静かな環境を好む人もいるため，介助のしやすさだけではなくまわりの環境によって席を決める ・気分が落ち込んでいる場合などは，いつもの席ではなく他の席も選べるようにする　等
明るさはどうか	・明るくするのがむずかしければ，窓際や電燈の下などで食べられるようにする　等
テーブル配置はどうか	・たくさんのテーブルが整然と並んだ状態や見通しのよすぎる状態は緊張を生みやすいため，目線を少し遮られるような配置にする　等
室温はどうか	・車いすの人に配慮するとやや高めの室温がよい ・鍋物などの際には少し低めに設定する　等

(2) 入浴の際の困難さとその評価

①認知症の状態（中核症状等）に起因するもの

a）記憶障害

　記憶障害が進んでくると，ケアスタッフの声かけが保持されないことも多くなる．声をかけても，しばらくすると「なにしにきたのか」となってしまうこともある．「衣類を用意してありますよ」などという声かけも，しばらくすると「手もとに着るものがないのにどうして」となることがある．施設などの場合，浴室や道筋などを記憶することが困難になることも多い．

b）見当識障害

　記憶障害と相まって，不思議な感覚を味わうことが増えてくる．施設などでは明るい時間に入浴することも多く，「なぜ昼に入浴を？」という感覚を抱きやすい．場所の認知もあやふやになってくると，「知っている風呂屋ではない」などと浴室に疑念を抱くことも多くなってしまう．

　脱衣場や浴室にはカランや石鹸，シャンプーなどの設備や物品が備わっているが，これらを間違って認知することも起こりやすい．とくに水や湯の出し方，温度の調整，ポンプ式の石鹸，洗体用のブラシなどは，使い方や形状が複雑に変化したものも多く，正しく認知できなくなることも増す．

c）実行機能障害や思考力・判断力の低下

　手や足は動くのに脱衣や着衣に戸惑うことがある．順序立てて服を着ることができず，誤って認知することなども影響し，服を上下逆に着てしまうなども起こりやすい．手が動くだけに本人はもどかしく，服を手にぼう然としたり混乱したりすることもある．

②身体的な状況に起因にするもの

a）生理的な要因

　介助用のいすを使う場合には，足裏が宙に浮く高さなどで身体に合っていない場合は安定が保てずフラフラすることがある．入浴ケアは，食事や排泄行為などに比べて身体を動かすことが多い．不安定な状況で複雑な動作を繰り返すと，傾いたり倒れたりすることもある．浴槽内のいすも，浮力などが影響して不安定さを生むこともある．

　薄暗い照明や湯気の中では足もとがみえにくく，転倒するのではないかという感覚をもちやすい．床タイルやバスマットなども，かえって恐怖感を伴う可能性がある．

b）体調面などの要因

　お腹の調子が悪いなどによって便がゆるくなっている場合などは，汚すまいとして必死にがまんすることもある．下剤などを服用した場合にはとくに注意が必要である．本人がコントロールできないことに介護者が気づく必要がある．

③習慣や生活歴，性格などに起因するもの

　服を脱がされたり，ジロジロみられるなかで洗われたりすると，尊厳が大きく傷つけられやすい．入浴の設備は時代とともに変わってきたが，入浴の時間や順番など，個人ごとに異なる入浴スタイルは守られていることが多い．何時ごろ入浴していたのか，入る順番はどうかなど

の習慣が身体に染みついている．整容や美容，読書しながら入浴をする人もいる．入浴時間が短い人もいれば，長湯を楽しむ人もいる．おおぜいでの入浴か個人で入浴していたのか，歌を口ずさんでにぎやかな雰囲気が好きか，静かな入浴が好きかなど，入浴スタイルはバラエティに富んでいるはずである．

　いままでの習慣と異なるスタイルにはなじめず，無理強いを続けると大きな感覚のずれを生みやすい．

　④本人を取り巻く社会環境に起因するもの

　大規模施設などでは，機械式の浴槽を使用する場合もある．なじみではないことは仕方ないが，場の説明や動作の声かけなどが不足すると不安が増し，緊張感が高まる危険性がある．機械が上下する作動音や湯をためる水勢なども同様である．吊り下げ式のリフトも，手をはなしたり，スピードを出しすぎたりすると怖いという感覚を抱かれやすい．入浴キャリーなどが入るような浴槽の大きさや深さなども，身体機能の低下した状態では恐怖心を抱くことが多い．

　おおぜいが一度に入浴する状況では，ざわついた雰囲気に本人が不安を感じやすい．音が反響しやすい浴室でケアスタッフが大きな声を出す状況が生じれば，さらに騒然とした雰囲気となる．浴室内の明るさや室温などが，動き回るケアスタッフの都合で設定されていると，寒さなどを感じてしまう人が多い．

（3）入浴介助方法の工夫やケアのポイント

　「お風呂に入る」場合には，1人でも複数人でも裸になって入浴する．しかし「入浴ケア」となると，多くの場合，ケアスタッフは着衣したままで，認知症の人だけが裸になる．ゴム製のエプロンもケアスタッフには当たり前の介助方法でも，認知症の人にとってこのシチュエーションはなじみがない．「入浴する側」の非日常と「入浴させる側」の日常の中で1つの行為を行おうとするため，関係性のアンバランスが生じてしまう．浴室を共にする状況ではあるが，「裸のつき合い」などではない特殊な状況のなかでケアが行われていることを理解しなければならない．

　大規模施設などでは，居室から案内する係や脱衣を手伝う係，浴室内で身体を洗う係など，一連のケアを分担して行うことが多い．頼りのケアスタッフのかかわりがとぎれとぎれになると，認知症の人の不安や混乱が増してしまう．

　人から「お風呂に行きましょう」と誘われて入浴する状況も，考えれば不自然である．なにげない声かけのつもりでも「なにか企んでいるのではないか」など，他のケア以上に負の感情を抱かれやすい．すぐに改善できないこともあるが，入浴に誘うまでのかかわりやすごし方を工夫してみるなどの配慮が必要となる．

（4）入浴ケアの例

　入浴ケアの例を表1-26に示す．

　認知症の人の入浴ケアを考えるとき，「いやがる認知症の人をどうやって風呂に入れようか」「どういう声かけで服を脱がそうか」などの対応方法にケアスタッフの興味が向くことが多い．清潔保持などをケアの目標に掲げると，入れること自体に強く目的を見いだす傾向が強くなる

表 1-26　入浴ケアの例

①認知症の状態（中核症状等）に配慮したケアの例

アセスメントの確認ポイント	ケアの例や留意点
浴室の場所がわかっているか	・口頭で案内するだけではなく，廊下の曲がり角にサインを出す等，迷わないように配慮する ・のれんを下げる等，風呂場とわかりやすいようにする　等
入浴の時間がわかっているか	・洗面器やタオルなどを持って誘う等，とぎれた時間をつなげる配慮をする ・活動の区切りで入浴を促す等，動作を起こしやすい気分をつくるようにする　等
シャワーや石鹸がわかっているか	・シャワーやカランなども本人が認知できているものを使用する ・ポンプ式の容器や，泡タイプの石鹸などの新しい器具は使いにくい場合があるため，昔から形の変わっていない固形石鹸などを使う　等
お湯の出し方などがわかっているか	・ワンレバーの混合栓は，温度調整や水を出す仕組みもなじみがないことが多い．なじみのない場合には，あらかじめ洗面器等にお湯を入れて用意する　等
脱衣の手順がわかっているか	・混乱を防ぐため着る順番に渡す ・急かさず，動作をまねてみる ・洋服やファスナーなどが認知されないときには，浴衣や帯など本人になじみのある着衣にする　等

②身体的な状況に配慮したケアの例

アセスメントの確認ポイント	ケアの例や留意点
体調はどうか	・発熱や寝不足だけではなく，下痢や疲れはないか　等
痛みやかゆみはないか	・発赤や擦り傷などを確認する ・乾皮症などで過敏になっていないか　等
腰が痛くないか	・長時間の座位で疲れていないか ・圧迫骨折などがないか　等
足が疲れていないか	・歩行距離が長く，疲れていないか ・疲れている場合には，一服後に入浴する　等
体幹保持はできているか	・ひじかけのあるいすを使う ・手すりなどを使用する ・浮力でバランスがとりにくくなっていないか ・浴槽内でも体幹が保持できる工夫をする　等
足もとがみえているか	・浴室内を明るくする ・つまずかないように段差やものを避けておく ・メガネなどを外していないか ・手引き歩行は，陰部を隠せないため恥ずかしい場合があるため，斜め横で歩行介助する ・できる限り，自分で動けるように配慮する　等

③習慣や生活歴・性格に配慮したケアの例

アセスメントの確認ポイント	ケアの例や留意点
習慣は生かされているか	・1人で入浴していたのか，銭湯で入浴していたのか ・長い期間1人で入っていた人は，できる限り個浴にする ・毎日入っていたのか，週に2日程度であったのか ・夕方に入浴していたのか，就寝前に入浴していたのか　等
入浴の順番はどうか	・一番風呂にこだわるのか，最後を好むのか

お湯の温度はどうか	・熱い湯かぬるい湯か ・温度が変えられなければ，湯に浸かる時間などを工夫する　等
入浴時間はどうか	・長風呂かカラスの行水か，好みに合わせる　等
洗い方はどうか	・手から洗うのか，足から洗うのか　等
恥ずかしがっていないか	・陰部を隠すことなどに配慮する　等

④本人を取り巻く社会環境に配慮したケアの例

アセスメントの 確認ポイント	ケアの例や留意点
まわりの様子はどうか	・だれと入浴するかといった相性に配慮する　等
スタッフのケアはどうか	・一律で画一的な流れ作業をしない ・大きな声で呼び合わない　等
カラン，石鹸やタオル，洗面器などは使えているか	・本人が認知できていない場合には，わかるものに替える ・桶で湯をためて横に置く等，自分で身体を流せるように配慮する ・手ぬぐいやカミソリ等，昔から使い慣れたものを使用する　等
浴槽の形や深さはどうか	・怖がられないよう，手すりや浴槽台を設置する　等
室温はどうか	・介助者に快適な低めの温度にかたよらないようにする ・昼間の入浴でも，湯冷めしないよう工夫する　等
明るさはどうか	・湯気や白内障などでみえにくいため，足もとや浴槽を明るくする　等
音は反響していないか	・浴槽内は声が反響しやすいため，介助者も大きな声を出さない　等

のも仕方がない．しかし，「入れる」という結果だけを強く求めるあまり，「だましてでも連れてこよう」「無理にでも脱がそう」などのケアを行うと，認知症の人の思いとの相違が大きくなり，結果的に双方の困難さが増すことを理解したい．

　私たち自身の入浴を考えてみると「安らぎの瞬間」であったり，「考えごとの場」であったりと，身体を清潔に保つ目的だけではないことに気づく．認知症の人にとっては，入浴することの意味づけが不足しやすい．入浴前後の状態や活動などにも目を向けると，「風呂上がりの1杯」を楽しんだり，「ゆず湯」などの季節湯を楽しんだりすることが思い浮かぶはずである．

4）認知症の人への排泄ケア

（1）「排泄」という行為のとらえ方

　「用を足す」ということは，人間の生活のなかでもっとも本能的な欲求に基づく生理現象である．がまんしづらく先送りできない行為でもある．尿や便を催した際にはすみやかに体外に放出し，すっきりとした気分で生活を続けることが人の生活において重要なことはいうまでもない．排泄の不調は気分の不調に直結する．あらゆるケアのなかでも優先度の高いケアであるといえる．また，食事や入浴と比較しても，排泄はプライバシーにもっとも配慮する必要がある行為である．決してだれかといっしょに行うものではなく，その場面を人に観察されるような

ものでもない.

(2) 排泄の際の困難さとその評価

①認知症の状態（中核症状等）に起因するもの

a）記憶障害

記憶障害が進むと，日に何度も通うトイレでも場所を記憶しておくことが困難になり，迷うことがある．サポートするためにケアスタッフが声をかけても，尿や便を催していなければ行かず，いざというときに混乱することがある.

b）見当識障害

記憶障害と相まって，ものを認知する力が低下すると，洋式便器が排泄場所であると認知できないことも起こる．逆さ向きに座ってしまったり，便器のなかで手を洗ったり，洗濯を行ったりするようなことも起こる．和式便器の場合は，トイレであると正しく認知できることが多い．ロールペーパーも認知されないことがある．手に巻き続けたり，ロールごと陰部に当ててみたりする場合もある．以前から使われてきたちり紙型の落とし紙（便所紙）であると正しく認知できることも多い．洋式便器やロールペーパーの時代がここ30年ほど続いているため，認知できない人も今後は少なくなってくると考えられるが，現在はまだ混乱してしまう人がいる.

水洗操作は，数十年間でさまざまに変化してきた．ひもを引っ張る時代から，レバーを動かす時代，最近ではボタンを押したり手をかざしたりする仕組みもある．自分の汚物が流せずに混乱してしまう人も多い.

紙おむつや紙パンツの使用も，食パンなどの食べ物と勘違いして口にしたり，汚れたからといって洗濯したりするなど，よけいな混乱を招くことがある．布製のものを使うことで防げる場合もある.

c）実行機能障害

トイレに入っていざ服を脱ごうと思っても，手が止まって立ち尽くしてしまうことがある．とくに，ケアスタッフに誘導されてトイレに連れてこられた場合などでは，なにを順番に行っていけば用を足せるのか頭に浮かばなくなってしまうことがある.

②身体的な状況に起因するもの

体力が衰えてきた人にとって，排泄行為はかなり体力を使うものとなる．下肢筋力が低下した人では，体力を使った活動の後すぐの排泄を避けるなど，排泄前に疲れないことも大事になる．性格だけではなく生理的なこととも関連するが，人前などで緊張すると用を足したくなる人も多い．利尿作用のある薬や下剤の服用によって，なかば強制的に尿や便が催されることもある.

③習慣や生活歴・性格に起因するもの

排泄行為は昔も1人で行っていた．複数人で順番にトイレに並ばされたり，声をかけられてトイレに誘われたりすることにはなじみがない．人間は活動を中断して用を足すことを避けるため，合間に用を足すことが多い．こうしたタイミングも配慮したい.

ポケットや巾着に常に紙を入れている人も多い．昔はトイレに紙がないことも多く，エチ

ケットとして常に携帯していないと不安に駆られたはずである．それを収集癖といって安易に取り上げてはならない．

　④本人を取り巻く社会環境に起因するもの

　歩行訓練といって引きずられるようにトイレに連れていく，立位訓練と称してトイレのなかで立たせるといったことはないであろうか．トイレに行く目的はあくまでも排泄であり，がまんする時間がないようにしたい．声をかけられて待たされると，逆にがまんしきれずに漏れてしまうことも起こりやすい．

（3）排泄介助方法の工夫やケアのポイント

　プライバシーへの配慮がおろそかになると排泄ケアは失敗しやすい．行為を確認するため，声をかけ続けたり，チラチラのぞいたりすると，スムースに排泄ができなくなってしまう．簡易式の間仕切りやカーテンで仕切ったトイレなどは，排泄時の音が聞こえたり，においが漂ったりして緊張感を生みやすい．同時に複数の人でトイレに入る場合などは，隣の個室も気になってしまう．排泄の有無や量などをケアスタッフ間で大きな声で言い合うことは，認知症の人の気分を害するため避けたい．

　排泄ケアは時間も労力もかかりやすい．ケアスタッフは，「何回もよばれたら困る」「トイレへの案内がめんどう」などの理由で，大きなおむつをつけたり，紙おむつを重ねたりするケアを行ってしまうことがある．「漏れなければよい」というケアは，不快感を生じやすいだけではなく，皮膚の疾患や感染症のリスクなどを高める悪循環に陥りやすい．認知症の人が排泄の失敗を恐れることなどから，自ら水分をとることを制限してしまうことも考えられる．

　「失禁だから」「尿意や便意がないのでは」と安易に考えず，身体上の要因がないかも考えるとよい．排泄ケアがうまくいかない場合，中核症状の影響やまわりの環境などの要因からくる心理的な不安などを考えることは大切であるが，排泄機能のチェックを怠ってはならない．タイミングなどを見計らってケアしていても失禁が続く場合には，尿をためたり出したりするなどの機能的な障害が原因であることも多い．

　排泄障害は生命維持にかかわる問題に直結しやすく，うまくいかないことをケアスタッフのかかわりなどが原因であると決めつけず，医療機関への相談も忘れずに考えてほしい．

（4）排泄ケアの例

　排泄ケアの例を表1-27に示す．

　「用を足したい」という生理的な現象が沸き起こっているにもかかわらず，排泄場所がわからなかったり，介助の時間を待たなければならなかったりする苦痛を認知症の人は味わいやすい．トイレを探しても見つからないつらさを経験したことがあれば，この感覚は理解できるのではないか．排泄の不調は，他の生活行為全般に影響を及ぼす可能性が高いことを意識しなければならない．

　言葉を発することが少なく，床に就く時間が長くなった人でも，「下の世話を受ける」際のみじめな思いが失われることはない．同性介助などで恥ずかしさが多少緩和されることはあっても，その心理構造に変わりはない．

表 1-27　排泄ケアの例

①認知症の状態（中核症状等）に配慮したケアの例

アセスメントの確認ポイント	ケアの例や留意点
トイレの場所がわかっているか	・TOILET や人の形などのサインはわかりにくいため，本人のわかる目印などをつける ・夜間などは薄明かりをつけておく ・過去の住環境に配慮し，同じような配置に努める　等
排泄のタイミングがつかめているか	・席を立った際に誘う ・行動の切れ目や，新たな行動を始める前などに声をかける　等
便器が認知できているか	・和式トイレは認知されやすい ・洋式便器などは，ふたをとると認知できることがある ・濃い色の便器などは認知されにくいため，白っぽいカバーをかける　等
紙が認知できているか	・ロールペーパーからちり紙型の落とし紙（便所紙）に替える ・個室に入る前に紙を手渡しする　等
汚物を処理することができるか	・水洗ボタンなどに目印や文字を貼る ・レバーではなく，ひもを引いて水が流れるように工夫する ・逆行性喪失で水洗トイレになじみがない場合，無理に汚物を流させようとしない　等
紙おむつがわかっているか	・認知できていない場合には，布おむつや布のパンツに替える　等
脱衣の手順がわかっているか	・自分で認知できている衣服を着る ・襦袢や腰巻に替える　等

②身体的な状況に配慮したケアの例

アセスメントの確認ポイント	ケアの例や留意点
頻尿や乏尿ではないか	・水分量だけではなく，排尿障害の治療を行う　等
痛みやかゆみはないか	・腰やお尻の痛み，痔や皮膚のただれがあれば治療する ・かゆみを抑える薬を塗る　等
排泄する姿勢がとれているか	・支持棒などで体幹をサポートする ・両足をつけていきみやすいように台などを置く　等
足もとを気にしていないか	・滑り止めシートなど床材に配慮する　等

③習慣や生活歴・性格に配慮したケアの例

アセスメントの確認ポイント	ケアの例や留意点
快便のための食習慣はどうか	・便通のために食べていたものなどを用意する　等
性格はどうか	・心配性の場合には，動作の前に排泄するよう心がける　等
恥ずかしがっていないか	・みえてしまうだけではなく，音を聞かないように排泄中は離れる ・大きな声で動作確認をしない ・できる限り短時間で陰部洗浄する　等

④本人を取り巻く社会環境に配慮したケアの例

アセスメントの確認ポイント	ケアの例や留意点
まわりの様子はどうか	・トイレの前で並ぶ等，排泄を待たせない ・多人数のケアを同時に行う場合には，排泄の音ができる限り漏れないように介助する順番を工夫する　等
ケアスタッフのかかわりはどうか	・騒々しくケアしない ・認知症の人を前に，ケアスタッフ同士で排泄の話をしない　等
器具や用品が使えているか	・本人がわかるものや使えるものに替える　等
室温はどうか	・室内だけではなく，床なども温める　等
においはどうか	・芳香剤などで消臭するだけでなく，汚物をすばやく処理する等，においを出さないケアを心がける　等
明るさはどうか	・トイレ自体の明るさだけではなく，夜間安全にトイレにこられるよう枕灯などをつけておく　等

　排泄が自立している人がよい，優れている，介助を受ける人が悪い，不幸などという間違った価値づけをして人をさげすむようなことがあってはならない．認知症ケアにおける排泄介助では，ときに失敗を赦すことを含め，その人の自尊心を傷つけないようさりげなく介助することに留意してほしい．

【演習6】
　大府花子さんは，アルツハイマー型認知症を患い，2年前からグループホームに入居しています．入居当初は，ケアスタッフと食事づくりをいっしょに行ったり，入居しているほかの人たちと会話したりと食事を楽しんでいました．しかし，ここ最近は食事づくりをすることも少なくなり，ほかの人たちとの会話なども減ってきました．それに合わせるように元気がなくなり，食も進まなくなってきました．ケアスタッフたちは，このままの状態が続くのではないかと心配しています．
　食さない状況だけに注目せず，脳の障害を含めた本人の状態やグループホームの様子，まわりのかかわり，本人の体験している世界にも想像力を働かせて，大府花子さんのケアを考えてみましょう．

【演習7】
　自宅でひとり暮らしをしている大府太郎さんは，血管性認知症を患い，3年前から訪問介護サービスを受けています．右半身に麻痺があり歩行のふらつきもあるため，ヘルパーは食事以外にも掃除や洗濯，入浴のサポートを行っています．朝食と夕食は配食の弁当を1人で食べ，昼はヘルパーがつくった食事を食べています．以前は，太郎さんとヘルパーがいっしょに買い物などにも出かけていましたが，いまはヘルパーだけで食材を調達しています．最近，訪問した際に元気がないことが多くなってきました．
　ヘルパーは，昼食だけではなく，配食の弁当もあまり食べていないことを気にかけています．
　食さない状況だけに注目せず，脳の障害を含めた本人の状態や自宅での生活の様子，まわりのかかわり，本人の体験している世界にも想像力を働かせて，大府太郎さんのケアを考えてみましょう．

【演習8】
　大府次郎さんは，レビー小体型認知症を患い，1年前から特別養護老人ホームに入居しています．入居した当初は，「大きくて広い風呂で気持ちがよい」と喜んで入浴していましたが，最近は，誘っても気乗りしないことがあります．浴室にきても，足もとや他の入居者を気にすることも多く，あたりを見回しながら動作を止めるようなことが増えてきました．ケアスタッフたちは，以前と異なる様子の変化がたびたび起こることに戸惑っています．
　戸惑う状況だけに注目せず，脳の障害を含めた本人の状態や特別養護老人ホームの様子，まわりのかかわり，本人の体験している世界にも想像力を働かせて，大府次郎さんのケアを考えてみましょう．

【演習9】
　大府梅子さんは，アルツハイマー型認知症を患い，4年前から訪問介護サービスを受けています．長年住み慣れた自宅を離れ，最近，息子夫婦の家で同居を始めました．同居を始めた直後から1人で入浴できなくなり，ヘルパーが入浴を介助するようになりました．部屋から案内するところから，ヘルパーが動作の1つひとつを説明しますが，そのとおりにはなかなか動いてくれません．入浴中もひとときも目がはなせないとヘルパーは嘆いています．
　目がはなせない状況だけに注目せず，脳の障害を含めた本人の状態や息子夫婦の家の様子，まわりのかかわり，本人の体験している世界にも想像力を働かせて，大府梅子さんのケアを考えてみましょう．

【演習10】
　大府三郎さんは，血管性認知症を患い，1か月前からデイサービスを利用しています．入院中は，おむつを使って排泄をすませていましたが，デイサービスを利用してからは，ケアスタッフの介助によってトイレで用を足す訓練を受けるようになりました．ケアスタッフは，時間を決めてトイレに誘っています．最近は1人で用を足そうとトイレに行くことがあり，転倒するのではないかと心配しています．また，長時間トイレから出てこないこともあり，見守りを強化しています．ケアスタッフは数にも時間にも限りがあり，三郎さんを見守り続けることはむずかしいと頭を抱えています．
　見守りを続ける状況だけに注目せず，脳の障害を含めた本人の状態や老人保健施設の様子，まわりのかかわり，本人の体験している世界にも想像力を働かせて，大府三郎さんのケアを考えてみましょう．

【演習11】
　大府桜子さんは，レビー小体型認知症を患い，自宅で夫と共に暮らしています．夫が介護を続けてきましたが，半年ほど前から桜子さんが夜中に大きな声を出して夫を驚かせたり，トイレに行きたがらなかったりすることなどが増えてきたため，介護の負担を軽減するために訪問介護サービスを利用するようになりました．先日も，ヘルパーが訪問しトイレを促すと急に「怖い，怖い」と言っておびえ，その場にしゃがみ込んで失禁してしまいました．そうでないときもありますが，このようなことが時々起こり，ヘルパーはどうしたらよいか混乱しています．
　混乱している状況だけに注目せず，脳の障害を含めた本人の状態や自宅の様子，まわりのかかわりなど，本人の体験している世界にも想像力を働かせて，大府桜子さんのケアを考えてみましょう．

それぞれの演習について，以下の問いに答えてみましょう．

問1．本人の抱えている困難さはどのようなものでしょうか？
問2．どのような要因で困難さが生じているのでしょうか？
問3．困難さを解消するためには，どのようなことに着目しますか？
問4．着目した点を踏まえ，どのようなケアを行うことが考えられますか？

Ⅲ. QOL を高める活動と評価の観点

┌─ **学習の Point** ─────────────────────────────────

ここでは，私たちの生活に欠かすことのできないアクティビティ（Activity：作業活動）について，認知症の人への実践応用のために，①アクティビティのとらえ方，②アクティビティによる非薬物的介入の基本，③非薬物的介入の実際，④非薬物的介入による評価について基礎的理解を深める．

キーワード：アクティビティ，非薬物的介入，心理社会的アプローチ，包括的介入，評価

└──

1．認知症の人のアクティビティの考え方

1）アクティビティとは

アクティビティとは「作業活動」を意味し，たとえば，表 1-28 に示したゲーム，身体運動，仕事・家事活動，音楽活動，趣味活動，手工芸，文芸活動に分類され，含まれる種目は多岐にわたる[14]．

認知症の人にかかわりをもつスタッフは，認知症の軽度から重度のステージにかかわらず，それぞれの人に現存しているアクティビティを把握し，日々の生活のなかで活用するとともに，必要性が高いと推測されるアクティビティを提供することが責務のひとつである．

2）アクティビティと ICF・QOL

アクティビティは，図 1-19 に示した国際生活機能分類（International Classification of Functioning, Disability and Health：ICF）[15]の生活機能にあたる「活動」や「参加」と背景因子の「個人因子」や「環境因子」と関連づけることができる．認知症の人の日々の生活を観察する過程において，「活動」や「参加」の「できる」「している」もしくは「できると予測」される本人が持ち合わせている肯定的側面の把握に努める必要がある．

反対に，「できない」「していない」状態にあたる「活動制限」や「参加制約」が観察されれば，環境調整や場面を設定し，すべてではなくても一部について「できる」「している」状態に変える工夫が求められる．

3）アクティビティと記憶

記憶を内容で分類すると図 1-20 に示した陳述記憶（エピソード記憶・意味記憶）と非陳述記憶（手続き記憶）に大別できる．アクティビティ種目の多くは，手指の動きや動作を伴う技術として体で覚えている手続き記憶に分類できる．認知症の人は，陳述記憶の低下が顕著な場合でも，非陳述記憶としての手続き記憶は現存していることが多い．たとえば，表 1-28 の仕事・家事活動の家事では，料理と掃除や洗濯などを例として挙げることができる．

したがって，認知症の人では手続き記憶を念頭においたアクティビティを活用することが現存能力の発揮につながる．

表 1-28　アクティビティの分類と種目例

ゲーム	囲碁　将棋　トランプ　百人一首　カルタなど
身体運動	体操　風船バレー　音楽体操　輪投げ　散歩 簡易ボーリング　グランドゴルフなど
仕事・家事活動	園芸　料理　掃除　洗濯など
音楽活動	鑑賞　歌唱（独唱　合唱）　演奏（独奏　合奏）　踊りなど
趣味活動	書道　生け花　お茶など
手工芸	折り紙　裁縫　編み物　紙細工など
文芸活動	俳句　川柳　和歌など

出典）山根　寛：認知症とアクティビティ．（認知症コミュニケーション協議会編）認知症ラ
イフパートナー検定試験基礎検定テキスト，92-100，中央法規出版，東京（2009）.

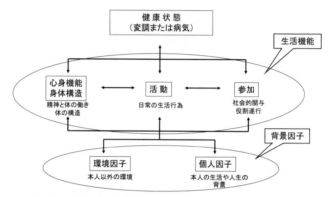

障害者福祉研究会編：ICF 国際生活機能分類；国際障害分類改訂版．中央法
規出版，東京（2002）をもとに一部改変．

図 1-19　国際生活機能分類

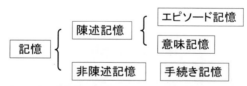

Squire LR, Zola-Morgan S：The nuropsychology of memo-
ry；new links between humans and experimental animals.
Annals of the New York Academy of Sciences, 444：137-149
（1985）を一部改変．

図 1-20　記憶内容による分類

2．認知症の非薬物的介入の基本

1）非薬物的介入とは

　現在の医療では認知症の発症防止や完治は不可能な状況にあるが，薬物療法と非薬物療法の
併用により，認知症の中核症状と行動・心理症状（BPSD）の改善や進行遅延に取り組んでい
る．非薬物療法とは，認知症の人の行動・心理症状（BPSD）の改善や現存している能力を活

用したり，引き出そうとしたりする心理社会的アプローチを指す．

　本項では，非薬物療法を専門資格者が科学的根拠に基づき行う「療法」に限定するのではなく，認知症の人のケアやリハビリテーションにかかわりをもつスタッフが，多岐にわたるアクティビティ種目を用いて行うアプローチと位置づけ，一部を除き非薬物的介入と表記する．そして，認知症の人に対して，アクティビティを単に提供すればよいということではなく，目的をもち，認知症の人それぞれにふさわしいアクティビティを選択し，提供することから効果を引き出すための非薬物的介入の基礎について述べる．

2）非薬物的介入の目的と意義

　非薬物的介入の特徴としては，①本人が本来もっている能力を引き出す，②行動・心理症状（BPSD）の改善・QOL の向上を図る，③介護家族者の介護負担の軽減につながる，④その内容は多岐にわたる，⑤一定の効果あるが科学的根拠乏しい，を挙げることができる．したがって，認知症の人に現存しているアクティビティを ICF の肯定的側面ととらえ，生活のなかで活用・提供することで，行動・心理症状（BPSD）の軽減と QOL の向上を目的とする．また，その実践が「いま」を生きる認知症の人の尊厳を保ち，家族介護者の負担軽減にも波及するという意義をもつ．

3）非薬物的介入の留意事項

　認知症の人に対する非薬物的介入では，情報収集と観察，アクティビティの手順説明に留意する．

（1）情報収集

　認知症の人や家族からの情報収集では，生活史におけるアクティビティについて，本人の仕事やこれまで担ってきた役割とその内容，1 日と 1 週間のすごし方，交友関係や趣味活動，興味関心や楽しみにしていた（いる）内容，集会や地域活動への参加状況などを把握する．そのなかでも，とくに本人にとってかけがえのない重要な「意味のある」アクティビティを探る．

（2）観　　察

　観察では，日々の生活場面や非薬物的介入場面での認知症の人の取り組みや遂行状況，表情や言語的コミュニケーション，なじみの関係にある人などの把握に努める．

　そして，それぞれのスタッフが得たり気づいたりした情報をスタッフ間で共有する．この情報共有が，アクティビティの種目選択や提供時の場面設定とスタッフのかかわり方の貴重な手がかりとなる．

（3）アクティビティの手順説明

　アクティビティの手順説明の基本を表表 1-29 に示す．口頭説明のみでなく視覚的要素を用いて，見本の作品を提示したり実際の動作をやってみせたりして，認知症の人の理解を高める．次に，認知症の人にやってもらいフィードバックを行い，必要に応じてこれを繰り返し，最終的には独立実施を目指す．内容が複雑で工程が多いアクティビティの場合には，全体法による説明ではなく，工程ごともしくは複数の工程をまとめて説明する分散法を用いる．

表 1-29　活動の手順説明

①口頭説明（作品づくりなら出来上がり見本を示す）
②スタッフがやってみせる
③対象者にやってもらう
④③に対するフィードバックを行う
⑤再度行ってもらう
⑥必要に応じて④を繰り返す
⑦対象者にやってもらう
⑧時折遂行状況を確認する

竹田徳則：作業療法におけるレクリエーションプログラム立案と展開.
（寺山久美子監）レクリエーション；社会参加を促す治療的レクリエー
ション，改訂第 2 版，26-32，三輪書店，東京（2004）をもとに作成.

表 1-30　心理社会的アプローチ

①行動に焦点を当てるアプローチ：行動療法　日常生活活動訓練
②感情に焦点を当てるアプローチ：回想法　バリデーションなど
③刺激に焦点を当てるアプローチ：レクリエーション　手工芸　音楽　園芸など
④認知機能に焦点を当てるアプローチ：現実見当識訓練法　認知運動療法など
＊共通目標　BPSD の改善・QOL の向上

出典）Practice guideline for the treatment of patients with Alzheimer's disease and Oth-
er dementias of late life. American Psychiatric Association. *The American Jour-*
nal of Psychiatry, 154（5 Suppl）：1-39（1977）.

4）非薬物的介入の分類

　米国精神医学治療ガイドライン[16]による非薬物療法は表 1-30 に示したとおり，心理社会的ア
プローチとして，①行動に焦点を当てるアプローチ（行動療法アプローチなど），②感情に焦点
を当てるアプローチ（支持的精神療法，回想法，バリデーション療法など），③刺激に焦点を当
てるアプローチ（活動療法，レクリエーション療法，芸術療法，アロマセラピーなど），④認知
に焦点を当てるアプローチ（リアリティオリエンテーション，認知刺激療法など）の 4 つに分
類され実践されている.

5）非薬物的介入の方法

　非薬物的介入の方法は，対象とする人数で個別と小・大集団に分けられる．情報収集と観察
や検査測定の評価に基づき個別対応による介入がふさわしい時期なのか，それとも小集団での
活動による効果が見込めるのか，大集団がよいのかを判断する．たとえば，施設入所直後の生
活環境の変化による混乱や不安から，プログラム参加になじめず拒否的な場合には，個別アプ
ローチを優先する．対人緊張や場面緊張が高い場合には，個別を経て小集団や大集団での活動
を導入すると不安と緊張感を高めない.

　介入時間では，プログラム時間内での介入と 1 日 24 時間を通じた介入に分類できる．たとえ
ば，回想法やリアリティオリエンテーションでは，1 日を通しての介入を意図した対応が，感
情や認知の改善には有用と考えられる.

表 1-31　アクティビティの価値・重要さの違い

料理の例
①自分が食するための料理
②主婦としての役割で行っていた料理
③仕事として客に提供するために行っていた料理
④友人知人にふるまう料理
＊それぞれの人には，料理にまつわる苦楽のエピソードがあり，合わせて感情も記憶として蓄積されている．

出典）竹田徳則：認知症の人のリハビリテーション．日本認知症ケア学会誌，13（4）：677-683（2015）．

6）認知症の人に用いる種目の選択

認知症の人が主体的にアクティビティの種目を自己選択して取り組むことが望ましい．しかし，そうでない場合には，情報と観察を基本にしつつ，本人が取り組みたいと考えている優先順の高い種目に気づいてもらうことや，これまでやってみたくても実現できていない種目の有無の確認が必要になる．

一方，認知症の人全員に同一の種目を目的や考えもなく用いてはならない．

たとえば，認知症の人の尊厳を損なっていると判断せざるを得ない，幼稚で単純な塗り絵を一律に提供するようなことがあってはならない．

また，認知症の人では，アクティビティに対してもっているそれぞれの価値や重要さは異なる[17]．たとえば，料理では表 1-31 に示したように，自分が食するための料理もあれば，主婦としての役割で行っていた料理なども考えられる．したがって，種目選択のポイントは，選択する種目そのものが何であるのかが重要ではなく，①なぜその種目を選択するのか，②どのように用いるのか，③どのようにかかわるのか，④①～③を踏まえて認知症の人にとって，「意味のある」アクティビティの選択と提供でなくてはならない．

7）心理社会的支援

非薬物的介入では，アクティビティを介して場と活動を共有することが可能であり，感情の共有を伴い言語的コミュニケーションも促進されやすいという利点をもつ．また，アクティビティを通じて認知症の人が役割を担い，他者から注目や賞賛される場を設定することで，認知症の人の満足感や効力感を高める心理社会的支援に努める．

3．非薬物的介入の実際

非薬物的介入で用いるアクティビティ種目は多岐にわたる．本項では，認知症の人に対する代表的な療法について述べる．

1）非薬物的介入の具体的内容

（1）作業療法

作業療法では，特定のアクティビティを用いた介入ではなく，表 1-28 に示したアクティビティ分類を 3 分類に包括し提供する．すなわち，①生存に必要なアクティビティとして，日々

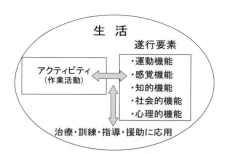

出典）竹田徳則：認知症の作業療法．（日本認知
症ケア学会編）認知症ケア標準テキスト改
訂4版・認知症ケアの実際Ⅱ；各論, 204-
223, ワールドプランニング, 東京(2013).

図 1-21　アクティビティと遂行要素

の生活で繰り返し行っている身のまわりの動作としての更衣と食事や入浴などの「ADL」, ②社会的に必要なアクティビティである仕事関係や学業, 家事, 社会参加の「仕事・生産的活動」, ③「遊びや余暇活動」である.

　認知症の人の評価に基づき「意味のある」アクティビティを優先的に選択したり活動の難易度を調整したりする. これにより, 心身機能と生活機能の改善を図る. 方法としては, 個別と集団の介入を組み合わせる[18].

　また, 作業療法を含むすべての非薬物的介入は, 図 1-21 に示したとおり, 運動機能, 感覚機能, 知的機能, 社会的機能, 心理的機能の5つの遂行要素の組み合わせによって実践される. これを治療・訓練・指導・援助に応用することにより, それぞれの療法を用いた効果が期待できる.

(2) 園芸療法

　園芸療法は, 植物とのかかわりを通して, 心身に障害をもち支援を必要とする人の心身機能の維持・改善を図る[19]. 1950 年代にアメリカで始まり, 1990 年代に日本で紹介されて以降, 諸施設で展開されてきている. 認知症の人の生活史において植物とのかかわりは多く, なじみがあり手続き記憶としてのアクティビティとして無理なく導入できる. そして, 植物や園芸作業にまつわるエピソードを引き出し, 回想を促すかかわりによって心理社会面への効用が期待できる.

　園芸は年間を通して導入可能であるとともに, 種まきや植えつけ, 水やりや除草, 飾りつけなどの役割を担える. また, 五感（視覚, 触覚, 嗅感, 味覚, 聴覚）の刺激を得やすいことから, コミュニケーション促進にも有用な療法のひとつであり, 1人で行う個人園芸療法と2人以上で行う集団園芸療法がある.

表 1-32　クラスルーム現実見当識法の内容および実施の流れ（例）

1．開始の宣言
　　①参加者数確認
　　②氏名の確認（氏名を教示して全員で呼びかける）
　　③軽体操や歌（声を出すことを心がける）
2．現実見当識ボードによる見当識情報の確認
　　時刻・職員の名前・今日の年月日と曜日・季節・場所（施設名）・住所
　　・誤り反応を誘発しないことに留意
　　・個人および全体での正しい情報の復唱
　　・歳時記や場所にまつわる知識・記憶等の報告（一部，回想法の手法）
3．その他の課題
　　①タイマーを用い，時間経過後にあらかじめ定めた課題を行う
　　　（例：拍手する，立ち上がる，窓を開ける等）
　　②物品を隠し，なにを隠したか，また，どこに隠したかなどを想起する
4．終了の宣言
　　・次回の開催予定日の確認

若松直樹，三村　將：現実見当識訓練／リアリティ・オリエンテーショントレーニ
ング．老年精神医学雑誌，19（1）：79-87（2008）をもとに一部改変．

(3) 音楽療法

　音楽療法は，音楽のもつ生理的，心理的，社会的働きを用いて，心身機能の維持・改善を図る[20]．音楽療法は，「聴く音楽療法」（受動的音楽療法）と「活動する音楽療法」（能動的音楽療法）に大別される．受動的音楽療法は，BGM や各種音楽鑑賞によってリラクゼーションや快の感情を想起させることで心理的安定を図る．能動的音楽療法では，歌唱や楽器演奏に取り組むことによる発声や身体活動を伴うとともに，達成感や効力感を高めるきっかけとなる．

　また，音楽療法では，選曲と働きかけで季節感等の見当識を確認できることや，音楽にまつわるエピソードの想起や回想の併用が可能である．

(4) 現実見当識法（リアリティオリエンテーション）

　現実見当識法は，認知症の人に対して日時やいまいる場所がどこなのか，周囲にいる人がだれなのか，周囲でどのようなことが起こっているのかなど見当識を高めることにより，行動や感情の障害の改善を図る[21]．

　現実見当識法では，見当識の手がかりとしてカレンダーや時計，スタッフの顔写真と名前が書かれたボードを設置したり，屋外が確認しやすい場所で行ったりするなどの環境的配慮も行う．

　方法としては，24 時間現実見当識法とクラスルーム現実見当識法に分類される．24 時間現実見当識法は，認知症の人にかかわりをもつスタッフが時間と場所を問わず日常のさまざまな場面において日時や場所，人物に対する情報を繰り返し提供することで見当識を高める．たとえば，食事場面では時間や献立と食材，アクティビティや季節行事では，時間と場所や季節，室内に飾られた草花や屋外の植物等を手がかりに季節を確認する．

　クラスルーム現実見当識法は，対象者には決まった時間に特定の場所に集まってもらう．そして，たとえば表 1-32 に示した流れのように，30〜60 分の時間内で一定のプログラムに沿って

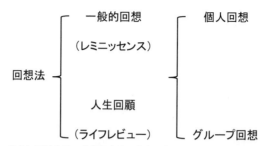

出典）野村豊子：非薬物療法の実際．（日本認知症ケア学会編）
　　　認知症ケア標準テキスト改訂・認知症ケアの実際 II；
　　　各論，235-239，ワールドプランニング，東京（2007）．

図 1-22　回想法の分類

見当識を確認しつつ高めていく．

(5)　回　想　法

　回想法は，過去の体験を振り返り，その過程を通して共感的，受容的に対応することで高齢者の心理的安定を図る[22]．

　回想法は，図 1-22 に示したとおり，一般的回想（レミニッセンス）と人生回顧（ライフレビュー）に分けられる．一般的回想では，回想のきっかけとして五感の刺激となるさまざまなアクティビティや物品を用いる．ライフレビューは，個人の生活史に着目しつつ，これまでの人生を振り返り整理し，意味をとらえ直すことで人生の統合を目指す．方法としては，個人回想と集団回想の 2 とおりで行われる．また，家族で行う家族回想や夫婦同席で行う夫婦回想もある．

　回想法は，1 クール 10 回前後で行われる場合が多い．内容は，時系列（明治・大正・昭和・平成，幼少期・学童期・青年期・壮年期・現在）と非時系列（季節，行事，昔の作業など）に分類される．テーマは回想法の目的と回想法参加者の年代や性別，生活史等を踏まえて設定される．回想法では，担当スタッフの対応法と認知症の人の取り組みや反応を通じて，他のスタッフや家族が認知症の人に対する理解を深めたり，現存している能力の再発見や認知症の人に対する対応の仕方などを知ったりする機会となるなどの効果もある．

(6)　アロマセラピー

　アロマセラピーは，植物から抽出した成分を含む精油（エッセンシャルオイル）を用いた補完・代替医療に位置づけられ[23]，日本では 1980 年代以降に広まってきている．精油による心地よいにおい（香り）刺激は，気分を和らげ落ち着かせる作用がある．認知症の人では，認知機能の低下予防やストレスの軽減と行動・心理症状（BPSD）の改善を図る．

　アロマセラピーのメカニズムは，におい（香り）が鼻から吸い込まれ，嗅神経を介して本能や情動，記憶をつかさどる大脳辺縁系や視床下部に伝わり，感情や行動と学習や記憶等の機能に影響を及ぼしていると考えられている．

　実施にあたっては，集中力や記憶力を高める交感神経刺激作用のあるレモンやローズマ

リー，反対に心身をリラックスさせる副交感神経刺激作用のスイートオレンジやラベンダーを用いる．ディフューザー（芳香拡散器）に精油を入れ，居室や対象者がよく利用する部屋に設置し拡散させる．この場合，誤嚥や飲食などを回避するために手の届かない場所に設置する．

(7) アニマルセラピー

アニマルセラピーは，動物介在活動（Animal Assisted Activity）と動物介在療法（Animal Assisted Therapy）の総称である．前者はレクリエーション的な活動であり，後者は医療スタッフが行う補助医療である[24]．主に，動物とのふれあいを望む人を対象に，犬や猫をなでたり抱えたり，世話をしたりする等によって心理社会面の改善を図る．動物を介在する療法による効果は，生理的効果，心理的効果，社会的効果の3つに整理されている．生理的効果は，刺激やリラックス効果と活動機会の増加，心理的効果は，元気づけやくつろぎ作用，親密な感情（言語的・非言語的）表出，社会的効果は，社会的交互作用や言語活性化と協力関係などである．

認知症の人に対する動物介在療法は，日本では非薬物的介入としての実践と効果の検証が課題であるが，海外ではこれまでに，高齢者・認知症の人への抑うつや孤独感の軽減，自己効力感の向上，焦燥感や不穏の軽減と社会性の改善が報告されている[25]．

実施上の課題としては，安全面や衛生面の管理がある．ペット飼育高齢者が増えている現状では，認知症の人の生活史に沿って動物を活用した介入が今後増えていくと予測される．

(8) 行動療法

これまで表1-30で示した非薬物的介入の感情や刺激と認知に焦点を当てたアプローチ内容を説明した．以下に，行動に焦点を当てた行動療法を述べる．

認知症の人が日常のあらゆる場面で適応的な行動がとれるようになることが望まれるが，本人の努力のみではむずかしい．たとえば，脱感作療法は，不安や恐怖反応を示す場合，そうならないように相反する反応を意識的に実行させ緊張を低減させる療法であるが，認知症の人がこれを習得するのは困難を極める．

これに対して，行動療法として行動・心理症状（BPSD）の低減や改善，環境への適応を図ることにより，行動変容を促進する応用行動分析に則った介入が挙げられる．これは，認知症の人の不適応行動前後の状況やそのときの環境を検討することにより不適応行動の原因を把握し，環境調整を図り不適応行動が起こらないように配慮する．逆に，適応行動ができた場合には，賞賛することでその行動を強化する[26]．

また，ADLや手段的活動の訓練では，その遂行や課題解決に向け本人の能力や技能を効率よく発揮もしくは獲得するために手がかりを提示する．しかし，手がかり提示は徐々に少なくして，最終的には手がかりなしで行えるようにする手がかり漸減法がある．

2）非薬物的介入による包括的介入の視点

非薬物的介入で用いる種目や方法は多岐にわたる．ただし，図1-23のとおり，非薬物的介入で効果を高めるには，目的を明確にして人と活動と感情を共有するという特徴を生かす．そして，それぞれの介入場面や日々の生活場面において，認知症の人が自分にもできた，ほかの人から注目された，ほめられた，役に立った，自分が必要とされていると感じるなど，心地よい

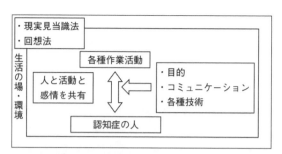

出典）竹田徳則：認知症のリハビリテーション．日本認知症ケ
　　　ア学会誌，13（4）：677-683（2015）．

図 1-23　包括的介入の視点

と感じるように肯定的なコミュニケーションを駆使することが肝心である．

　また，スタッフは認知症の人に寄り添い，失敗しないようなさりげない支援として，誤りな
し学習（errorless learning）を念頭においた対応を心がける．そして，折に触れて季節や周囲
の出来事に対する認知と出来事に関する回想を促したり感情表出を高めたりするように，現実
見当識法や回想法を意図したアプローチを実践することが重要である[17]．

4．認知症の人への介入の評価
1）評価の視点

　アクティビティによってもたらされる効果を実感できたとしても，その検証は容易ではな
い．たとえば，認知に焦点を当てた介入を行ったからといって，必ずしも数量的な評価で良好
な得点の変化を確認できるとは限らない．

　また，介入効果の検証には，介入群と対照群の二群間比較が基本になる．しかし，効果が期
待できる介入を行う介入群に対して，効果が期待できない，もしくはなにも行わない対象群を
設定する研究デザインは，研究倫理に反する．さらに，異なるアクティビティをそれぞれの群
に用いた介入では，両群を等質的な集団となるような対象者割りつけがきわめて困難な場合が
多い．

　一方，非薬物的介入で目指すべきは，行動・心理症状（BPSD）の軽減や QOL の向上と心理
社会面の変化である．このことから，アクティビティ場面や生活場面での観察によって得られ
る個人の行動面や心理面の特徴と変化を重視すべきと考えられる．

2）評価の意義

　「いま」を生きる認知症の人にふさわしいアクティビティを提供することによって，中核症状
と行動・心理症状（BPSD）の変化を試みたり症状が継続したりする場合には，評価が必要で
ある[27]．

　評価の意義は，①対象者の状況を把握することでケアやリハビリテーションの方針の指標と

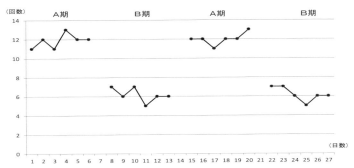

C 氏の小集団場面における暴言回数
A 期：いすに座ってなにもしていない　B 期：いすに座って折り紙をしている
永井洋一：事例研究：シングルシステムデザイン．（山田　孝編）標準作業療法学専門
分野作業療法研究法．第 2 版，118-136，医学書院，東京（2012）をもとに一部改変．
図 1-24　シングルシステムデザイン；ABAB デザインの基本

なる，②認知症の人に行った介入が妥当であったか検討する資料となる，③今後の介入や研究
の資料となる，の 3 点が考えられる．したがって，評価は認知症の人への介入を考えていくう
えで貴重な資料となる．

3）アウトカムの考え方

　非薬物的介入による効果を示す場合には，介入対象者（集団）に対して，なにを標的にした
改善の介入なのか，その目的を明確にしておく必要がある．米国精神医学治療ガイドライン[16]
では，認知，刺激，行動，感情が示されている．

　目的が明確でなければ，用いる評価の選定ができない．日々のケアやリハビリテーションの
観点では，たとえば，①行動・心理症状（BPSD）全般の軽減，②ADL の改善，③QOL の向
上，④介護者の負担感軽減などが挙げられる．

4）事前評価と事後評価

　効果の検証には，介入前後での変化を検証する必要がある．しかし，かりに介入群と対照群
の比較が可能な研究デザインであったとしても，個々について検討することができない点が課
題として挙げられる．これに対して，個人を観察するシングルシステムデザインが用いられる
ことがある．

　シングルシステムデザインは，図 1-24 に示した AB デザインを基本とする．A 期は，ベース
ライン期で介入対象者の改善したいアウトカムの標準的な状態を観察と確認する期間である．
B 期は，非薬物的介入時のアウトカムの状態を示す．この AB デザインの限界として，B 期に
良好な変化が起こったとしても，必ずしも介入による効果とは断定できず，偶然の場合も考え
られることが挙げられる．このため，偶然ではないことを検証するには，ABA デザイン，もし
くは ABAB デザインによる反復的な検証を行う．複数症例を同様に検証することで類似の効果
パターンを示せれば，介入効果をより明確にできる．

　そのほか，観察による評価では，行動・心理症状（BPSD）や ADL と QOL 関連について，
以下の代表的な指標について概要を述べる．詳細は専門解説書を参照されたい．

攻撃的行動	非攻撃的行動	最近2週間の頻度
1.つばをはく	1.あてもなくウロウロする	1:なし
2.悪態をつく，攻撃的発言	2.不適切な着衣・脱衣	2:1週間に1回未満
3.叩く（自分を叩く場合を含む）	3.常に不当に注意をひいたり助けを求める	3:1週間に1ないし2回
4.蹴る		4:1週間に数回以上
5.人や物につかみかかる	4.同じ言葉を繰り返す・ひっきりなしに質問する落ち着きのなさ	5:1日に1ないし2回
6.押す	5.別の場所へ行こうとする	6:1日に数回以上
7.奇声を発する	6.不平不満を言う	7:1時間に数回以上
8.叫ぶ	7.反抗的言動	以上で点数化する
9.嚙み付く	8.物を不適切に取り扱う	
10.ひっかく	9.物を隠す	
11.物を引き裂く・壊す	10.何度も同じ行為を繰り返す	合計得点　　　点
	11.落ち着きのなさ	

本間　昭，新名理恵，石井徹郎，ほか：コーエン・マンスフィールド agitation 評価票（Cohen-Mansfield Agitation Inventory；CMAI）日本語版の妥当性の検討．老年精神医学雑誌，13（7）：831-835（2002）をもとに一部改変．

図 1-25　コーエン・マンスフィールド（CMAI）日本語版

5）行動・心理症状（BPSD）関連の評価

（1）Neuropsychiatric Inventory（NPI）

　介護者によって認知症の人の精神症状を評価する．評価内容は「妄想」「幻覚」「興奮」「うつ」「不安」「多幸」「無感情」「脱抑制」「易刺激性」「異常行動」「夜間行動」「食行動」の 12 項目につき，それぞれの頻度を 1〜4 の 4 段階で，重症度を 1〜3 の 3 段階で評価する[28]．点数が高いほど頻度，重症度が大きいことを示している．各項目のスコアは頻度×重症度で表され（0〜12 点），12 項目で合計 0〜144 点となる．

（2）Cohen-Mansfield Agitation Inventory（CMAI）

　CMAI 日本語版を図 1-25 に示した[29]．本評価では，認知症の人をよく知る人が攻撃的行動 11 項目と非攻撃的行動 11 項の計 22 項について評価を行う．最近 2 週間の頻度を重症度に従って 1〜7 点をつけ合計点とする．

（3）Dementia Behavior Disturbance Scale（DBDS）

　DBDS は，認知症の人を介護している介護者を対象に用いる評価である[30]．内容は図 1-26 に示したとおり，「同じことを何度も何度も聞く」「よくものをなくしたり，置き場所を間違えたり，隠したりする」など 28 項目について，0：「まったくない」〜4：「常にある」の 5 件法で評定する．満点は 112 点で点数が高いほど行動障害が顕著なことを示す．

6）ADL 関連の評価

（1）Physical Self-Maintenance Scale（PSMS）

　PSMS は，認知症の人の日常生活をよく知る人が評価する．排泄，食事，着替え，身繕い，移動能力，入浴の 6 項目の基本的な生活機能について，具体的な状況が示されており 5 段階で評定し，合計点（0〜6 点）を算出する．

　また，本法は日常生活の身体的な機能を評価するうえでも有用とされている．

1.同じことを何度も何度も聞く
2.よく物をなくしたり，置き場所を間違えたり，隠したりする
3.日常的な物事に関心を示さない
4.特別な理由がないのに夜中に起き出す
5.根拠なしに人に言いがかりをつける
6.昼間，寝てばかりいる
7.やたらに歩き回る
8.同じ動作をいつまでも繰り返す
9.口汚くののしる
10.場違いあるいは季節に合わない不適切な服装をする
11.不適切に泣いたり笑ったりする
12.世話をされるのを拒否する
13.明らかな理由なしに物を貯めこむ
14.落ち着きなくあるいは興奮してやたらに手足を動かす
15.引き出しやタンスの中身をみんな出してしまう
16.夜中に家の中を歩き回る
17.家の外に出て行ってしまう
18.食事を拒否する
19.食べ過ぎる
20.尿失禁する
21.日中，目的なく屋外や屋内を歩き回る
22.暴力を振るう
23.理由もなく金切り声を上げる
24.不適切な性的関係を持とうとする
25.陰部を露出する
26.衣服や器物を破ったり壊したりする
27.大便を失禁する
28.食物を投げる

0：全くない　1：ほとんどない　2：ときどきある　3：よくある　4：常にある

溝口　環，飯島　節，江藤文夫ほか：DBDスケール（Dementia Behavior Disturbance Scale）による老年期痴呆患者の行動異常評価に関する研究．日本老年医学会雑誌，30（10）：835-840（1993）をもとに一部改変．

図1-26　認知症行動障害尺度（Dementia Behavior Disturbance Scale；DBDS）

（2）N式老年者用日常生活動作能力評価（N-ADL）

認知症の人の基本的ADLとして，歩行・起座，生活圏，着脱衣，入浴，摂食，排泄の5項目について，それぞれの自立度を7段階に重症度分類し，10点から0点の評定をつける．重度：0点・1点，中等度：3点・5点，軽度：7点，境界：9点，正常：10点で満点は50点となる．また，NMスケールと併用することで日常生活面での能力を総合的に把握できる[31]．

7）QOL関連の評価

（1）Quality of life inventory for elderly dementia（QOL-D）

QOL-Dは，図1-27に示したとおり，陽性感情，陰性感情＆陰性行動，コミュニケーション能力，落ち着きのなさ，他者への愛着，自発性＆活動性の6領域31項目から構成されている[32]．各項目を4段階で採点し，下位領域ごとに加算して算出する．6領域のうち，陰性感情＆陰性行動，落ち着きのなさの2項目は点数の低下が改善を示し，そのほか4領域では得点の向上が改善を示す．

8）その他

（1）N式老年者用精神状態尺度（NMスケール）

NMスケールは，家事・身辺整理，関心や意欲・交流，会話，記銘・記憶，見当識の5項目について，各項目7段階（0～10点）で評定する観察式の評価法である．満点は50点となる．得点によって重症度を，正常：50～48点，境界：47～43点，軽度認知症：42～31点，中等度認知症：30～17点，重度認知症：16～0点の5段階で判定する[31]．

9）評価を行ううえでの留意事項

認知症の人の全体像把握には，認知症の人を1人の生活者として尊重し全人間的にとらえる

1.陽性感情
　　楽しそうである/満足している/食事を楽しんでいる/訪問者に対して楽しそうにするなど7つ評価
2.陰性感情＆陰性行動
　　怒りっぽい/ものを乱暴に扱う/他人が寄ってくると苛立つ/大声で叫んだり喚いたりするなど6つ評価
3.コミュニケーション能力
　　名前を呼ばれると返事をする/身体の不調を訴えることができるなど5つ評価
4.落ち着きのなさ
　　慣れた場所でも落ち着かない/慣れない場所ではイライラする/緊張しているなど5つ評価
5.他者への愛着
　　周りの人との接触を求める/周りに人がいると安心するなど4つ評価
6.自発性＆活動性
　　自分に決められた仕事や作業をしようとする/自発的に何かをしようとするなど4つ評価

　　最近4週間を振り返って評価してください
　　・見られない≒4週間に1回未満 1　　・まれに見られる≒週に1回～4週に1回 2
　　・ときどき見られる≒週に数回 3　　・よく見られる≒ほぼ毎日　　　　　　　 4
　　・NA 該当せず
　　注：≒ ほとんど等しい
　　注：2.陰性感情＆陰性行動と4.落ち着きのなさは，点数低いほど改善を示す

寺田整司：痴呆性高齢者の QOL 調査票作成とそれによる試行．臨床精神医学，30：1105-1120（2001）をもとに一部改変．

図 1-27　Quality of life inventory for elderly dementia（QOL-D）

姿勢を保つ．評価では，テスト法から得られる情報には限界があることから，各種生活場面での詳細な観察と生活史などの情報収集を重視する．一部の評価結果をもって，その人（認知症の人）を早計に認知症と判断（確信）したり，否定的な側面ばかりに目を向けたりしてはならない．また，非薬物的介入では，介入の標的を明確にし変化を示すことができる評価を用いる．

【演習】
　1．自身にとっての「意味のある」アクティビティ種目を見いだし，なぜその種目なのかを心理社会的側面との関連で整理して報告してみましょう．
　2．非薬物的介入の目的と意義を整理するとともに，アクティビティ種目選択のポイントを報告してみましょう．
　3．評価の意義を整理するとともに，個別観察評価としてのシングルシステムデザインについて報告してみましょう．

Ⅳ．家族介護者の理解と支援方法

学習の Point

可能な限り住み慣れた地域で認知症の人が生活を継続するためには，介護する家族の支援は欠かせない．ここでは，介護保険施設・事業所の職員として，在宅で介護をする家族，サービスを利用する家族のおかれている状況を理解したうえで，家族の介護負担の要因を踏まえた支援を展開するうえで必要な視点と具体的方法について実践できるようになることを目指す．

キーワード：家族介護者，家族支援，介護負担，情緒的支援，手段的支援

1．家族介護者の理解

1）家族と介護

（1）家族とはなにか

「家族とは」といわれてなにをイメージするであろうか．また，「家族」とはだれのことを指すのであろうか．よく聞いていくと，父，母，兄弟，このあたりまでは共通しているが，そのさきは個人によって認識が異なっていることに気づく．同居している人すべてが家族であれば，別居している家族は家族ではないのか．なかにはペットまでも家族とする人もおり，実にさまざまである．つまり，「家族」とはきわめて主観的なものなのである．

「家族」という言葉は日常的に用いられているが，現在のところ「家族」とはなにかという問いに対する明確な回答は存在していない．民法でも「親族」の範囲は6親等以内の血族と3親等，そして姻族と定められているが，「家族」の範囲について定めた法律はない．それどころか，近年はより多様化し，その定義はある限定的条件を設けなければむずかしくなっている．たとえば，共に生活をする者とした場合には，シェアハウスやグループリビング，または籍を入れない事実婚や同性カップルなどもそうであるが，血縁や同居，戸籍上の親族ではなくても家族という定義に当てはまる場合もある．社会学者の森岡は，第二次世界大戦以降の家族について，「家族とは，夫婦，親子，きょうだいなど少数の近親者を主要な成員とし，成員相互の感情的関わり合いで結ばれた，幸福追求の集団である」と定義している[33]．感情の結びつきや幸福追求といった家族の情緒的つながりとその機能に基盤をおいた定義である．すなわち，家族は固定されたものではなく，主観的で流動的かつ多様なものであるという認識をもって「家族支援」を考えていくことが必要である．家族支援を考えるうえでは，対象となる利用者の家族を支援者の主観でとらえるのではなく，認知症の人，そして介護する家族の視点で「家族」を考え，支援者側からの「家族だから」という思いを脇へ置き，目の前にいる家族の声に耳を傾けることから始めたい．

（2）家族支援を考えるうえでのガイドライン（図 1-28）

家族支援を担う支援者にとってなによりも大切なことは，家族との信頼関係を築くことである．家族の一員ではない第三者の専門職の支援者が，家族の本当の姿をとらえるために押さえておきたい考え方を2つ説明する．

①家族介護のステレオタイプ

家族介護を，単純化し固定化，画一化した見方をすることで偏見を生む

②家族介護者へのラベリング

周囲が逸脱のラベルを張ることで，それにより家族は「不適切さ」を増幅させエスカレートさせる

家族神話が家族を苦しめる

図 1-28　家族支援を考えるうえでのガイドライン

①家族介護のステレオタイプ

ステレオタイプは，家族介護を単純化し，固定化，画一化した見方をすることで，結果的に偏見を醸成してしまう[34]ことをいう．たとえば，「助け合う家族こそ美しい」「親の介護をする孝行息子」「義母を介護する献身的な嫁」「妻を介護する美しい夫婦愛」という介護家族像は，まさにステレオタイプ化して家族をみていることになる．介護に対して家族がこうした機能を有しているという見方が固定観念とされると，それに当てはまらない家族を「機能不全家族」というカテゴリーに当てはめてしまう．要するに，単純化した"ものさし"は家族を苦しめ，事態を悪化させることにつながる．本当は「助けてほしい」と思っていても，「介護は家族の問題だからもっとがんばらなければ」「私の役目」と言い聞かせ，助けを求められず疲弊させてしまう．さらに，「機能不全家族」とみなされることで家族は支援者に不信感を抱き，信頼関係どころか深い溝をつくってしまうのである．この状態を作り出す原因は，「幸福」などの価値観を合理化し多数をみてしまうところにある．「家族の幸せとはこういうもの」といういわゆる「家族神話」から，その人たちのライフステージや生き方，歴史によって異なることを理解するところから支援は始まるのである．

②家族介護者へのラベリング

ラベリングは，周囲が逸脱のラベルを貼ることで，その対象はより逸脱のラベルを増幅ないしエスカレートさせる作用ももっている[34]．しかも，その逸脱のラベルは影響力の強い人によって貼られた場合，さらに強化されていくという考え方である．「機能不全家族」とラベリングされた者は，そこから抜け出すどころかさらに悪化する．たとえば，「息子による介護」「男性による介護」が多く虐待のリスクが高いことが毎年問題になる．新聞の見出しで「男性介護者の虐待が多い」と大きく報道されることは，まさに「ラベリング」である．さらに，こうした認識を専門職がもった場合，その影響力は大きい．地域にも広がり対象となった家族介護者は孤立化し，専門職にさえ相談することを躊躇し，うまくいかない介護生活をより苦しめていく悪循環に陥ってしまう．この悪循環の流れを止めるためには，一部分の負の側面だけをみるのではなく，よい部分を見いだし，それを周囲にも広めていくことが必要であり，その働きかけが家族支援の第一歩であることを認識したい．

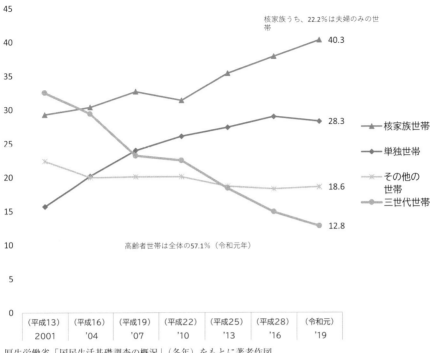

厚生労働省「国民生活基礎調査の概況」（各年）をもとに著者作図.

図 1-29　要介護者のいる世帯類型の変化

2）在宅で介護する家族の現状と課題

（1）家族の縮小と介護者の高齢化による介護負担の増大

　わが国の世帯数は年々増加しており，一方その世帯に暮らす人の数は減少を続けている．これは，大家族が減少し，単身や夫婦のみの世帯が増加していることを示しており，家族間の助け合いを期待することがむずかしい状況になっている．では，介護や支援が必要な人の世帯状況はどのようになっているのであろうか．図 1-29 は，要介護者のいる世帯構成の状況を示している．平成 13（2001）年から令和元（2019）年までの変化では，年々，単独世帯と核家族世帯が増加し，三世代世帯が減少していることがわかる．核家族とは，「夫婦とその未婚の子」「夫婦のみ」「父親または母親とその未婚の子」のことであり，要介護者のいる世帯の 22.2％が「夫婦のみの世帯」である．さらに，高齢者のみで暮らす世帯（ひとり暮らしを含む）は全体の 5 割を占めていることから，高齢者が高齢者を介護するいわゆる「老老介護」世帯と単独世帯が今後さらに増加することが予測される．それにより，家族介護者の精神的，身体的負担の増大と，通いや遠距離介護をする家族の増加への支援が求められる．

（2）配偶者と子による介護の増加

　主な介護者の続柄をみると，平成 13（2001）年では，「配偶者」の介護の割合と「子の配偶者」による介護の割合が多かった（図 1-30）．つまり，夫婦間介護と嫁の介護が多数であった．令和元（2019）年になると，「子の配偶者」の割合は大きく減少し，代わって，「配偶者」と

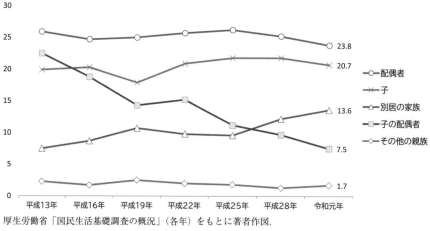

厚生労働省「国民生活基礎調査の概況」（各年）をもとに著者作図.

図 1-30　介護者の続柄の変化

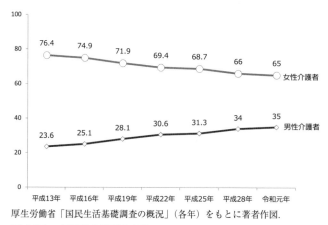

厚生労働省「国民生活基礎調査の概況」（各年）をもとに著者作図.

図 1-31　介護者の性別の変化

「子」による介護が多数を占めるようになった．高齢化する夫婦による介護と，仕事をしながら介護をする子による介護を支える支援が求められる．認知症の症状により昼夜逆転や介護者への依存，また自宅の近所で迷子になることなどから目が離せなくなることは，高齢の介護者の心身の大きな負担の要因となる．子による介護の場合，仕事を継続しながら介護を続けることも多くなるため，社会全体への働きかけや就労の場確保という課題も考えられる．続柄とライフスタイルを意識した介護者支援が必要である．

（3）男性による介護の増加

　同居の主な介護者の性別をみると，平成 13（2001）年では，女性の介護が全体の 7 割以上を占め，男性は 5 人に 1 人程度の割合であった（図 1-31）．令和元（2019）年では，同居の主な介護者の約 3 人に 1 人が男性であることが明らかになった．男性の場合，家庭の経済的な柱となっていた場合には，金銭的な課題，在宅生活の家事全般が不慣れであることなど，男性特有

の課題も指摘されている[35]．

2．家族介護者の心理
1）家族の介護負担感の実態とその評価
（1）介護家族の介護負担の要因

　介護家族は，「潜在的な患者」であるといわれることもあるほど大きな負担感を抱えている．とくに，認知症の人を介護する家族は，仕事としての介護とは異なり，介護者自身のこれまでの生活を変えて介護に専念しなければ成り立たない可能性がある．そのことから，家族支援にあたる人は介護者の介護負担を知り，その背景である介護者の生活全般に目を向け，介護者と被介護者との過去の歴史や関係性に目を向けていくことが求められる．

　まず，介護負担の要因では，次の①認知症の人に関する要因，②介護者に関する要因，③環境に関する要因が考えられている（図 1-32，1-33）[36]．

　①認知症の状況への対応に関する要因

　認知症は，初期からもの忘れや仕事上のミス，家に帰れないなど，いままでは考えられなかったことが起こり，本人も混乱し始める．それを身内に指摘されることで，興奮したり落ち込んだりすることが起き，介護者は困惑する．ADL では，初期であればあまり目立たないが徐々に進行することで，入浴や排泄，着替えなどで失敗が徐々に増え，目が離せなくなってくることがある．また，自分自身で衛生的に保つことがむずかしくなることもあり，愛おしい家族であるという思いと，うらはらに，存在自体がうとましく感じる瞬間が起こってくることもあり，その葛藤に苦しめられることがある．

　②介護者に関する要因

　介護者との続柄による影響は非常に大きな影響を及ぼす．夫婦間の介護では，お互いが高齢化し身体的負担や経済的負担が大きくなる傾向がみられ，子どもによる介護では，仕事との両立，相談できる人の不足や，社会や地域生活からの孤立化傾向がみられる．また，義理の娘（配偶者の嫁）や息子による介護は 1 人で担っている場合が多く，たとえ家族がいても支援者や相談者が不足する傾向がある．家族関係の悪化，副介護者不足，介護時間の長期化，介護者の健康状態，認知症の進行などで疲弊していくことになる．

　③世帯環境に関する要因

　経済的な問題により介護サービスを極端に利用しないことで必要な支援が受けられない状態に陥っている家族や，介護者が就労できない，またはしないことで被介護者に依存しているなど，世帯そのものの状況も世帯環境のひとつである．また，世帯の縮小は副介護者などの協力者不在や経済的な援助を受けることもままならない状態が生じる．

　以上は，それぞれが単独で要因となる場合もあるが，多くの場合複合的である．また，要介護状態になる以前の関係性や介護者の過度な期待と現実との乖離から生じることがあることを理解しておきたい．

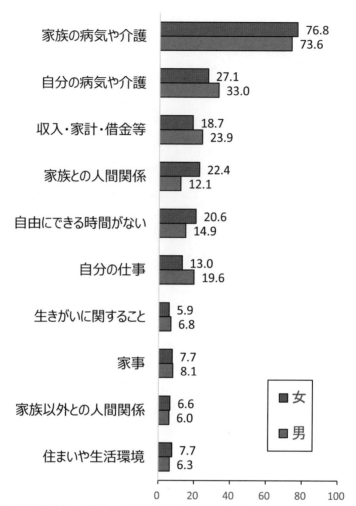

出典）厚生労働省（2017）「平成28年国民生活基礎調査の概況」（https://www.mhlw.go.jp/toukei/saikin/hw/k-tyosa/k-tyosa16/）.

図1-32　性別にみた同居の主な介護者の悩みやストレスの原因の割合（複数回答）

(2) 介護負担感を軽減するために（表1-33）

①介護に対する肯定的評価

　介護負担感は，介護を行ううえでだれもが感じるが，介護負担感を感じつつも長期にわたり介護を継続している介護者も多く存在している．こうした人たちに共通する特徴として，介護をしていて「よかった」と感じる経験を多く有していることがわかっている[36]．これを介護の「肯定的評価」とよび，心理的な負担感を軽減していくものと考えられている．介護の「肯定的評価」は，自己評価よりも他者からの評価は介護者の大きな助けになる．具体的には，介護をすることで自分自身が成長したと思える「自己成長感」，介護がうまくいったことを実感し介護者としての役割を感じる「役割の充実感」，そして意思が通じたり過去の姿がみえたりする「愛着感や親近感」である．しかし，在宅で行われる介護では，日々の介護に奔走しており，弱み

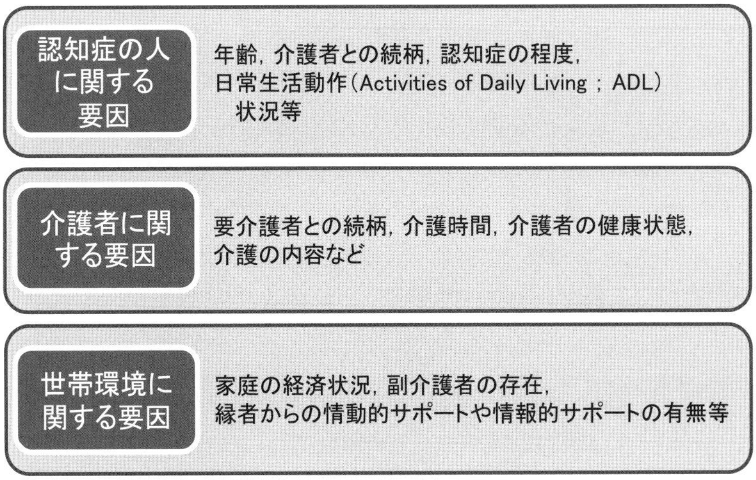

認知症の人に関する要因	年齢，介護者との続柄，認知症の程度，日常生活動作（Activities of Daily Living；ADL）状況等
介護者に関する要因	要介護者との続柄，介護時間，介護者の健康状態，介護の内容など
世帯環境に関する要因	家庭の経済状況，副介護者の存在，縁者からの情動的サポートや情報的サポートの有無等

図 1-33　介護負担の要因

表 1-33　介護に対する肯定的評価

・自己成長感
　介護をすることで自分自身が成長したと感じること
・役割の充実感
　介護がうまくいった経験から介護者としての役割を感じること
・愛着感や親近感
　認知症の人と意思が通じたり過去の姿がみえたりすること

をみせることもできない状況で介護を続けている場合が多い．さらには，在宅という私的な場面で展開される介護では，他者から評価される場面も少ない現状がある．介護が思いどおりにいかないことで，介護者は自分自身の誇りや自信を失い，自分の人生が失われていくように感じていることも多い．その際に，介護者に対する専門職からの肯定的な評価は大きな力になるのである[37,38]．

②介護者の時間の確保とサービス利用

　介護の長期化により心身の疲弊，そして認知症による症状の対応が困難になることで介護負担感を増大させる．たとえば，1日中目が離せない状況が続くことで，介護者が買い物に出かけられない，友人を家に招くことや出かけることもできないという状況は，徐々に「自己犠牲感」と同時に「社会からの孤立」を感じることになる．また，認知症は，初期から中期にかけては運動機能への影響は比較的少なく，歩くことや話すこともでき，本人はできることも多いことから，近所や親戚など周囲に認知症であることはわかりにくく，理解されない場合もある．こうした周囲の理解のなさがサービスを利用することを躊躇させ，家族介護者は自分で背負い込んでしまう傾向がみられる．支援者は，介護者を時間的に開放すること，そのためのサービスを検討し提案する役割，そして認知症の専門的知識について，家族だけではなく周囲に対し理解を求めるための働きかけを行うことが求められる．

出典）加藤伸司，矢吹知之：改訂施設スタッフと家族のための認知症の理解
　　　と家族支援方法．ワールドプランニング，東京（2012）．

図 1-34　介護負担感がもたらす悪循環

2）介護負担感軽減に向けた専門職の役割

　行動・心理症状（BPSD）は，介護者がどのような介護をするかという介護者要因の関係性
のなかで発生する．在宅介護場面のように介護者と被介護者の二者関係では悪循環が生じ，よ
り混沌とした状態を発生させる可能性が高い（図 1-34）．このことから，第三者の効果的な介入
が必要であり，介護専門職の認知症に関する専門知識や介助方法の助言・支援は悪循環を断ち
切る役割がある．以下に，介護者の不安軽減と行動・心理症状（BPSD）軽減のために行う支
援者の視点を説明する[39]．

（1）中核症状を理解した対応を助言する

　行動・心理症状（BPSD）は，認知症の中核症状を理解し対応することである程度未然に出
現を抑えることが可能である．しかし，その中核症状は原因疾患によって異なることから，家
族介護者には疾患がもたらす中核症状を伝え，介護のポイントを助言しなければならない．ま
ず，なぜ落ち着かずうろうろとしているのか，不気味にひとり言を言っているのはなぜか，同
じことを何度も繰り返すのはなぜか，といった生活のなかで起こる出来事に対して理由を説明
する．そして，それを否定すること，とがめること，その場しのぎでごまかすことなどの対応
は，より悪化してしまうということを助言することが必要である．しかし，家族による介護で
は施設で行う理想的な介護を求めることは望ましくない．家族とは，けんかやいさかいがあっ
て家族である．少しでも楽しめる，笑える時間を増やすための方法をいっしょに考えていく姿
勢をとることが大切である．

（2）認知症の正しい知識を伝える

　認知症については，新聞やテレビなどのメディアで取り上げられる機会も増加し，さまざま
な情報が錯綜している．家族介護者にとっては，新たな薬や治療法，ケアの方法，予防法など
の移り変わりも早く，正確な情報の判断がむずかしくなっている．また，認知症の人の症状は
個人によって異なることや，在宅の場合，介護生活を行っている環境や介護者のおかれている

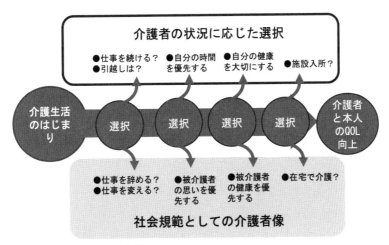

図 1-35　家族介護者の葛藤

経済状況が異なることから，必ずしも他の家族介護者に役立つ情報がその家族介護者に役立つとも限らない．そこで，支援者は対象となる家族介護者および被介護者の状況に合わせた情報を整理し，伝える役割を担うことが期待される．情報には，介護保険やサービスの利用方法なども含まれ，効果的にサービスを利用し介護者自身の健康を維持することに役立てることが重要である．

(3) 周囲の理解を求める

近隣住民など周囲からの「認知症にだけはなりたくない」「ああなったらおしまい」などという心ない言葉は，家族介護者を孤立させ，介護生活は密室化し，外部からの支援を遠ざけるおそれがある．また，家庭内や親族，親戚からの理解が薄い場合は，家庭内で孤立しより深刻な密室化が生じる可能性がある．介護の相談ができる場所，人を周囲につくることは不適切な対応を未然に防止するために有効である．また，家庭内に理解者や協力者をつくることで早期の支援に結びつけることが期待できることから，家族全体を視野に入れた支援が準備されなければならない．そのためには，個別の助言に加え，地域の人々も気軽に参加できる認知症カフェへの参画や企画が大切である．

3) 認知症の人を介護する家族の心理

(1) 家族の葛藤と自己犠牲

認知症の介護は，本人と家族の生活全体に変化をもたらす．施設職員であればすでに認知症になって数年経過してからの本人，家族との関係になるため，直接その経過を知ることはむずかしいが，実際には施設に入るという苦渋の決断をしている可能性や，安堵と後悔などさまざまな葛藤を経験した結果の現在であることを知る必要がある（図 1-35）．

認知症が発症し，記憶障害，見当識障害が現れ始めると家族の生活は一変する．介護者として期待される家族は，別居の場合にはだれが介護するのか，フルタイムで仕事をしていた場合仕事をどうするか，同居の場合でも不在にする際にどうするのかの選択を迫られる．また，将

来のことも考えて，住宅の改修や引っ越しなども検討しなければならない場合もある．かりに，介護者としての生活を選択した場合，これまで楽しみにしていた趣味や外出を控えなければならないのかという不安に駆られる．自分では「大切な家族だからできる限りいっしょにいて介護をしてあげたい」という気持ちと，「やはりむずかしい」という葛藤が生じるであろう．介護をすると決心しても，友人と食事に行くこともなかなかできず，誘いを断らなければならない．1日中ついて回り，夜になっても起きてくる被介護者に対しついきつい言葉を荒らげてしまう自分に，強い罪悪感を覚える．そして，限界を感じ，いよいよ施設入所を介護支援専門員（ケアマネジャー）から勧められるが，親戚や近隣からの冷ややかな視線や言葉に躊躇し罪責感を募らせる．こうした「よき介護者像」と「現実」の板挟みから自己犠牲を強いられる現在がある．

　本来，介護は，認知症の人自身と家族双方の心身の健康を維持し，QOL向上に向けて営まれるものである．介護者は，介護が始まった段階から「Yes」か「No」かの選択を迫られ，葛藤が生じ，結果的に自己犠牲を強いられている可能性がある．

　この選択の際に1人で悩むのではなく，専門職や他の家族といっしょに選択できることが大切である．そしてなによりも，「よき介護者像」としての社会規範を優先した自己犠牲ではなく，家族も本人ももっともQOLが高くなる選択を支援することが，専門職による家族支援の基本姿勢として求められる．

（2）家族の心理状況の段階的変化

　家族介護者の心理状態を理解するために，受容に至るまでの段階を4つに分類して用いられることがある．もともとリハビリテーションの分野で，中途障害者の障害受容理論で用いられていたものを援用したものである．そもそもこの理論は，死を宣告された本人がその事実を受け入れる過程をステージで表現したキューブラ・ロスの理論を受けて，心理学者ナンシー・コーンが自らの病気や障害に対する心理的回復過程から提唱したものである．つまり，ある人生にかかわる重大な出来事や事実を受け入れるまでのプロセスを示したものであり，これが介護者の心理的サポートに役立つものとして認知症の介護者の心理として用いられているのである．しかし，このステージ理論は受容に至った介護者の心理状態であり，受容に至らない人への配慮が不足している点，当事者の心理状況を支援者の視点で当てはめようとする管理的視点について多くの批判もある．したがって，あくまでここで紹介するプロセスは受容に至る個人差を認識し，これを介護者に当てはめて心理状況を探るためや予測するためのものではなく，第三者である支援者が介護者と共に歩む姿勢を示すために用いる，または支援策を検討するための1つの指標にすぎないことを前置きしたい（図1-36）[40-42]．

　①「とまどい・ショック・否定」

　認知症かもしれないという疑いを感じた段階である．介護者は頻繁に起こる記憶の障害や不可解な行動を目にしたとき，「まさか」という思いと同時に正常な部分を見つけようとする．不安に思い医療機関に相談や受診をしに行くと認知症を告知され，介護者は将来の生活や今後の不安から大きなショックを受け，だれにも言えず，1人で悩み苦しむ．認知症は徐々に症状が

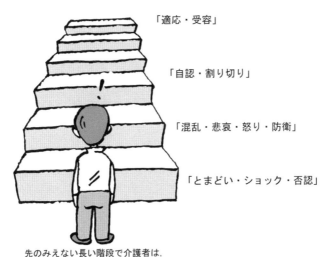

「適応・受容」

「自認・割り切り」

「混乱・悲哀・怒り・防衛」

「とまどい・ショック・否認」

先のみえない長い階段で介護者は，
時に立ち止まったり，戻ったりします

出典）加藤伸司，矢吹知之：改訂施設スタッフと家族のための認知症の理
　　　解と家族支援方法．ワールドプランニング，東京（2012）.

図 1-36　家族介護者の葛藤

進行していくために，不安感や恐怖感が募る．そして，多くの介護者が未経験であることから，自身の気持ちを受け入れるための時間が必要である．その際に有効な支援は，介護者同士のピア・サポート（同様の経験や体験あるいは背景を共有する人同士による支え合い）[1]であり，こうした場を設けることや紹介することが求められる[43].

②「混乱・悲哀・怒り・防衛」

認知症の症状によって同じものを買い集めてくる，自宅に帰ってこられなくなること，畳の上で用を足している等，理解しがたい行動が出現し介護者はパニックになる．一方，周囲の人にはうまく取り繕い，「まだ大丈夫じゃない」と言われ理解してもらえない．こうした時期の介護者の状況である．認知症とわかっていてもつらく当たってしまい，そのたび後悔し身体・精神的に疲弊し，さきがみえない不安な状況が続く．この時期には家族全体，そして周囲が認知症について理解を促すための情報提供や学習の機会が重要であり，疾患による中核症状がもたらすこと，そして地域への啓発の機会を設けることが必要である．

③「自認・割り切り」

認知症への対応に追われ，しだいに，介護は私の役割であると自分に言い聞かせ懸命に介護に取り組む．徐々に私にしかこの介護はできない，私が最期までめんどうをみなければこの人はだれもみてくれない，という介護への依存傾向が出現することで，周囲からの協力はより得られなくなり孤立，密室化するおそれがある．こうした時期には，介護者の自己（アイデンティティ）の喪失が現れ，抑うつ傾向がみられ始めることがある．介護者自身の健康を考えること，そして介護者自身の人生を見つめる機会を設けるためのサービスの検討，在宅生活の限界も見定めた面接の場面を準備する必要がある．

④「適応・受容」

　認知症の症状や現実の介護を客観的に受け止め，介護をすることで介護者が自己の成長や新たな価値観を見いだす時期である．介護者ができること，できないことの見定めや，認知症の人自身の QOL の向上のためになにが必要であるかを分析的に受け入れることができた時期でもある．この時期は適応または受容とされているが，本質的には介護の負担は変わっていない．上田が，これを「価値転換」であるとしているように，介護者が認知症の人の症状だけではなく人間的な理解が可能になった時期であることを認識し，そのうえで支援者は注意をはらわなければならない[44]．当然，再び混乱をきたすこともありうるであろうし，終末期に向けた悲しみや悲嘆の感情が生まれることも視野に入れなければならない．

3．家族介護者の支援方法

1）介護保険施設・事業所の家族支援の役割

（1）介護保険と家族支援

　介護保険法の第1条（目的）に明記されたとおり，支援の対象は第一義的にはあくまで要介護者本人であり，介護者には触れられていない．当然，この法に基づいて実施される各種事業でも介護者支援に対する事業は少なく，通所介護や訪問介護は副次的には介護者の一時的休息には値するものの，事業者にとってどれほど意識されているかは定かではない．家族向けの公的な支援として，地域支援事業のなかで介護者交流会や介護教室など家族支援にかかわる事業を実施している市町村自治体はあるが，この場合，参集した参加者に対する支援にはつながるものの参加できない家族が多数存在している状況にある．こうしたサービスは，介護保険サービスを利用していない人や就労している家族にとっては現実的に参加することはむずかしい．そこで，それぞれの介護保険施設・事業所における家族支援で想定される役割を，声かけや介護者への心理的な支援として「情緒的支援」，そして知識や技術の助言，サービスの情報や提供等の「手段的支援」に分類し整理した（図1-37）[45]．

（2）居宅系サービスにおける家族支援

　居宅系サービスには，訪問介護，訪問看護，訪問入浴，通所介護，通所リハビリテーションなどのサービスがある．支援者には，家族の心理状態を見極め，必要な助言や情報提供を図り，介護負担感を軽減するための支援が求められている．

①居宅系サービスにおける情緒的支援

　居宅系サービスは，もっとも介護者とかかわりが多く，介護者の変化に気づきやすいことから，在宅介護を支え介護負担を軽減する役割を担っている．

　たとえば，短時間であるが通所サービスの送迎時に家族支援の視点で声かけを行うことができる．被介護者の生活のようすだけではなく介護者の変化を読み取り，体調の変化や対応で困っていることなどを聞き会話を図ることは非常に重要である．介護負担の要因となる，不安感，孤独感，不満感などを軽減する一言を加えていきたい．

　また，通所介護や通所リハビリテーションなどを利用している場合は，被介護者本人が利用

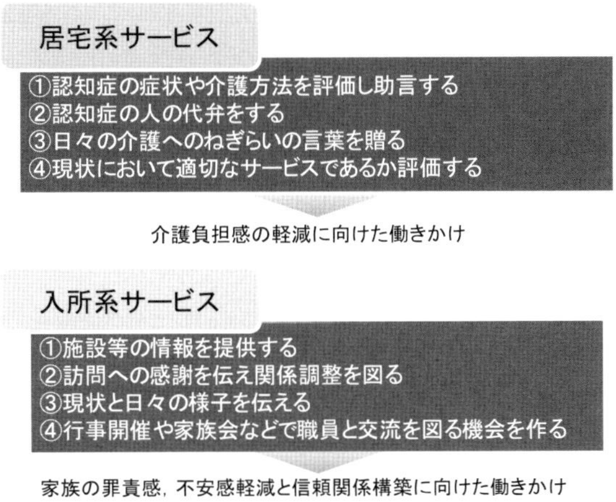

居宅系サービス
① 認知症の症状や介護方法を評価し助言する
② 認知症の人の代弁をする
③ 日々の介護へのねぎらいの言葉を贈る
④ 現状において適切なサービスであるか評価する

介護負担感の軽減に向けた働きかけ

入所系サービス
① 施設等の情報を提供する
② 訪問への感謝を伝え関係調整を図る
③ 現状と日々の様子を伝える
④ 行事開催や家族会などで職員と交流を図る機会を作る

家族の罪責感，不安感軽減と信頼関係構築に向けた働きかけ

図 1-37　介護保険施設・事業所の家族支援の役割

時にどのような活動をし，なにができたのか等，その日の出来事を言葉で伝えることも必要である．自宅ではみせない姿を知ることで不安感の軽減につながり，介護をするうえでの参考にもなることが期待できる．ただし，安易な励ましをしすぎることは，より苦しめる結果を招くこともあるため，無理をさせないことも専門職の役割である．

　②居宅系サービスにおける手段的支援

　家族は在宅での自身の介護方法について評価される場面も少ないため，介護方法について不安感をもっていることが多い．このことから，最近の自宅での様子を聞き取り，その対応方法についての助言をすることは有効な支援である．しかし，認知症の症状は，その人の現在の生活環境や個人の背景によっても出現する症状が異なるために，単純に一般化し助言をするのではなく，なぜ不安に感じるのかを詳細に聞き取り助言をすることが望ましい．また，現在のサービスの頻度や内容についても不安を抱くこともあるため，サービス内容の変更を希望していないかを聞き取ることも必要である．

　(3)　入所系サービスにおける家族支援

　特別養護老人ホームや老人保健施設，グループホームなどの入所系サービス，短期入所等の一次入所サービスがある．入所後，介護職員は家族とかかわる機会は少ないが，利用者は家族の一員であることを念頭に，入退所時，訪問時，ケアプラン作成時等さまざまなかかわりをもつことで，ケアの質を向上させることを考えなければならない．家族から情報を収集し，ケアを展開することは非常に有効であるが，家族に頼りすぎてしまうと，本人の意思決定を阻むこともある．そのために，本人の意思決定を優先し，それを促進するために家族から情報を得るように心がけることが求められる．

　①入所サービスにおける情緒的支援

　長期入所では，入所時と家族の訪問時，入所中などそれぞれの段階での支援が展開される．入所手続き時，家族は安堵感と同時に施設入所を選択した罪責感や罪悪感にさいなまれること

がある．こうした感情を支援するために，あいさつだけではなく訪問時には入所中の様子を伝えることや，施設生活で作成したものを紹介すること，家族の写真を部屋に飾るなどの家族とのつながりを意識した働きかけが求められる．

　②入所サービスにおける手段的支援

　短期入所では，家族は一時的な休息をとる機会にもなる．しかし，その後は在宅に帰ることからも，認知症介護の方法や不安感の聞き取りを十分に行うことが求められる．また，認知症の人は，在宅と施設の環境や生活リズムの変化に適応することがむずかしいために，施設生活中の日課やリズムを詳細に伝え，いっしょに考えていく機会を設けることが必要である．

2）家族介護者の支援方法（演習）

【演習 1】家族への声かけ（情緒的支援）
目的：在宅で介護をする家族の心理的な負担感を軽減し，家族との信頼関係を構築するための声かけ
　　　の方法を学び，より多くの言葉を持ち帰り実践につなげることを目的とする．
方法：手順 1；4～6 人で 1 グループになる．
　　　手順 2；進行役を 1 人決める．
　　　手順 3；演習シートの枠内の家族の心理状況に対して，職員からの声がけの言葉を各自考え
　　　　　　　て，できる限り多く考えてみる．
　　　手順 4；考えた言葉をグループ内で共有し，実践につなげるように促す．なお，グループが多
　　　　　　　い場合，1 グループですべての声かけを考えるのではなく，1 グループ 2 つ分担等と
　　　　　　　して，最後に全体で共有する時間をつくるとよい．
　　　補　足；居宅系サービスの場合，在宅への訪問時や送迎時とし，入所系サービスの場合，家族
　　　　　　　が施設に訪問や面会時などとの限定が必要である．
必要物品：ワークシート
必要時間：20～30 分

●演習用ワークシートの例

		たくさんの言葉を出してみよう！
居宅系サービス	孤独感を軽減させる言葉	
	理解されていると感じる言葉	
	信頼できると感じる言葉	
	認めてもらえると感じる言葉	
	安心感を感じる言葉	
入所系サービス	面会への感謝の言葉	
	面会へのねぎらいの言葉	
	利用者と家族とのつながりを感じさせる言葉	
	家族がまたきたいと感じさせる言葉	

【演習 2】家族への声かけ（手段的支援）

目的：家族から相談を受けた際の助言方法について持ち帰り実践につなげる．

方法：手順 1；2 人 1 組になる．

　　　手順 2；家族役，助言者役を決めて，家族からの相談事例を提示し，それを用いて家族役が助
　　　　　　　言者に相談を持ちかける．以下参照．

（居宅系サービスの家族支援）

　昨夜も夜に起き出して寝ようとしない．どうすればよいのでしょうか？

（施設入所者の家族支援）

　施設に入ってもらったのだけど本人に対して合わす顔がなくて．

　　　手順 3；役割を交代する．

　　　手順 4；全体共有し，さまざまな回答について持ち帰る．

必要物品：とくになし

必要時間：15 分程度

Ⅴ．権利擁護の視点に基づく支援

─学習の Point─

ケアサービスに従事する人にとって，利用者の権利擁護を図ることは必須の仕事といえる．ここでは，そのためにまず，認知症ケアにおける権利擁護の基本的な知識を，関連法令を含めて理解してもらいたい．そのうえで，高齢者虐待や身体拘束の問題を，深刻な権利侵害という観点からとらえ，高齢者虐待防止法や関連規定の枠組みを学ぶ．さらに，いわゆる「不適切ケア」との関係を理解したうえで，普段のケアサービスを見直し，未然防止の観点から予防的な取り組みを行う基本的な方法を身につけてほしい．

キーワード：権利擁護，高齢者虐待，不適切ケア，身体拘束，高齢者虐待防止法

1．権利擁護の基本的知識

1）認知症の人の人権・権利とその擁護のための職員の役割

（1）基本的人権

　私たちが人間らしく生きていくために，生まれたときからもつとされる基本的な自由と権利のことを「基本的人権」という．日本国憲法において，基本的人権は「侵すことのできない永久の権利」（第11条）として保障されている．

　基本的人権の内容を簡便に述べるならば，次のようになるであろう．すなわち，私たちは，個人として尊重されて自由や幸福を求めることができ（幸福追求権），自分のもつ属性を理由として社会において差別されることなく（平等権），法律に反しない限り自由に考え行動すること（自由権）を本来的に保障されている．そして，その実現のために，当該の社会で生きていく環境が保障され（人間らしい最低限度の生活を国に保障してもらう「生存権」を核とする社会権），基本的人権が守られるように求めること（受益権・請求権）ができ，そのための仕組み（法や制度）に関与すること（参政権）ができる．そして基本的人権は，当然，認知症や身辺自立の有無や程度とは無関係に保障されるべきものである．

（2）認知症の人の生活と基本的人権

　認知症の中核症状は認知機能の障害である．しかも，その障害が具体的な生活行為に影響していることが診断の1つの基準となっている．このことによって，認知症の人は基本的人権を享受するために必要な2つのことが的確に，あるいは主体的に行いにくくなる．すなわち，「自分のことを自分で決める」ことと，「決めたことを周囲に主張する」ことである．また，そのような状況下では，周囲の人が権利を奪う，侵害することも容易になる．

（3）ケアサービスにおける認知症の人の権利擁護とスタッフの役割

　前述のように，認知症の人は自らの基本的人権を享受することがおびやかされやすい．だからこそ，要介護認定を受けるなどして専門職のサービスを受けることを求めているともいえる．すなわち，そこでのニーズは，基本的人権を中心とするその人の権利が守られること，つまり「権利擁護」というとらえ方ができる．したがって，利用者の権利擁護を図ることはサービス提供者の本来的な仕事であるともいえよう．

表 1-34　福祉サービス利用者の権利

1．サービス利用までの手続き上の権利
1）情報の権利
2）意見を表明する権利
3）選択（同意）の権利
2．サービスの水準・質にかかわる権利
1）適切なサービスを請求する権利
2）正当な理由なくサービス利用を拒否されない権利
3）拘束・虐待からの自由の権利
4）プライバシーの権利
5）個人の尊厳にかかわる呼称・性的羞恥心・肖像権
3．財産管理の権利
4．苦情解決・不服申立をめぐる権利

谷川ひとみ，池田惠利子：ケアマネジャーのための権利擁護実践ガイド．6-15，中央法規出版，東京（2006）より筆者が抜粋．

だとすれば，ケアサービスを提供する人たちには，次のような役割が求められる．

1つは，「自分のことを自分で決める」ことと「決めたことを周囲に主張する」ことを護っていくことである．「自分のことを自分で決める」ことを自己決定というが，認知症の人が自己決定でき，意思を示すことができるようサポートし，ときにそれらを代弁することを「アドボカシー（advocacy）」という．アドボカシー自体を「権利擁護」と訳す場合もある．もう1つは，認知症の人が権利侵害の被害に遭わないように護る前提として，最低限サービス提供者自らが権利侵害の加害者とならないようにする，ということである．

（4）意思決定支援

上述したようなスタッフの役割，とくにアドボカシーの実践は，ともすれば，本人の意思を周囲が勝手に解釈してしまう危険性をもっている．これに対して，2018年6月に「認知症の人の日常生活・社会生活における意思決定支援ガイドライン」が厚生労働省から示された．本ガイドラインでは，意思形成支援（意思を固める支援）と意思表明支援（固めた意思を表現する支援），およびそれらを実現するための環境的な支援等について具体例とともに解説されている．

（5）サービス利用者がもつ具体的権利

ここまで述べてきたことを踏まえたうえで，ケアサービスを利用する際の具体的な権利としては表 1-34 のように整理できる[46]．認知症の人の権利擁護を考える際には，これらが実際に保障されているかどうかを点検する必要がある．とくに，「サービスの水準・質にかかわる権利」を中心に，サービスの利用主体としての認知症の人自身の視点に立つことが求められる．また前提として，本人の意思の確認や，意思決定支援の取り組みが重要となる．

2）介護保険法や関連法規と権利擁護

ケアサービスを提供する根拠法である社会福祉法や老人福祉法，介護保険法等の法律においては，サービス利用者の権利擁護のための全体的・包括的な規定が設けられている．

　社会福祉法は，福祉サービスの基本的理念やサービス提供の原則を規定するとともに，利用者の権利擁護に関しても規定している．個人の尊厳の保持と自立支援，あるいはそのための「良質かつ適切」なサービスを提供すべきであるという基本的理念（第3条）を示し，ノーマライゼーションを基本とする地域福祉の推進（第4条）を求め，利用者の意思尊重（第5条）をサービス提供の原則とうたっている．また，その具体的な担保方法として，サービス評価や苦情解決，福祉サービス利用援助事業等の実施を求めている．

　老人福祉法は介護保険法に40年近く先行して制定された法律であり，高齢者を「多年にわたり社会の進展に寄与してきた」「豊富な知識と経験を有する」存在として敬愛し，「健全で安らかな生活」を保障すべきという基本理念を提示している（第2条）．そのうえで，介護保険制度に基づくサービス利用が困難な場合を中心に，高齢者に必要な「福祉の措置」の実施を定めている．

　介護保険法は，介護保険制度に基づくサービス提供にあたっての，仕事のあり方を規定している法律といえる．サービス提供は契約に基づくものであり，権利と義務が利用者と提供者の双方に発生する．また本法でも，尊厳の保持と自立支援は法の目的であり（第1条），かつ制度創設の目的である．サービス提供者側には，要介護者の人格を尊重するとともに，法令を遵守し，要介護者のために忠実にその職務を遂行しなければならないという「人格尊重義務」および「忠実義務」を求めている．加えて，地域支援事業のひとつとして，「権利擁護事業」（被保険者に対する虐待の防止およびその早期発見のための事業その他の被保険者の権利擁護のため必要な援助を行う事業）を保険者の必須事業としている．

3）認知症の人の権利擁護に資する制度

（1）成年後見制度

　認知症のように認知機能（知的機能），判断能力に障害がある人（ほかに知的障害や精神障害等がある人を含む）に対し，とくにその部分での権利擁護を図るための制度として，成年後見制度がある（介護保険制度と同時にスタート，図1-38）．

　成年後見制度には，法定後見制度と任意後見制度がある．法定後見制度は，家庭裁判所によって選任された成年後見人等が，本人の利益のために本人を代理して契約等の法律行為をしたり，本人が自分で法律行為をするときに同意を与えたり，本人の同意を得ないでした不利益な法律行為を後から取り消したりすることによって，本人を保護・支援する制度である[47]．本人の判断能力の程度によって，補助（判断能力が不十分な場合），保佐（いちじるしく不十分な場合），後見（ほとんどない場合）の3つの類型がある．本人・配偶者・4親等以内の親族，もしくは市町村長等が申し立てることができる．また，任意後見制度は，判断能力が低下する前にあらかじめ代理人（任意後見人になる人）を法的に定め，判断能力が低下した場合に支援を開始する制度である．

　なお，近年では「市民後見人」として弁護士や社会福祉士等の専門職以外の，一般市民のなかから成年後見の支援者となる人を育成しようとする取り組みも始まっている．

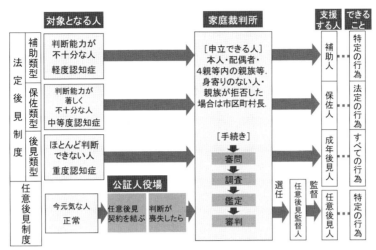

出典）日本認知症ケア学会監修：地域における認知症対応実践講座Ⅰ．高齢者医療研究機構，東京（2002）．

図 1-38　成年後見制度の概要

（2）日常生活自立支援事業（福祉サービス利用援助事業）

日常生活自立支援事業とは，認知症や知的障害，精神障害等により判断能力が不十分な人が地域において自立した生活が送れるよう，①福祉サービスの利用，②日常生活上の金銭管理，③日常生活上の行政手続き等の事務手続き，④通帳や証書などの保管等の支援を行うものである（図 1-39）．都道府県・指定都市社会福祉協議会（窓口業務等は市町村の社会福祉協議会等で実施）によって提供される支援であり，利用には契約が必要となるため，判断能力の障害は契約が可能な程度までとなる．成年後見制度を主に日常生活において補完する位置づけもなされている．

（3）高齢者虐待防止法

高齢者虐待は，もっとも深刻な権利侵害であるといえる．わが国では，この防止を図るべく，2006（平成 18）年に「高齢者虐待の防止，高齢者の養護者に対する支援等に関する法律」（以下，高齢者虐待防止法）が施行された（本法については後述）．

２．権利侵害行為としての高齢者虐待と身体拘束

１）高齢者虐待防止法の概要

（1）法の目的

法の目的は，高齢者の権利擁護，ひいては尊厳の保持を達成することにある（第 1 条）．虐待の加害者を断罪・処罰するような趣旨ではないことを理解しておきたい．なお，対応の第一義的な責任主体は，市町村（特別区を含む）である．

（2）法の対象

本法において対象となる「高齢者虐待」は，「だれが」「だれに」「なにを」することか，とい

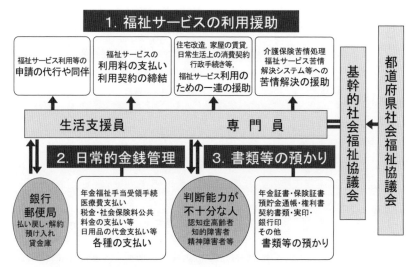

出典）大國美智子：絵でみる認知症．ワールドプランニング，東京（2007）．

図1-39 日常生活自立支援事業（福祉サービス利用援助事業）の概要

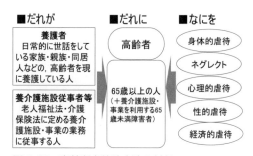

図1-40 高齢者虐待防止法の対象

う側面から整理することができる（第2条，図1-40）．

　「だれが」については，「養護者」と「養介護施設従事者等」という枠組みが示されている．「養護者」とは，現に高齢者の世話をしている人（「養介護施設従事者等」以外）であり，家族や親族，同居人等が該当する．また，「養介護施設従事者等」とは，老人福祉法または介護保険法に規定する「養介護施設」「養介護事業」の業務に従事する人のことをいう．

　「だれに」は，「65歳以上の者＝高齢者」である．ただし，「障害者虐待の防止，障害者の養護者に対する支援等に関する法律」の施行に伴い，65歳未満の養介護施設・事業の利用者は，「高齢者とみなして，養介護施設従事者等による高齢者虐待に関する規定を適用する」とされている．

　「なにを」については，図1-39，表1-35に示すように5つの類型が示されている．

（3）通報義務とその後の対応

　虐待を受けたと思われる高齢者を発見した場合，発見した人にはそれを市町村に通報する義

表1-35　高齢者虐待防止法が示す虐待行為の類型（法第2条）

身体的虐待	高齢者の身体に外傷が生じ，又は生じるおそれのある暴行を加えること．
介護・世話の放棄・放任（ネグレクト）	【養護者】高齢者を衰弱させるような著しい減食又は長時間の放置，養護者以外の同居人による身体的虐待，心理的虐待又は性的虐待と同様の行為の放置等養護を著しく怠ること 【養介護施設従事者等】高齢者を衰弱させるような著しい減食又は長時間の放置その他の高齢者を養護すべき職務上の義務を著しく怠ること
心理的虐待	高齢者に対する著しい暴言又は著しく拒絶的な対応その他の高齢者に著しい心理的外傷を与える言動を行うこと
性的虐待	高齢者にわいせつな行為をすること又は高齢者をしてわいせつな行為をさせること
経済的虐待	高齢者の財産を不当に処分することその他当該高齢者から不当に財産上の利益を得ること ※養護者のほか，高齢者の親族によるものを含む

＊類型の名称は通称もしくは学術上よく用いられる名称であり，法条文上には示されていない

務が生じる．なお，養護者による虐待の場合は，通報の受付等の事務を市町村が地域包括支援センターに委託している場合も多い．原則として，生命や身体に重大な危険が生じている場合はすみやかな通報の義務（通報義務），それ以外の場合は通報するよう努力する義務（通報努力義務）がある（第7，21条）．ただし，「養介護施設従事者等」による虐待を受けたと思われる高齢者を，同じ施設等の従事者が発見した場合には，通報義務のみが規定されている．また，高齢者本人が届け出ることもできる．保健・医療・福祉関係者は，早期発見に努めるべきであることもうたわれている（第5条）．なお，通報にあたって守秘義務は除外され（第7，21条），養介護施設従事者等が通報を行う場合，通報を理由として解雇その他の不利益な取り扱いを受けることはない（第21条）．

　通報を受けつけた場合，市町村（や地域包括支援センター）は，通報にかかわる事実を確認し，被害者である高齢者の安全確認や保護等の必要な対応を行っていくことになる．

2）養介護施設従事者等による高齢者虐待

（1）対応の枠組み

　養介護施設従事者等による虐待は，サービスの提供者からサービスの受け手に対してなされる，という意味で深刻な権利侵害である．したがって，施設や事業の「適正な運営を確保する」ことによって養介護施設従事者等による虐待の防止・対応や高齢者保護を図るため，高齢者虐待防止法自体ではなく，サービス提供の根拠法となる老人福祉法または介護保険法に基づく権限を市町村や都道府県が適切に行使していく（第24条）．権限行使には事業の指定取消のような厳しいものまで含まれるが，その多くは特定の従事者ではなく，当該の施設や事業所等の「組織」に対してなされる．すなわち，個人の責任のみならず，必然的に組織の責任が問われる対応の枠組みとなっている．これは，個人の組織に対する責任と組織の個人に対する責任の，両者の重みの表れとして受け止めるべきであろう．

　なお，これらの権限行使は虐待に特化されたものではなく，適切でないサービス提供全体に共通する枠組みであることも理解しておきたい．

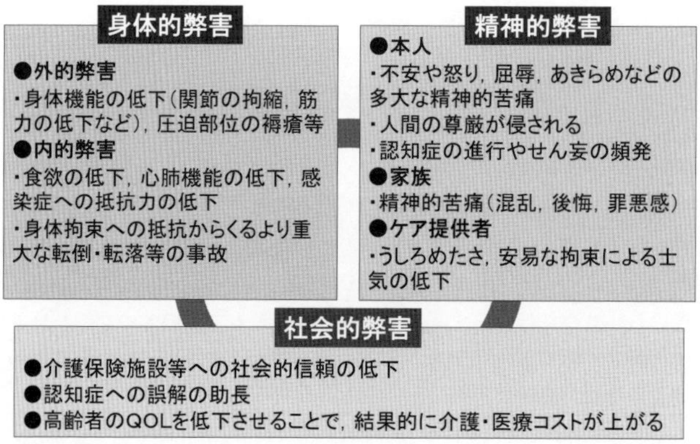

身体的弊害	精神的弊害
●外的弊害 ・身体機能の低下（関節の拘縮，筋力の低下など），圧迫部位の褥瘡等 ●内的弊害 ・食欲の低下，心肺機能の低下，感染症への抵抗力の低下 ・身体拘束への抵抗からくるより重大な転倒・転落等の事故	●本人 ・不安や怒り，屈辱，あきらめなどの多大な精神的苦痛 ・人間の尊厳が侵される ・認知症の進行やせん妄の頻発 ●家族 ・精神的苦痛（混乱，後悔，罪悪感） ●ケア提供者 ・うしろめたさ，安易な拘束による士気の低下

社会的弊害
- ●介護保険施設等への社会的信頼の低下
- ●認知症への誤解の助長
- ●高齢者のQOLを低下させることで，結果的に介護・医療コストが上がる

厚生労働省「身体拘束ゼロ作戦推進会議」：身体拘束ゼロへの手引き；高齢者ケアに関わるすべての人に. 6，福祉自治体ユニット，東京（2001）をもとに作成.

図 1-41　身体拘束の弊害

表 1-36　身体拘束に該当する具体的な行為

徘徊しないように，車いすやいす，ベッドに体幹や四肢をひも等で縛る
転落しないように，ベッドに体幹や四肢をひも等で縛る
自分で降りられないように，ベッドを柵（サイドレール）で囲む
点滴・経管栄養等のチューブを抜かないように，四肢をひも等で縛る
点滴・経管栄養等のチューブを抜かないように，または皮膚をかきむしらないように，手指の機能を制限するミトン型の手袋等をつける
車いすやいすからずり落ちたり，立ち上がったりしないように，Y字型抑制帯や腰ベルト，車いすテーブルをつける
立ち上がる能力のある人の立ち上がりを妨げるようないすを使用する
脱衣やおむつ外しを制限するために，介護衣（つなぎ服）を着せる
他人への迷惑行為を防ぐために，ベッドなどに体幹や四肢をひも等で縛る
行動を落ち着かせるために，向精神薬を過剰に服用させる
自分の意思で開けることのできない居室等に隔離する

厚生労働省「身体拘束ゼロ作戦推進会議」：身体拘束ゼロへの手引き；高齢者ケアに関わるすべての人に. 7，福祉自治体ユニット，東京（2001）をもとに作成.

(2) 身体拘束との関係

　介護保険制度創設時，介護保険施設等では「身体的拘束その他入所者（利用者）の行動を制限する行為」（身体拘束）は基準省令（運営基準）により原則禁止と規定された（後述の「緊急やむを得ない場合」は除く）．身体拘束は，本人や周囲の人々に対する身体的，精神的，あるいは社会的弊害が大きく，ときに本人の尊厳をいちじるしくおびやかす（図1-41）．そのため，「緊急やむを得ない場合」を除いて身体拘束は原則として高齢者虐待に該当する，との解釈が厚生労働省から示されている[48]．また，禁止規定が明示されていない事業種別もあるが，基本的な考え方は同様である．

　なお，身体拘束禁止規定の対象となる具体的行為として，表1-36の11種の行為が示されて

表 1-37　身体拘束における例外 3 原則と必要な手続き

例外 3 原則：3 つの要件をすべて満たすことが必要
①切迫性：本人や他の入所者等の生命・身体が危険にさらされる可能性がいちじるしく高い
②非代替性：身体拘束その他の行動制限を行う以外に代わりになる介護方法がない
③一時性：身体拘束その他の行動制限が一時的なものである

慎重な手続き：きわめて慎重に手続きを踏むことが求められている
・例外 3 原則の確認等の手続きを，「身体拘束廃止委員会」等のチームで行い，記録し保存する
・本人や家族に，目的・理由・時間（帯）・期間等をできる限り詳しく説明し，十分な理解を得る
・状況をよく観察・検討し，要件に該当しなくなった場合はすみやかに身体拘束を解除する

厚生労働省「身体拘束ゼロ作戦推進会議」：身体拘束ゼロへの手引き：高齢者ケアに関わるすべての人に，22-25，福祉自治体ユニット，東京（2001）をもとに作成．

表 1-38　身体拘束に関する介護報酬・基準省令改定

	改定前	改定後
報酬減算	5 単位／日	10％／日（入居者全員の基本報酬から）
対象サービス種別	特養，地域密着型特養，老健，療養型	特養，地域密着型特養，老健，療養型，介護医療院，グループホーム，特定施設，地域密着型特定施設
要件	身体拘束を行う際の記録（態様および時間，利用者の心身状況，緊急やむを得ない理由）	・身体拘束を行う際の記録 ・身体的拘束等の適正化のための対策を検討する委員会を 3 月に 1 回以上開催するとともに，その結果について介護職員その他の従業者に周知徹底 ・身体的拘束等の適正化のための指針を整備 ・介護職員その他の従業者に対し，身体拘束等の適正化のための研修を定期的に実施（年 2 回，新採時必須）

いる[49]．ただし，これらはあくまで代表的な例として理解しておく必要がある．

(3) 身体拘束に関する規定

　身体拘束は原則禁止ではあるが，利用者本人もしくは他の利用者等の生命や身体を保護するために「緊急やむを得ない」場合，例外的に許容される．ただし，あくまで「例外」である．また，「緊急やむを得ない」場合に該当する要件として，いわゆる「例外 3 原則」が示されている[49]．これらの要件すべてに該当した状態が，「緊急やむを得ない」場合である．また，要件に該当した場合でも，組織としての判断やその記録，説明責任を果たすこと等，手続き上もきわめて慎重であることが求められている（表 1-37）．

　また，2018（平成 30）年 4 月，「身体的拘束等の適正化の推進」を図るための介護報酬改定・基準省令改正がなされた．これにより，以前は介護保険三施設（地域密着型を含む特別養護老人ホーム，老人保健施設，介護療養型医療施設）において身体拘束を行う際の適正な記録がない場合に設定されていた報酬減算（身体拘束廃止未実施減算）の要件が，表 1-38 のように変更された．すなわち，組織体制や指針，教育といった，身体拘束を「行わない」ための取り組みを含めた「適正化」が求められることとなった．

（4）把握されている虐待・身体拘束の現状

　厚生労働省では，全国の自治体における高齢者虐待防止法に基づく対応状況を年度ごとに調査・公表している[50]．この調査によれば，養介護施設従事者等による高齢者虐待（の疑い）に関して，2020（令和2）年度時点で年間2,000件以上の相談・通報が行政機関にあり，500〜600件程度のケースが高齢者虐待であると判断されている．ただし，これらの数字はあくまで行政機関が通報等を受理してからの対応ケースであり，潜在事例が相当数存在することも示唆されている．判明している虐待ケースのなかでは，認知症のある被害者（利用者）の割合が9割以上を占めているほか，被害者が受けた虐待行為として，虐待に該当する身体拘束が2〜4割程度を占めている[51]．

　また，身体拘束については，国による調査ではないものの[52]，身体拘束が行われているケースに，要件あるいは手続きにおいて「緊急やむを得ない」場合とはいえないものが一定数含まれていることが示唆されている．

3）養護者による高齢者虐待

（1）対応の枠組み

　養護者による虐待の事実が認められた事例に対して，市町村は必要な支援等を行っていく．状況に応じて，住居等へ立入り調査（第11条），老人福祉法に基づくやむを得ない事由による措置による高齢者の保護（いわゆる「分離保護」，第9条），成年後見制度の市町村長申立など，適切な権限行使を行うことも求められている．これらの対応後，あるいは既存の枠組みで対応が可能な場合は，市町村や地域包括支援センターがコーディネートする「高齢者虐待防止ネットワーク」（関係機関・団体等と連携協力し，「早期発見・見守り」「保健医療福祉サービス介入」「関係専門機関介入支援」の各役割をもつ3層のネットワークが想定されている）を活用しながら対応を図る（高齢者の介護保険サービスの利用やケアプランの見直し，地域の社会資源を活用した生活上の支援，継続した見守り等）．日常生活自立支援事業等による権利擁護対応も行われる．

　養護者による虐待と養介護施設従事者等による高齢者虐待の最大の違いは，加害者が「養護者」であるという点である．多くは在宅介護のなかで，「意図せざる結果」[53]として生じるものであるという理解が必要である．そのため，養護者による高齢者虐待対応においては，高齢者本人の保護に加えて，加害者である養護者の負担軽減のための相談，指導・助言等，養護者への支援（第14条）も求められる．

（2）把握されている実態と発生の背景

　厚生労働省が毎年度市町村・都道府県を対象に実施している調査によれば，年間およそ35,000件に上る通報等があり，17,000件以上の虐待事例が確認されている（法に基づく対応を行った件数であり，発生件数とは異なる点に注意が必要である）[50]．

　判明している事例において，被害者である高齢者のうち約7割が要支援・要介護状態にあり，さらにその7割（全体の5割程度）は，認知症高齢者の日常生活自立度Ⅱ（相当）以上である．一方，加害者である養護者の約4割が「息子」であり，次いで「夫」「娘」などが多くなってい

る（ただし，判明したケースの範囲であることや後述の背景要因も考慮する必要があり，「息子が虐待しやすい」といった単純な話ではないことに注意が必要である）．また，8割以上のケースでは被害者と加害者は同居しており，全体の約半数は被害者と加害者だけで構成される家庭であった．

（3）権利擁護が問題となるその他の場面

関連課題として，「セルフ・ネグレクト」と消費者被害の問題についても知っておきたい．

セルフ・ネグレクトは「自己放任」と訳される場合もある．「高齢者が通常ひとりの人として生活において当然に行うべき行為を行わない，あるいは行う能力がないことから，自己の心身の安全や健康がおびやかされる状態に陥ること」等と定義される[54]．孤立，経済的問題，認知症，うつやその他の精神疾患，喪失体験等が背景として指摘されている．また，高齢者虐待の結果や誘因となっている場合がある．自治体によっては，高齢者虐待防止法に準じた対応を行うようにしている場合もある．いわゆる「孤立死」の約8割は生前セルフ・ネグレクト状態であったとする推計[55]もあり，近年重要な課題となっている．

また，詐欺等の犯罪や不当な取り引き等，商品やサービスの取り引きにおいて消費者側に生じる被害のことを「消費者被害」というが，この件数や被害金額の増加も近年の大きな問題である．在宅生活を送る認知症の人が被害に遭うケースも多いとされる．

3．不適切なケアと権利侵害の防止

1）介護サービスにおける権利侵害行為のとらえ方と防止の考え方

（1）「高齢者虐待」の本質

高齢者虐待防止法の目的は，高齢者の権利擁護や尊厳の保持にある．これを踏まえたとき，虐待に該当する行為を「加害者がどのような行為をしたら」という面のみからとらえるべきではない．法施行に合わせて厚生労働省が示した資料[56]では，法が虐待として示す5つの行為類型は，「広い意味での高齢者虐待を『高齢者が他者からの不適切な扱いにより権利利益を侵害される状態や生命，健康，生活が損なわれるような状態に置かれること』ととらえたうえで」の法の対象規定である，とされる（図1-42）．このような「高齢者がおかれた状態」という視点でのとらえ方を，行為類型の前提となる考え方として理解しておく必要があろう．また同資料では，この前提のもと，本法が規定する高齢者虐待かどうか判別しがたい場合でも，上述した「広い意味での高齢者虐待」に当てはまる場合には，本法の取り扱いに「準じて」「必要な援助を行っていく必要」があるとしていることも理解しておきたい．

（2）身体拘束のとらえ方

既述のように，介護サービスのなかで行われる身体拘束に該当するものとして，11種類の行為が整理されている．ただし，身体拘束がこれらの行為に限定される，すなわちこれらの行為以外は許容される，という意味ではない．身体拘束をどのようにとらえるかについては，前述の身体拘束による弊害や高齢者虐待との関係を踏まえて考える必要がある．

身体拘束は，多くの場合が転倒や転落等の「目の前にあるリスク」への対応として行われる．

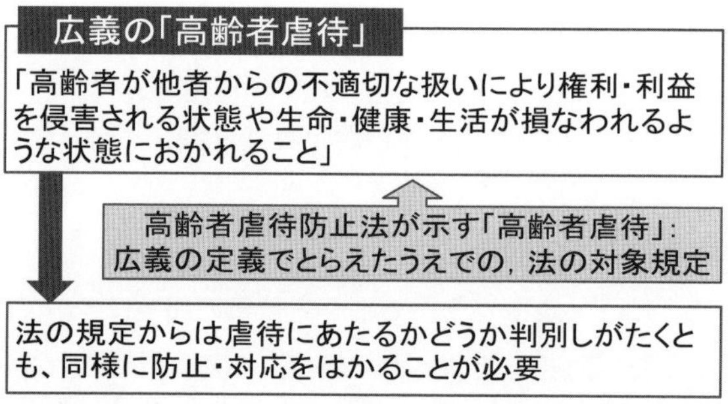

広義の「高齢者虐待」

「高齢者が他者からの不適切な扱いにより権利・利益を侵害される状態や生命・健康・生活が損なわれるような状態におかれること」

高齢者虐待防止法が示す「高齢者虐待」：広義の定義でとらえたうえでの，法の対象規定

法の規定からは虐待にあたるかどうか判別しがたくとも，同様に防止・対応をはかることが必要

厚生労働省老健局：市町村・都道府県における高齢者虐待への対応と養護者支援について．3, 厚生労働省，東京（2006）をもとに作成．

図1-42　高齢者虐待のとらえ方と対応が必要な範囲

しかし，身体拘束を行うことは弊害が強く予想され[49]，このことを考えれば身体拘束を行うことは新たなリスクを生じさせる（図1-41）．しかも，それが本人側の事由というよりも，サービス提供者側からみて「利用者に行ってほしくない行動」があってそれを抑制したい，ということが背景にあることに目を向ける必要がある．たとえば，表1-36には，「立ち上がる能力のある人の立ち上がりを妨げるようないすを使用する」という例があるが，「妨げたい」のは本人であるはずがない．さらに，具体的な行為内容として「ひも等で縛る」「柵で囲む」等が示されているが，これらの行為への形式的な該当の有無のみを論じるべきではない．なぜなら，それがたとえ形状として「ひも」や「柵」とはいえなくとも，同様の効果をもたらす物理的手段を用いていれば，拘束されている本人にとっては本質的に同じ行為であるからである．

（3）介護サービスにおけるとらえ方と防止の概念

　ここでは，サービス提供者が自ら虐待の加害者となること（養介護施設従事者等による高齢者虐待）の防止を念頭に，問題のとらえ方を整理する．

　養介護施設従事者等による高齢者虐待に対しては，特異な突発的事例としてではなく，「サービス（ケア）の質」という観点から連続的にとらえる必要がある．明確な虐待行為とそれ以外とが区別され，「それ以外」は許容される，というとらえ方であってはならない．サービスの質がもっとも保たれていない状態のひとつが高齢者虐待にあたり，明確に虐待といえないが基準省令に違反するような不適切な対応，さらには基準省令に違反するともいえないが適切とはいえないケアの仕方と，分かちがたく結びついている（図1-43）．むしろ，これらの「不適切なケア」が放置されたり助長されたりすることで，虐待に結びついていくと考えられる[57]．その意味では，明らかな虐待行為よりも，いわば「グレーゾーン」にあるケアを振り返ることが肝要である．

　たとえば，認知症のある利用者が何度も同じことを繰り返し訴えるような場面での対応を考えてみよう．他の仕事や利用者対応等があり，はじめは申し訳なく待たせてしまう．しかし，これが常態化すると「申し訳なさ」はしだいに薄れ，サービス提供者側の都合が少しずつ前面に出てくる．すると，強い言葉での訂正や無視等に対する心理的あるいは倫理的なハードルも

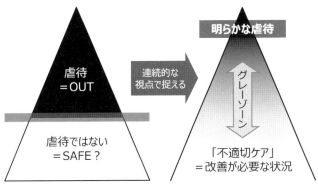

図 1-43　ケアサービスのなかでの高齢者虐待のとらえ方

低くなる．実際にそのような対応が生じても見過ごされ，常態化してしまうかもしれない．そうしたなかで，高齢者虐待とよぶべき暴言や拒絶といった行為が発生する可能性は高まる．どこかの段階で不適切さに気づき振り返ることがないと，このようなストーリーも現実のものになってしまうであろう．

　このように考えれば，身近にある「不適切なケア」は，ともすればのちの高齢者虐待の端緒にもなりうる．したがって，介護サービスにおける高齢者虐待の防止は，「殴ってはならない」「暴言を吐いてはならない」といった水際のものではなく，より身近な段階で気づき，改善を図るという「サービスの質の見直し」による「未然防止」が基本となろう．

2）介護サービスにおける権利擁護の到達目標

　介護サービスを提供する立場における，権利擁護の最終的な目標とは何であろうか．権利侵害が生じていなければよしとする，ということでよいのであろうか．かつて「無力感は学習される」ことを明らかにした心理学者マーティン・セリグマンは，のちに自らの仕事を述懐して「人は弱点を補うだけでは幸せになれない」と述べている[58]．ケアサービスにおいて権利擁護を図るのは，形式的には「弱点を補う」仕事である．しかし，そのことによって，利用者が主体的にかつ豊かに自らの人生をすごすこと，「幸せ」につながることが大切であり，権利擁護の取り組みの最終目標もそこにおくべきである．サービス提供者が加害者とならない，不適切なケアを行わないというだけでなく，利用者の QOL を向上させるためのよりよいケアを常に追求する姿勢が必要である．

4．権利擁護のための具体的な取り組み

1）介護サービスにおける権利侵害行為の防止のための具体的な方策

（1）養介護施設従事者等による高齢者虐待の背景と防止策

　養介護施設従事者等による高齢者虐待の防止には，日常のサービスの質を振り返り，点検することが必要である．このとき，アドボカシー（権利擁護）や意思決定支援の観点をもって検討することが必要である．また，サービスの「不適切さ」については，①利用者側からみて苦

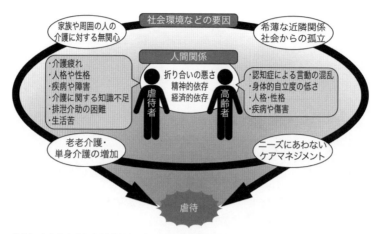

出典）東京都東京都福祉保健局（2009）「高齢者虐待防止と権利擁護；いつまでも自分ら
　　　しく安心して暮らし続けるために」（http://www.fukushihoken.metro.tokyo.jp/
　　　zaishien/gyakutai/）.

図 1-44　養護者による高齢者虐待の背景

痛や不快等がないか，②根拠ある最善の選択を行えているか，③法令や契約，あるいはそれら
から期待される水準からみて十分か，といった観点で振り返ってみるとよい．また，行為者に
自覚がない場合もあるため，職場のなかで互いに振り返ることもよい．そして，振り返りの結
果を共有し，改善策を検討していく．ただし，その単なる禁止は根本的な改善とはならない．
必要であれば利用者の再アセスメント等も行い，適切な対応がどのようなものか，個別に検討
する，すなわち防止の観点をもつことが大切である．

（2）養護者による高齢者虐待の背景と防止策

　前述の厚生労働省による調査[50]では，あくまで対応した市町村の見解ではあるが，養護者に
よる虐待が発生する背景も調査している．それによると，「養護者の介護疲れ・介護ストレス」
や「養護者の障害・疾病」が挙げられる場合が多く，「経済的困窮（経済的問題）」「被害者の認
知症の症状」「虐待発生までの人間関係」なども比較的多く指摘されている．在宅介護それ自体
の心身への負担，および養護者側あるいは家庭全体の生活環境による負担の増大に注目する必
要があろう．図 1-44 に示すような整理も，背景構造の理解に役立つ．また，これらの要因と前
述の実態を含めて考えると，在宅介護において養護者と高齢者が孤立する，いわゆる密室化が
生じやすい構造にも目を向ける必要がある．養護者支援（家族支援）という観点が必要であり，
在宅介護の危機としてとらえれば，適切なケアマネジメントが行われているか，という見直し
も必要である．なお，厚生労働省による調査では，市町村への通報者の 3 割以上はケアマネ
ジャーや介護保険事業所職員が占めている[50]．上述したような状態の家庭に入ることができる
専門職として，早期発見の端緒となる役割を認識しておくべきであろう．

　総じて，養護者による高齢者虐待の防止にあたっては，まずは予兆察知と未然防止の取り組
みを重視すべきである（図 1-45）.

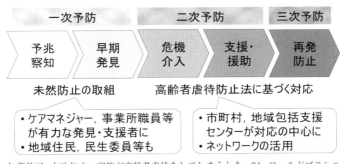

加藤伸司，矢吹知之：家族が高齢者虐待をしてしまうとき．34，ワールドプランニング，東京（2012）を一部改編．

図 1-45　養護者による高齢者虐待への予防的取り組み

2）施設・事業所内で必要な体制

（1）予防的取り組みの責務

　高齢者虐待防止法では，養介護施設・事業者に対して，虐待の防止のための取り組みを行うことを求めている（第20条）．具体的には，当該施設等の従事者への研修（自ら行う研修）の実施，および苦情処理体制の整備である．これらはサービス提供者個人の責任で行うものではないが，自施設・事業所の現状・手続きを把握しておくことが望まれる．

　なお，2021（令和3）年度の介護報酬改定・基準省令改正に伴い，高齢者虐待防止のための体制整備が，全介護サービスにおいて義務化された（3年間の経過措置期間があり，その間は努力義務）．虐待の防止や適切な対応のための，委員会の開催，指針の策定，研修の定期実施，担当者の選任が求められており，自施設・事業所での取り組み状況を確認しておきたい．

（2）「職場やチームの質」の点検

　サービス提供者が働く環境やチームケアの点検も重要である．前述の厚生労働省による調査では，あくまで対応した行政機関の見解ではあるが，養介護施設従事者等による虐待が発生する背景要因も調査している．それによると，「教育・知識・介護技術等に関する問題」に加えて，組織風土・職員間の関係性の問題や，職員のストレスや感情コントロールの問題が多く挙げられている[50]．直接的な「サービス（ケア）の質」だけでなく，サービスの質が確保されるための教育体制やチームケアにおける職員間の連携，ストレスマネジメント等に課題があれば，それらはサービスの質に影響する．個人では対処しがたい場合も多いかもしれないが，職場のなかで課題の存在に気づいて共有することは大切である．ストレスマネジメントにおける「セルフケア」（自分自身でのストレスケア）等，個人で行える対処もある．

（3）身体拘束とリスクマネジメント

　身体拘束やそれに類する不適切な行動制限を行わないためには，目の前のリスク回避のための安易な手段として身体拘束を考える前に，拘束の対象となる行動の原因を探る必要がある[59]．組織的には身体拘束の廃止や適正化を図るための委員会等の合議体や指針等を設けることが必要になるが，基本的にはリスクマネジメントの取り組みをケアマネジメントのなかに位

置づけていくことが大切である.

　要支援・要介護状態にある人や認知症の人は，生活を営むうえで何らかのリスクを抱えているからこそサービスを利用しているともいえる．したがって，介護サービスの展開，ケアマネジメントの過程で，利用者個人へのリスクマネジメントは本来一体的に組み込まれるべきであり，適切な取り組みが安易な身体拘束を防いでいくことになる.

3）虐待等の事例が発生した場合の対応方法

　虐待をはじめとする権利侵害行為の発生が疑われる場合に大切なことは，高齢者（利用者）本位の対応を行うことである.

　高齢者虐待防止法では，発見者の通報（努力）義務が規定されているが，通報の対象は「虐待を受けたと"思われる"高齢者を発見した」ことである．加害者の同定や加害の認識，証拠などを必ずしも求めていない（加害者には自覚のない人もおり，第三者が個人として確実な証拠を得られない場合もある）．あくまで被害者と思われる高齢者がいるということが通報の対象であり，その人への適切な保護・支援が第一に目指される.

　個人での通報は，確かに心理的にハードルが高い行為である．しかし上述を踏まえれば，虐待かどうか判断しにくい場合でも，「みてみぬふりをしない」ということが最低限必要である．職場のなかで，虐待をはじめとする権利侵害行為が発生した場合にどのような対応を図る体制があるのかを，あらかじめ確認しておくとよい．とくに，発見者がだれにどのように報告をすればよいのかを確かめておくことは大切である．また，不適切なケアが生じている場合には，それを臆さず職場のなかで共有することが求められる.

【演習1】
　自分のこれまでのケアを振り返り，不適切なケアと思われる場面がなかったかを考えてみよう．また，そのような場面があったら，高齢者虐待とどのような関係にあるかを考えてみよう.

【演習2】
　身体拘束を行うことにより，利用者や家族，サービス提供者にどのような弊害が生じる可能性があるか，具体的に考えてみよう．また，身体拘束を安易に行わないためにはどのような取り組みが必要かを考えてみよう.

【演習3】
　養護者による高齢者虐待の未然防止や早期発見に資するために，現在の自分の立場でどのような取り組みができるか，考えてみよう.

Ⅵ．地域資源の理解とケアへの活用

┌─────────────────────────────────────┐
学習の Point

・認知症の人の日々の生活を支援する際によく耳にする「地域」という言葉が示す範囲について理解し，「認知症になっても住み慣れた地域で自分らしく暮らし続けられる」ための「地域」について考える．
・地域包括ケアシステムの構築と認知症施策の推進，認知症ケアの提供のあり方について理解する．
・自地域にある，フォーマル，インフォーマルそれぞれの地域資源を把握する．

キーワード：地域資源，地域包括ケアシステム，フォーマル，インフォーマル，連携
└─────────────────────────────────────┘

1．認知症の人にとっての地域資源と介護実践者の役割

1）「地域」の考え方

　厚生労働省は 2012（平成 24）年に発表した「認知症施策推進 5 か年計画（オレンジプラン）」以降，その基本目標・考え方のなかで，「地域」という言葉が用いられている．その変遷は表 1-39[60-62)] のとおりである．

　どの施策においても「住み慣れた地域」という言葉が盛り込まれており，認知症の人が暮らしてきた「地域」を拠点に施策を展開していくことを目指していることがわかる．

　それでは，ここでいわれている「地域」とは，どの範囲を示すのであろうか．認知症ケアの視点で「地域」を整理すると，以下の 3 つに分けられる．

　　①市町村：行政単位．介護保険事業計画や地域福祉計画の策定，認知症施策の推進等を行う．
　　②日常生活圏域：「地域包括ケアシステム」構築の単位でもあり，「おおむね 30 分以内に必要なサービスが提供される」範囲．具体的には中学校区が想定されている．
　　③生活範囲：人が日常生活（仕事，通学，買い物，通院，趣味活動等）を送るうえで行動する範囲．

　このように，「地域」という言葉が示す範囲はさまざまであり，国や都道府県，市町村が施策として「地域」という言葉を使うときは，「市町村」または「日常生活圏域」といった「定められた区域」を指すことが多い．しかし，1 人ひとりの人間は「定められた区域」のなかだけで生活しているわけではなく，むしろそれを超えている場合も多い（図 1-46）．

　このように，「地域」という言葉が示す範囲はさまざまであり，認知症の人の生活を支援していくうえでは，市町村単位で推進している認知症施策はもちろんのこと，日常生活圏域に認知症の人等が必要としている支援やサービスが整備されているか，本人のこれまでの生活範囲等を踏まえていくことが重要である．

　本節では「地域」という言葉がたびたび出てくるが，それぞれが意味する「地域」とはどの範囲を意味するのかを考えながら，演習等に取り組んでほしい．

2）地域包括ケアシステムと認知症ケア

　国は，団塊の世代が 75 歳以上となる 2025（令和 7）年に向け，地域包括ケアシステムを構築

表1-39　国の認知症施策における基本目標・考え方

認知症施策	基本目標・考え方
今後の認知症の方向性について（2012（平成24）年）	認知症の人の意思が尊重され，できる限り住み慣れた地域のよい環境で自分らしく暮らし続けることができる社会の実現を目指す
認知症施策推進総合戦略（新オレンジプラン）（2015（平成27）年）	認知症高齢者等にやさしい地域づくりを推進していくため，認知症の人が住み慣れた地域のよい環境で自分らしく暮らし続けるために必要としていることに的確に応えていく
認知症施策推進大綱（2019（令和元）年）	認知症の発症を遅らせ，認知症になっても希望を持って日常生活を過ごせる社会を目指し，認知症の人や家族の支援を重視しながら，「共生」と「予防」を車の両輪として施策を推進していく． （共生：認知症の人が，尊厳と希望を持って認知症とともに生きる，また，認知症があってもなくても同じ社会でともに生きる，という意味である．引き続き，生活上の困難が生じた場合でも，重症化を予防しつつ，周囲や地域の理解と協力の下，本人が希望を持って前を向き，力を活かしていくことで極力それを減らし，住み慣れた地域の中で尊厳が守られ，自分らしく暮らし続けることができる社会を目指す）

厚生労働省認知症施策検討プロジェクトチーム（2012）「今後の認知症施策の方向性について」（https://www.mhlw.go.jp/file/06-Seisakujouhou-12300000-Roukenkyoku/0000079273.pdf），厚生労働省（2015）「「認知症施策推進総合戦略；認知症高齢者等にやさしい地域づくりに向けて（新オレンジプラン）」について」（https://www.mhlw.go.jp/stf/houdou/0000072246.html），認知症施策推進関係閣僚会議（2019）「認知症施策推進大綱」（https://www.mhlw.go.jp/stf/seisakunitsuite/bunya/0000076236_00002.html）より抜粋（下線は筆者）.

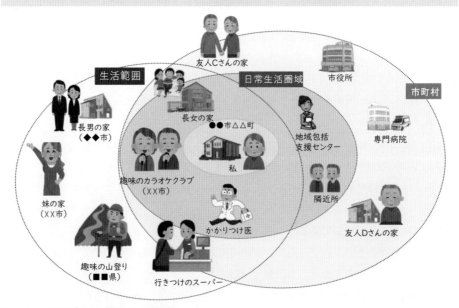

図1-46　さまざまな「地域」の範囲

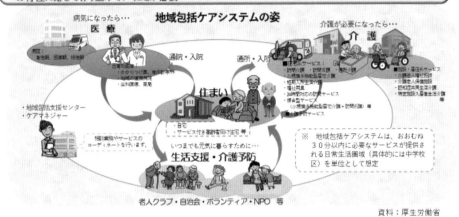

出典）厚生労働省「地域包括ケアシステム」（https://www.mhlw.go.jp/stf/seisakunitsuite/bunya/hukushi_kaigo/
　　　kaigo_koureisha/chiiki-houkatsu/）.

図 1-47　地域包括ケアシステムの構築について

することを目標としている．

　図 1-47[63]にあるように，生活の中心に「住まい」があり，それを取り巻く形で生活支援・介
護予防や介護，医療といったさまざまな支援・サービスが，おおむね 30 分以内に提供されるこ
とを目指している．

　さらに，地域包括ケアシステムの構築は市町村の役割であるが，個人や家族の多様な価値観
や家族形態の変化，さらに市町村ごとに人口規模や高齢化率や多様であり，地域の実情もさま
ざまであることを踏まえ，2040 年に向けてはそれぞれの「地域」，つまり市町村や日常生活圏
域の実情に合った連携の仕組みや制度設計を行い，住民全体を支える「包括報酬型」在宅サー
ビスの整備と地域関係者の参加によるサービスの改善を目指し，住民・利用者，保険者，地域
の企業・団体，サービス事業者が一体となり，「参加」と「協働」で包摂的な地域をつくってい
くことを目指すこととしている（図 1-48）[64]．

3）地域にある「資源」

　それでは，「地域包括ケアシステム」を構築するにあたって，地域にはどのような支援やサー
ビス，いわゆる「地域資源」があるであろうか．

　地域包括ケア研究会がまとめた報告書では，その目指すべき姿として，地域住民が「住み慣

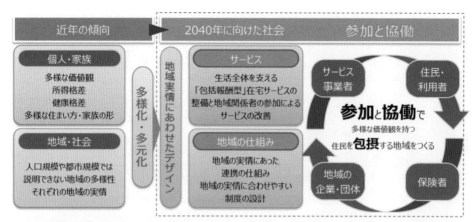

出典）三菱 UFJ リサーチ＆コンサルティング（2019）「＜地域包括ケア研究会＞2040 年：多元的社会における地域
　　　包括ケアシステム（地域包括ケアシステムの深化・推進に向けた制度やサービスについての調査研究），平
　　　成 30 年度厚生労働省老人保健健康増進等事業」（https://www.murc.jp/sp/1509/houkatsu/houkatsu_01/hou
　　　katsu_01_1_2.pdf）.

図 1-48　2040 年の多元的な社会における「参加と協働」

表 1-40　生活上の安全・安心・健康を確保するための多様なサービス

・居場所の確保
・権利擁護関連の支援（虐待防止，消費者保護，金銭管理など）
・生活支援サービス（見守り，緊急通報，安否確認システム，食事，移動支援，社会参加の
　機会提供，その他電球交換，ゴミ捨て，草むしりなどの日常生活にかかる支援）
・家事援助サービス（掃除，洗濯，料理）
・身体介護（朝晩の着替え，排泄介助，入浴介助，食事介助）
・ターミナルを含めた訪問診療・看護・リハビリテーション

出典）地域包括ケア研究会地域包括ケア研究会報告書（平成 21 年度老人保健健康増進等事業による
　　　研究報告書）（2010）.

れた地域での生活を継続すること」と記しており，「生活上の安全・安心・健康を確保するため
の多様なサービス」として表 1-40 を挙げている.
　介護保険の導入以降，これらのサービスは介護保険サービスを中心に医療や福祉といった
フォーマルなサービスによって提供されてきたが，近年では民間企業や NPO，ボランティアな
ど多様な事業主体の協力を得て，重層的に提供していくことが推進されている. とくに，生活
支援や家事援助等については，ボランティアを活用した地域の自助・互助の取り組みを推進し
ていくことのほか，「生活支援コーディネーター（地域支え合い推進員）」を配置することの推
奨など，市町村や小学校区，自治会等の単位で取り組んでいくことが期待されている（図
1-49）[65].
　このように，地域にはフォーマルからインフォーマルまで，さまざまな「地域資源」があり，
それらを把握し，認知症の人の容態やニーズに応じて，適切に活用していくことが重要である.
そのため，介護実践者は，自らが所属する法人や事業所だけでなく，市町村や日常生活圏域の

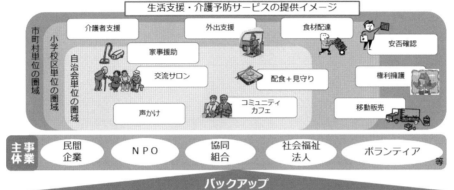

図 1-49　多様な主体による生活支援・介護予防サービスの重層的な提供

なかに，どのような地域資源があるのかを日ごろから把握しておこう．

　また，各市町村では，地域資源を認知症の容態別，提供している支援内容別に整理したものとして，「認知症ケアパス」を作成している．これは，厚生労働省が 2012（平成 24）年に発表した「認知症施策推進 5 か年計画（オレンジプラン）」を発表したときに 1 つ目の柱として記されたものであり，「不安や心配に対する相談先や，仲間と出会える場の情報の提供」とともに，「認知症とともに希望を持って暮らし続けるための支援やサービスの紹介」の際に用いられるものである[66]．

　この「認知症ケアパス」には「個々の認知症ケアパス」と「地域の認知症ケアパス」の 2 つがあり，市町村での作成が期待されているのは「地域の認知症ケアパス」である（表 1-41，図 1-50）．

　市町村で作成している認知症ケアパスの内容は，地域の社会資源の整理だけでなく，認知症に関するさまざまな情報が掲載されていることが多い．ぜひご自身の住んでいる地域，働いている地域の認知症ケアパスを確認し，地域資源の把握に努めるとともに，自分が認知症と診断されたら，どのような支援・サービスを活用して暮らしていきたいか，自分の働いている事業所は，市町村内においてどのような役割が期待されているのか，利用者や入居者の希望に沿ったケア，支援を提供するために，どのような社会資源と連携していくとよいかなどを考えてみよう（図 1-51）．

表 1-41　2 つの認知症ケアパス

個々の認知症ケアパス	個々の認知症の人が必要なサービス・支援を活用しながら，希望に沿った暮らしを送るためのケアの流れ（Care Pathway）のことで，「地域の認知症ケアパス」を活用し，年齢や家族構成，生活の状況等を踏まえ，どのようなサービス・支援を活用し，望む生活を送るかを考えていく．
地域の認知症ケアパス	地域資源を認知症の容態別，提供している支援内容別に整理した情報ツールで，個々の認知症の人や家族，支援者等が，地域にある様々な資源に関する情報を得ることができる．また，地域の認知症ケアパスを使って，認知症の人が必要としている支援・サービスに不足はないか，活用されているかを確認することも重要．

出典）国立研究開発法人国立長寿医療研究センター（2021）「認知症ケアパス作成と活用の手引き」（令和 2 年度老人保健健康増進等事業）」（https://www.ncgg.go.jp/ncgg-kenkyu/documents/Carepath_rev.pdf）．

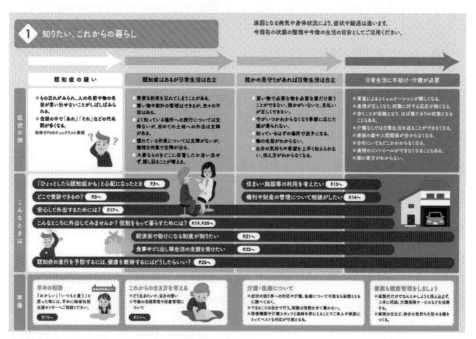

出典）愛知県豊橋市「知って安心；認知症ガイドブック」（https://www.city.toyohashi.lg.jp/46046.htm）.

図 1-50　地域の認知症ケアパスの一例（愛知県豊橋市）

4）認知症の人の地域生活とリスク

　日本神経学会が発表したガイドラインでは，認知症は「一度正常に達した認知機能が後天的な脳の障害によって持続的に低下し，日常生活や社会生活に支障をきたすようになった状態を言い，それが意識障害のないときにみられる」と定義されている[67]．

　図 1-52 は，「認知症」による日常生活におけるリスクとしてよく挙げられる項目である．たとえば，認知機能の低下により自動車運転がむずかしくなる，火の不始末によって火事になる，

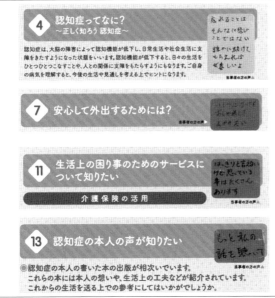

【愛知県豊橋市】
認知症ケアパスのなかで，認知症の当事者（グループホーム入居者）の直筆メッセージを掲載している．
作成には多職種で検討していることに加え，内容も，「これからの暮らし」の紹介に始まり，左にあるような項目のほか，受診先や相談窓口，役割をもって暮らすことの重要性，経済面での支援，進行予防や健康維持など，これからの生活を考えるうえでの重要な情報がわかりやすくまとめられている．

2018年（平成30年）支援編
相談機関や医療機関のかかり方，認知症の人への接し方について

2019年（令和元年）本人編
認知症になっても安心して生活できるヒントや地域づくりの必要性ついて紹介

【山口県萩市】
認知症ガイドブック（認知症ケアパス）を広く市民に周知するため，毎年9月の「認知症予防月間」に合わせ，概要版のパンフレット（A4判4ページ）を作成し，全世帯に配布．認知症に関するさまざまな情報提供のほか，本人発信のツールとしても活用している．

2020年（令和2年）家族支援編
介護家族のストレスケアや，介護に関するアドバイス，「家族の声」の紹介

2021年（令和3年）若年性認知症編
若年性認知症や支援制度，福祉サービス等の情報を掲載．若年性認知症の当事者が語った思いや希望を紹介

図1-51 地域の認知症ケアパスの参考例

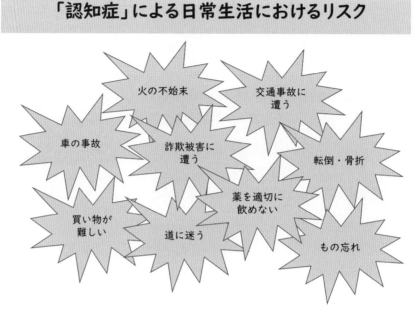

図 1-52　「認知症」による日常生活におけるリスク

処方箋薬を飲み忘れてしまう，外出した際に道に迷う，通帳や鍵，大事な文書等をなくしたり，しまった場所を忘れてしまったりするなどである．

　しかし，改めてこの図を見返すと，これらの項目はだれもが抱える日常生活上のリスクであることに気がつく．車の事故や火事のニュースは日々目にするし，初めての場所や久しぶりの場所で道に迷ってしまったり，症状が治まると病院で処方された薬を飲み忘れてしまったりすることもある．そのほか，鍵を置いた場所を忘れてしまったり，期日までに書類を提出することを忘れてしまったりするなど，人の生活にはなにかしらのリスクがある．つまり，「認知症」によって日常生活に新たなリスクが生じるのではなく，だれもがもっているリスクがより表面化してくるということである．

　リスクが上がることへの対応は重要であるが，やり方によってはその人の自由や希望を奪いかねない．たとえば，外出時に道に迷うと事故に遭ったり行方不明になったりするリスクがある．これらのリスクを防ぐことは大切であるが，外出時のリスクを防ぐことに重点をおきすぎると，認知症の人の「外出したい」という希望を奪ってしまったり，部屋や家に閉じ込めてしまったりするといった，別のリスクを生み出してしまう．また，外出の希望がかなえられないことにより，本人がイライラしたり，落ち込んだり，介護者にあたってしまうなど，本人や家族の QOL が落ちたり疲弊してしまったりすることも考えられる．

　認知症の人に限らず，地域生活におけるリスクと「安全」は隣り合わせであり，対応に「正解」はない．それゆえ，さまざまな葛藤が生じるが，だからこそ認知症ケアに携わる専門職は，本人の意思を尊重しながらリスクを少しでも軽減・回避できる方法を探っていくことが重要で

ある.

5）介護実践者の地域での役割

　認知症ケアに携わる介護実践者は，認知症の人を支援する専門職である．そして，認知症の人は1人ひとり，生活歴や家族構成，既往歴や住まいなどが異なり，必要としている支援も異なる．そのため，それぞれの人の状況を踏まえ，専門性を生かした支援を行っていくことが重要である.

　その際に留意したい点として，個々の認知症の人の「生活範囲」を意識し，その人のなじみの暮らしのなかでの支援や地域の人たちとの関係性の継続を支援していくことである．これにより，認知症の人にとっては「住み慣れた地域」での暮らしを継続していくことができるとともに，地域の人にとっては「認知症」の理解を深めていくきっかけにもなる.

　さらに，たとえば認知症の人への支援方法や対応などを，認知症サポーター養成講座やチームオレンジの活動などを通じて伝えていくなど，専門職としての知識や経験を生かした協力を行っていくことも重要である.

2．インフォーマルな地域資源の活用

1）地域住民の認知症への理解

　人の生活はさまざまな人とのかかわりによって成り立っている．たとえば，買い物に行けばお店やスーパーの人とのかかわりがあり，郵便局や銀行に行けば窓口の人たちとのやり取りがある．しかし，認知症を発症すると，その疾患ゆえに思ったように言葉が出てこなかったり，やり取りに時間がかかったり，たとえば印鑑や通帳，お金等を持ってくるのを忘れてしまったりするなどして，うまくコミュニケーションをとったり用事をすませたりすることがむずかしいことがある.

　表1-42は，認知症の当事者が最近の困りごととしてまとめたものである[68]．これらの「困りごと」の多くは，フォーマルなサービスよりもむしろ家族などのほか，近隣の人や銀行やスーパーといった日常生活でかかわるさまざまな事業所や機関等における支援または「配慮」によって解決できることが多い．具体的には，「昨日もらった書類を覚えていない」であれば，書類を渡した機関や事業所等が次の日に電話をかけて確認したり，手続き等に必要な書類であれば一度の来店ですべて終えることができるよう，まず電話で持ち物を伝え，その足ですぐに来店をお願いしたりするといった方法が考えられる．また，「文字が書けない」であれば代筆をする，「言葉がすぐに出てこない」場合には周囲の人が「待つ」等，支援や配慮があることで，認知症の人の地域での生活を支えることができる.

　そのためには，日常生活にかかわるさまざまな事業所や機関で働いている人や近隣住民の認知症に対する正しい理解を深めていく必要があり，認知症サポーター養成講座や認知症に関する講演会の開催などを継続的に行っていくことが重要である.

　また，最近では認知症の人がまちづくりに積極的にかかわったり，講演会等でご自身の体験を話したりするなど，認知症の人の希望や願いを聴くことのできる機会が増えてきた．これら

表 1-42　認知症当事者の最近の困りごと

・食事の時間帯が分からない
・携帯電話の日づけを見ないと今日が何日か分からない
・昨日もらった書類を覚えていない
・明日の予定も分からない
・出かけると部屋の鍵をどこに置いたか分からない
・銀行通帳をなくした
・障害者手帳をなくした
・お金の管理ができない
・言葉がすぐに出て来ない
・よく行く店（飲食店）に行くのを迷う
・食事の準備ができない
・誤字脱字が多い
・文字が書けない

出典）佐藤雅彦：認知症になった私が伝えたいこと．大月出版，東京（2014）．

の機会が増えていくことで，地域住民や事業所・機関の職員たちが認知症への理解を深めていくことが期待される．

2）家族会の役割とその効果

　家族介護者は，介護方法や今後についてなど，さまざまな悩みや不安を抱えている．とくに，認知症は脳の疾患であり，外見的な変化はそれほど大きくないが，それまでの「その人」とは変わっていく様子に戸惑いを感じることが多い．また，認知症の症状は家族等，信頼している介護者に対してより強く出やすく，介護者が社会的孤立を経験しやすいと報告されている[69]など，家族だからこその悩みが生じる．

　そういった家族介護者の悩みや不安を話し合ったり，介護経験を語り合ったりする場として「家族会」がある．家族会は行政や地域包括支援センター，認知症疾患医療センターなどのほか，NPO法人や介護保険サービス事業所等，さまざまな実施主体が開催しており，疾患別の家族会や若年性認知症の人の家族会，男性介護者の会など，対象に焦点を当てている家族会もある．

　また，家族会の活動として，家族同士のピアカウンセリングや情報交換，専門職による相談会のほか，認知症カフェや講演会を開催する等，地域に向けた発信をしているところもある．

　全国に支部をもつ認知症の人と家族の会では，介護に対する悩みへの対応について，インターネットで配信を行っており[70]，「介護保険の認定を受けたが，ケアマネジャーをどのように探せばよいか」「遠方の母を引き取ったほうがいいか」「がんばらない介護とはどういうことか」「男性が女性を介護するときに注意すること」「ものを盗んだと言われてつらい」「入浴してくれない場合の対応」など，多岐にわたる相談に対し情報発信を行っている．

　さらに，人は予想もつかないことに対して強いストレスを感じるが，あらかじめ予測がついていることに対してはあらかじめ備えることができる．認知症は進行していく疾患であることから，現在だけでなくこのさきの生活をも考えながら介護をしていくことが重要であり，家族

会に参加をすることで，他の家族のさまざまな経験等を聴くことができ，それによってこれからのことを予測しながら介護をしていくことが可能になると考えられる．

また，家族会は実施主体により開催日時や場所なども異なることに加え，近年ではウェブ会議システム等を使った家族会の開催なども行われている．ぜひ情報収集やこれからの生活における「備え」のために，家族介護者に家族会の紹介を行っていきたい．

3）インフォーマルな地域資源の活用の具体的方法

地域資源の活用のためには，地域にどのような資源があるかを把握することが第一歩である．前述した「認知症ケアパス」にインフォーマルな地域資源が紹介されている市町村もあるが，もし掲載されていない場合には地域包括支援センターや市町村等に問い合わせ，どのような支援や取り組みがあるかを確認しよう．

また，近年高齢者の社会参加や交流，趣味活動などを目的とした「通いの場」が推進されており，インターネット上で各地の取り組みが確認できる特設サイトも用意されている[71]．さらに，郵便や新聞，宅配便の配達員が見守りを行ったり，電気やガスの検針員が安否確認を行っていたり，ボランティア団体などもあるほか，民生・児童委員や近隣住民等による協力も期待できる．こういった地域にあるこういった支援や取り組みを活用し，認知症の人のそれまでの生活の継続を支援していきたい．

＜インフォーマルな地域資源活用の具体例＞

A氏【80歳代前半，男性，ひとり暮らし，要介護1，アルツハイマー型認知症】

　配偶者の死去後，ひとり暮らしを続けてきたが，コンロの火の不始末によるボヤ騒ぎが2回ほどあった．A氏は自宅でのひとり暮らしを望んでいるが，近隣住民たちは火事になるのではないかと不安を感じていた．

　そこで，ケアマネジャーが中心となり，民生委員や近隣住民，昔からの友人たち，A氏が利用している訪問介護事業所職員，通所介護事業所職員，A氏が以前参加していた老人クラブのメンバー等が集まり，どのようにA氏の生活を支えていくかを相談した．

　ケアマネジャーが関係者に聞き取りをしたところ，それぞれがA氏のことを気にかけ，折をみて顔を見に行っていることがわかった．また，近隣住民も火事の心配さえなければ，A氏の自宅での生活を見守っていきたいとのことであった．

　→A氏がコンロを使うのはお茶を飲むときだったため，ポットの利用を勧めるとともに，火災，ガス漏れ，一酸化炭素の検知機能付き警報機を設置してもらった．また，毎日を午前，午後に分け，月曜日の午前・午後は通所介護，火曜日の午前は民生委員，午後は友人A，水曜日の午前は訪問介護，午後は老人クラブの関係者がクラブに誘うなど，見守り担当を決めた．また，朝であれば「雨戸を開けたか」，夜であれば「電気が点いたか」等を近隣住民が見守り，もし雨戸が開かない，電気が点かない，最近姿をみないといったことがあれば，ケアマネジャーに連絡を入れることとした．

　これにより，A氏はその後も自宅での暮らしを継続し，ADLが低下して施設に入所した後も，A氏のもとには民生委員や友人，近隣住民がこれまで同様，代わる代わる顔をみに訪問をしている．

具体例のように，本人を気にかけ，見守っている人たちに協力を仰ぐことで，本人の希望や願いがかなうだけでなく，見守りを行ってきた人たちの負担も軽減すると考えられる．

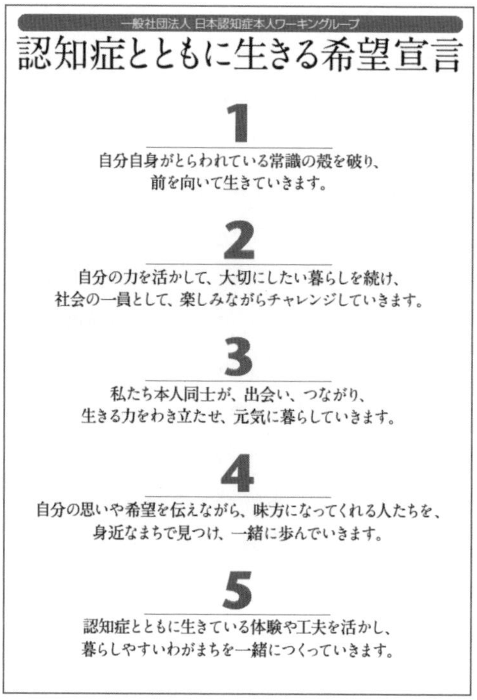

一般社団法人 日本認知症本人ワーキンググループ

認知症とともに生きる希望宣言

1

自分自身がとらわれている常識の殻を破り、
前を向いて生きていきます。

2

自分の力を活かして、大切にしたい暮らしを続け、
社会の一員として、楽しみながらチャレンジしていきます。

3

私たち本人同士が、出会い、つながり、
生きる力をわき立たせ、元気に暮らしていきます。

4

自分の思いや希望を伝えながら、味方になってくれる人たちを、
身近なまちで見つけ、一緒に歩んでいきます。

5

認知症とともに生きている体験や工夫を活かし、
暮らしやすいわがまちを一緒につくっていきます。

出典）日本認知症本人ワーキンググループ「認知症とともに生きる希望宣言」（http://www.jdwg.org/statement/）.

図 1-53　認知症とともに生きる希望宣言

3．フォーマルな地域資源の活用

1）認知症施策の理解と連携

厚生労働省は超高齢社会を踏まえ，さまざまな高齢者施策を打ち出している．認知症施策もそのひとつであり，2012（平成 24）年に発表した「認知症施策推進 5 か年計画（オレンジプラン）」，2015（平成 27）年に発表した「認知症施策推進総合戦略（新オレンジプラン）」，2019（令和元）年に発表した「認知症施策推進大綱」などを通じてその方向性を示している．

認知症施策の具体的実施については市区町村にゆだねているが，それは地域によって人口規模や高齢化率，介護保険サービスや医療サービス等の整備状況，認知症介護実践者研修をはじめとする認知症に特化した研修を修了した専門職の数など，地域によって異なるためである．さらに，全国にある 1,700 か所以上の市町村は 1 つとして同じところはなく，地域の認知症施策は，そうした「地域の実情」を踏まえて進めていく必要がある．

また，認知症施策推進総合戦略（新オレンジプラン）以降，国は「認知症の人と家族の視点」を重視して施策を推進している．2020（令和 2）年には認知症の人本人の発信の機会が増えるよう，「認知症本人大使『希望大使』」を任命[72]し，認知症の普及啓発活動への参加・協力や国際的な会合への参加，「認知症とともに生きる希望宣言」（図 1-53）[73]の紹介等に取り組んでもら

う予定となっている．さらに，都道府県ごとに「地域版希望大使」を任命し，認知症サポーター養成講座の講師であるキャラバン・メイトへの協力や，都道府県が行う認知症の普及啓発活動への参加・協力をお願いしている．

　認知症施策を進めるにあたって，連携のあり方とはどのようなものであろうか．まず，認知症は「だれもがなりうるものであり，家族や身近な人が認知症になることなどを含め，多くの人にとって身近なものとなっている」という，認知症施策推進大綱の「基本的考え方」[62]にあるように，すべての人が「自分ごと」として認知症を考えていくことが重要である．また，これまではいわゆる「介護・福祉・医療」や「行政」「社会福祉法人」「医療法人」等，専門職や公的機関，専門機関が中心となって認知症の人を支援してきたが，これからは「本人」を中心に，本人の暮らしにかかわっている人や業種の人たちの協力を得ながら支援体制を構築していくことが重要であろう．そのためには，以下の「連携推進のポイント」を踏まえながら進めていきたい．

　①だれもがわかりやすい言葉，表現を使う（専門用語はかみくだく）

　②それぞれの専門性や得意を生かす

　③認知症に関するさまざまな情報を，認知症ケアパス等を活用しながら共有する（注：個人情報は除く）

２）介護保険以外の公的サービスの活用

　「公的サービス」とは，税金や保険料によって賄われているサービスであり，医療サービスはだれもが利用したことのある身近な公的サービスのひとつである．そのほか，所得に限りがある人には公的扶助サービス，障がいのある人には障害福祉サービスなどがある．

　そのほか，「医療系支援」「経済系支援」「福祉系支援」のさまざまな社会制度がある（表1-43）[74]．それぞれ対象や基準等が異なることから，申請窓口に問い合わせたい．

　また，これらの社会保障制度のほか，市区町村によっては生活支援の一部を公的サービスとして実施しているところもある（例：配食サービス，有償ボランティア制度，福祉タクシー等）．そのため，地域にどのような公的サービスがあり，どういった人が対象であるか等を把握し，本人や家族のニーズに合わせて紹介していきたい．

　なお，こういった社会制度や公的サービスがあっても，それを拒否するケースもある．とくに，高齢者本人からの支援拒否についてはセルフ・ネグレクトが疑われるケースも含まれる．こういったケースについては，地域包括支援センターや民生委員等と密に連携をして見守りを行っていくとともに，インフォーマルな地域資源と連携を市，さりげない見守りの目を増やすほか，認知症初期集中支援チームなど，専門チームに支援を依頼するなどしていこう．

４．地域資源としての施設・事業所

　介護施設や事業所は，地域とのかかわりをもちながらさまざまな取り組みをしている．とくに近年では，認知症の人の社会貢献を後押しする通所介護等が増えている．

　通所介護は通常，屋内でサービスが提供されることが多いが，神奈川県鎌倉市にある株式会

表 1-43　主な社会制度

	制度	概要	対象者	申請窓口
医療系支援	医療保険	医療が必要な状態になった時，公的機関などが医療費の一部を負担する制度	医療保険加入者（原則全員）	保険者（市町村・協会けんぽ・組合健保・共済組合等）
	自立支援医療（精神）	精神障害の通院医療に係る医療費を助成する制度	通院による治療を継続的に必要とする程度の状態の精神障害を有する者	市区町村
	障害者等を対象にした医療費の助成制度（福祉医療等）	障害者等の受給資格対象者の医療費を助成する制度	（例）身体障害者手帳 3 級以上，療育手帳 A 精神障害者保健福祉手帳 1・2 級など自治体により異なる	市区町村
就労系支援	傷病手当金	病気や怪我のために会社を休み，事業主から十分な報酬が受けられない場合に支給される手当	被保険者本人で連続 4 日以上の休みがある場合	職場・保険者
	障害年金	病気や怪我により一定の障害が残った場合，生活や労働の不都合の度合いに応じて支給される年金	日常生活（就労）が困難な者	年金事務所・市区町村
	失業給付（基本手当）	労働者が失業に陥った時に，再就職までの生活を安定させ，就職活動を円滑に行えるよう支援する制度	適用事業所に雇用される者（例外あり）	ハローワーク（職業安定所）
	福利厚生制度（法定外）	慶弔見舞金規程等，従業員の負傷・疾病・障害等に対する給付金を支給する任意制度	従業員	職場・民間保険会社
福祉系支援	障害者手帳（精神障害者保健福祉手帳）	認知症などの精神疾患があり，日常生活に支障をきたす場合に申請する制度	長期にわたり日常生活または社会生活への制約がある者	市区町村
	障害者手帳（身体障害者手帳）	「視覚障害」「肢体不自由」などの身体の障害があり，生活に支障をきたす場合に申請する制度	身体に障害があり，生活に支障がある者	市区町村
	障害者総合支援法	障害者の日常生活や就労を支援する制度福祉サービス（介護給付・訓練等給付等）他	身体障害者・知的障害者精神障害者・障害児・難病患者	市区町村
福祉系支援	介護保険	介護や支援が必要となったときに介護サービスを提供し，本人とその家族を支援する制度	65 歳以上及び 40 歳以上 65 歳未満の特定疾病により介護が必要な者	市区町村
	成年後見制度	判断能力の不十分な者を保護するため行為能力を制限すると共に法律行為を行う，又は助ける者を選任する制度	判断能力が不十分な者	家庭裁判所
	各種手当	（例）心身障害者扶助料，在宅重度障害者手当，特別障害者手当	それぞれの条件に応じて	市区町村・都道府県

出典）山口喜樹（2020）「認知症初期集中支援チーム員に必要な若年性認知症の知識；認知症初期集中支援チーム員研修資料（国立長寿医療研究センター）」（https://www.ncgg.go.jp/hospital/kenshu/kenshu/documents/2021046.pdf）.

社さくらコミュニティーケアサービス[75]は「人と地域が支える介護の実践」を理念とし，「認知症の人の思いをくみ取りながら，屋外活動で機能訓練の効果を高め，アートや運動を取り入れた症状緩和ケアで認知症の BPSD 軽減を図り，地域住民との交流を通じて "認知症になっても

【神奈川県鎌倉市：さくらケアコミュニティーサービス】

屋外ワーク	屋内でのワーク
・公園の清掃，遊具拭き，草刈り ・商店街の歩道の清掃，地域の地蔵講の清掃 ・空き家や高齢者宅の草刈り	・調理補助，盛りつけ，洗い物 ・メンバーやお客様へのお茶出し ・活動日誌の記録

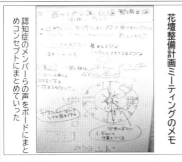

花壇整備計画ミーティングのメモ

認知症のメンバーらの声をボードにまとめコンセプトにまとめていった

下段整備を行うにあたっては，メンバー（利用者）の声を聞き，コンセプトをまとめた．	公園整備の様子．メンバー（利用者）だけでなく，地域の子どもたちも参加した．

図 1-54　さくらケアコミュニティーサービスの取り組み

愛知県豊田市【株式会社 SMIRING】

SMIRING では就労支援 B 型の「キッチン・ラボ」を通じ，デイサービスの利用者や地域の高齢者，障がい者，子どもたちを結びつけるしかけをしている．

図 1-55　株式会社 SMIRING の取り組み

安心な地域づくり”に寄与」している．具体的には，近隣の公園や商店街の清掃や，高齢者宅の草刈りなどの屋外活動のほか，従来は事業所職員が行っているお茶出しや調理配膳もメンバー（利用者）の役割としている（図 1-54）．

　また，愛知県豊田市にある株式会社 SMIRING[76]は，高齢者の生きがいや充実した日常を送れる場所を目指してデイサービスを開設したが，その後利用者家族や事業所で働く職員たちも，「生きがい」や「充実した日常」を送るには支援が必要であることに気づいた．さらに，地域の人たちの力を借りなければ住みやすい楽しい地域をつくることがむずかしいことから，ニーズに即して事業を広げ，デイサービスのほか，就労支援 B 型事業，保育事業，訪問看護事業を行っている．

　また，デイサービスでは利用者の「できることは自分でする」という気持ちを第一に，職員

は隣で見守り,「できないこと」に手を添えるだけとし,生きる意欲とその笑顔のために「黒子」としてサポートすることとしている(図1-55).

　認知症の人が地域で生きがいをもって暮らしていくことを支援していくにあたっては,さまざまな地域資源や住民等と連携していくことが重要であり,また,認知症の人を「支えられる人」とみるのではなく,「地域の支え手」として,地域のニーズや認知症の人の得意を踏まえてコーディネートしていくことが重要である.

【演習1】
　施設や事業所のある「地域(ここでは日常生活圏域を想定)」にある地域資源には,どのようなものがあるだろうか.認知症の人の日常生活を支えていく上で,充足しているもの,不足しているものなどを,認知症ケアパスを参照しながら考えてみよう.

【演習2】
　自分が認知症になったとき,どこで暮らしたいか.今住んでいる地域か,それとも別のところか,考えてみよう.また選択した地域を選んだ理由について考えてみよう.

【演習3】
　利用者や入居者の強みを生かし,地域に対してどのような貢献ができるだろうか.考えてみよう.

【注】
(1)　ピア・サポートは,いわゆる専門家の治療が効果を上げにくい分野で患者の行動を変える(飲酒や薬物をやめる)効果がみられたことにより注目されてきた.これらのグループは,リーダーや専門家中心ではなく参加者中心の運営がされること,仲間に頼ることが許される一方で,参加者1人ひとりが行動し働くことも求められる,グループに属することでメンバーは自分自身のもつ力に気づき,自分の生活を自分でコントロールできる方向へ向かうという特徴がある.

【文　献】
1)　加藤伸司:認知症になるとなぜ「不可解な行動」をとるのか;深層心理を読み解きケアの方法をさぐる.河出書房新社,東京(2005).
2)　本間　昭:加齢・老化による福祉・介護ニーズ.(社会福祉法人全国社会福祉協議会社会福祉学双書編集委員会編)社会福祉学習双書2015;老人福祉論,16-21,社会福祉法人全国社会福祉協議会,東京(2015).
3)　Foster JR, Sclan S, Welkowitz J et al.:Psychiatric assessment in medical long term facilities:Reliability of commonly used rating scales. *International Journal of Geriatric Psychiatry*, 3:229-233(1988).
4)　Reisberg B, Ferris SH, Steinberg G, et al.:Longitudinal study of dementia patients and aged controls. (Lawton MP, Herzog AR, eds.) Special Research Methods for Gerontology, Amityville, NY:Baywood (1989).
5)　赤林　朗編:入門・医療倫理Ⅰ.勁草書房,東京(2005).
6)　厚生労働省(2018)「認知症の人の日常生活・社会生活における意思決定支援ガイドライン」(https://www.mhlw.go.jp/file/06-Seisakujouhou-12300000-Roukenkyoku/0000212396.pdf).
7)　諏訪さゆり,朝田　隆監修:気づき力を育てる認知症の生活障害のかかわりかた.日総研出版,愛知(2014).
8)　舟越正博:ケアのしつらい・場のしつらい(チームケアと環境整備を考える).(長嶋紀一編)基礎から学ぶ介護シリーズ;認知症介護の基本,63-77,中央法規出版,東京(2007).
9)　厚生労働省・中央労働災害防止協会:社会福祉施設における安全衛生対策マニュアル.119,中央労

働災害防止協会，東京（2009）.

10）日本認知症ケア学会編：認知症ケアの基礎知識．第1版，69-70，ワールドプランニング，東京（2013）.

11）Kitwood T（高橋誠一訳）：認知症のパーソンセンタードケア；新しいケアの文化へ．第1版，207-208，筒井書房，東京（2005）.

12）三村　將，飯干紀代子編著：認知症のコミュニケーション障害；その評価と支援．第1版，12，医歯薬出版，東京（2013）.

13）厚生労働省（2015「『日本人の食事摂取基準』（2015年版）」（http://www.mhlw.go.jp/bunya/kenkou/syokuji_kijyun.html）.

14）山根　寛：認知症とアクティビティ．（認知症コミュニケーション協議会編）認知症ライフパートナー検定試験基礎検定テキスト，92-100，中央法規出版，東京（2009）.

15）障害者福祉研究会編：ICF国際生活機能分類；国際障害分類改訂版．中央法規出版，東京（2002）.

16）Practice guideline for the treatment of patients with Alzheimer's disease and Other dementias of late life. American Psychiatric Association. *The American Journal of Psychiatry*, **154**（5 Suppl）：1-39（1977）.

17）竹田徳則：認知症のリハビリテーション．日本認知症ケア学会誌，**13**（4）：677-683（2015）.

18）竹田徳則：認知症の作業療法．（日本認知症ケア学会編）認知症ケア標準テキスト改訂4版・認知症ケアの実際Ⅱ；各論，204-223，ワールドプランニング，東京（2013）.

19）杉原武穂：園芸療法．（深津　亮，斎藤正彦編）．くすりに頼らない認知症治療Ⅱ；非薬物療法のすべて，62-73，ワールドプランニング，東京（2009）.

20）山根　寛：ひとと音・音楽-療法としての音楽を使う．2-12，青海社，東京（2007）.

21）若松直樹，三村　將：現実見当識訓練／リアリティ・オリエンテーショントレーニング．老年精神医学雑誌，**19**（1）：79-87（2008）.

22）野村豊子：非薬物療法の実際．（日本認知症ケア学会編）認知症ケア標準テキスト改訂・認知症ケアの実際Ⅱ；各論，235-239，ワールドプランニング，東京（2007）.

23）中原淑恵，浦上克哉：アロマセラピーの現状と課題．認知症の最新医療，**12**（4）：191-196，（2012）.

24）横山章光：アニマル・セラピー．（深津　亮，斎藤正彦編）．くすりに頼らない認知症治療Ⅱ；非薬物療法のすべて．15-26，ワールドプランニング，東京（2009）.

25）新山正美：動物介在療法（アニマル・セラピー）．新・痴呆性高齢者の理解とケア，255-259，メディカルレビュー社，東京（2004）.

26）野口　代：認知症の行動・心理症状（BPSD）に対する応用行動分析に基づくアプローチの有効性．高齢者のケアと行動科学，**22**：2-16（2017）.

27）竹田徳則：認知症の人の評価に向けて．（小川敬之，竹田徳則編）認知症の作業療法，第2版，74-81，医歯薬出版，東京（2016）.

28）八森　淳：Neuropsychiatric Inventory（NPI）．認知症学（上），439-442，日本臨牀社，大阪（2011）.

29）本間　昭，新名理恵，石井徹郎，ほか：コーエン・マンスフィールドagitation評価票（Cohen-Mansfield Agitation Inventory；CMAI）日本語版の妥当性の検討．老年精神医学雑誌，**13**（7）：831-835（2002）.

30）溝口　環，飯島　節，江藤文夫，ほか：DBDスケール（Dementia Behavior Disturbance Scale）による老年期痴呆患者の行動異常評価に関する研究．日本老年医学会雑誌，**30**（10）：835-840（1993）.

31）小林敏子，播口之朗，西村　健，ほか：行動観察による痴呆患者の精神状態評価尺度（NMスケール）および日常生活動作能力評価尺度（N-ADL）の作成．臨床精神医学，**17**：1653-1668（1988）.

32）寺田整司：痴呆性高齢者のQOL調査票作成とそれによる試行．臨床精神医学，**30**：1105-1120（2001）.

33）森岡清美，望月　嵩：新しい家族社会学；三訂版．2版，培風館，東京（1997）.

34）森岡清美，塩原　勉，本間康平編著：新社会学辞典．有斐閣，東京（1993）.

35）津止正敏，斎藤真緒：男性介護者白書；家族介護者支援への提言．初版，かもがわ出版，京都（2007）.

36）矢吹知之編著：認知症の人の家族支援；介護者支援に携わる人へ．初版，ワールドプランニング，東京（2015）.

37）矢吹知之：認知症介護における家族支援の必要性と課題．認知症ケア事例ジャーナル，**4**（3）：247-256（2011）.

38) 齊藤恵美子，國崎ちはる，金川克子：家族介護者の介護に対する肯定的側面と継続意向に関する検討．日本公衆衛生雑誌，**48**（3）180-188（2001）．

39) 加藤伸司，矢吹知之：改訂施設スタッフと家族のための認知症の理解と家族支援方法．初版，ワールドプランニング，東京（2012）．

40) 大田仁史，南雲直二：障害受容；意味論からの問い．初版，59-62，荘道社，東京（1998）．

41) E・キューブラ・ロス（川口正吉訳）：死ぬ瞬間；死にゆく人々との対話．読売新聞社，東京（1971）．

42) Cohn N：Understanding the process of adjustment to disability. *Journal of Rehabilitation*, **27**：17-20（1961）．

43) アラン・ガートナー，フランク・リースマン（久保紘章監訳）：セルフ・ヘルプ・グループの理論と実際；人間としての自立と連帯へのアプローチ．初版，川島書店，東京（1985）．

44) 上田　敏：リハビリテーションを考える；障害者の全人間的復権．第 2 版，21-78，青木書店，東京（1983）．

45) 矢吹知之：介護保険サービス施設・事業所におけるケアラーの支援．老年精神医学雑誌，**25**（9）：1017-1024（2014）．

46) 谷川ひとみ，池田恵利子：ケアマネジャーのための権利擁護実践ガイド．1-15，中央法規出版，東京（2006）．

47) 法務省（2015）「成年後見制度；成年後見登記制度」（http://www.moj.go.jp/MINJI/minji17.html）．

48) 厚生労働省老健局：市町村・都道府県における高齢者虐待への対応と養護者支援について（平成 30 年 3 月改訂版）．96-97，厚生労働省，東京（2018）．

49) 厚生労働省「身体拘束ゼロ作戦推進会議」：身体拘束ゼロへの手引き；高齢者ケアに関わるすべての人に．福祉自治体ユニット，東京（2001）．

50) 厚生労働省老健局高齢者支援課：令和 2 年度高齢者虐待の防止，高齢者の養護者に対する支援等に関する法律に基づく対応状況等に関する調査結果．厚生労働省，東京（2021）．

51) 認知症介護研究・研修仙台センター：高齢者虐待の要因分析及び対応実務課題の解決・共有に関する調査研究事業報告書．認知症介護研究・研修仙台センター，宮城（2016）．

52) 全国抑制廃止研究会：介護保険関連施設の身体拘束廃止に向けた基礎的調査報告書．特定非営利活動法人全国抑制廃止研究会，東京（2010）．

53) 加藤伸司，矢吹知之：家族が高齢者虐待をしてしまうとき．5，ワールドプランニング，東京（2012）．

54) 津村智惠子：セルフ・ネグレクト防止活動に求める法的根拠と制度的支援．高齢者虐待防止研究，**5**（1）：61-65（2009）．

55) ニッセイ基礎研究所：セルフ・ネグレクトと孤立死に関する実態把握と地域支援のあり方に関する調査研究報告書．ニッセイ基礎研究所，東京（2011）．

56) 厚生労働省老健局：市町村・都道府県における高齢者虐待への対応と養擁護者支援について（平成 30 年 3 月改訂版）．3-4，厚生労働省，東京（2018）．

57) 吉川悠貴：認知症の人と身体拘束・虐待．（日本認知症ケア学会編）改訂 3 版認知症ケアの実際Ⅰ；総論，164-167，ワールドプランニング，東京（2013）．

58) マーティン・セリグマン（小林裕子訳）：世界でひとつだけの幸せ；ポジティブ心理学が教えてくれる満ち足りた人生．6-9，アスペクト，東京（2004）．

59) 吉川悠貴：認知症ケアにおけるリスクマネジメント．（本間　昭編）介護福祉士養成テキストブック⑪認知症の理解，第 2 版，208-216，ミネルヴァ書房，京都（2013）．

60) 厚生労働省認知症施策検討プロジェクトチーム（2012）「今後の認知症施策の方向性について」（https://www.mhlw.go.jp/file/06-Seisakujouhou-12300000-Roukenkyoku/0000079273.pdf）．

61) 厚生労働省（2015）「「認知症施策推進総合戦略；認知症高齢者等にやさしい地域づくりに向けて（新オレンジプラン）」について」（https://www.mhlw.go.jp/stf/houdou/0000072246.html）．

62) 認知症施策推進関係閣僚会議（2019）「認知症施策推進大綱」（https://www.mhlw.go.jp/stf/seisakunitsuite/bunya/0000076236_00002.html）．

63) 厚生労働省「地域包括ケアシステム」（https://www.mhlw.go.jp/stf/seisakunitsuite/bunya/hukushi_kaigo/kaigo_koureisha/chiiki-houkatsu/）．

64) 三菱 UFJ リサーチ＆コンサルティング（2019）「＜地域包括ケア研究会＞2040 年：多元的社会における地域包括ケアシステム（地域包括ケアシステムの深化・推進に向けた制度やサービスについての調査研究），平成 30 年度厚生労働省老人保健健康増進等事業」（https://www.murc.jp/sp/1509/houkatsu/houkatsu_01/houkatsu_01_1_2.pdf）．

65) 厚生労働省「介護予防・日常生活支援総合事業の基本的な考え方」（https://www.mhlw.go.jp/stf/seisakunitsuite/bunya/0000192992.html）．

66) 国立研究開発法人国立長寿医療研究センター（2021）「認知症ケアパス作成と活用の手引き」（令和 2 年度老人保健健康増進等事業）」（https://www.ncgg.go.jp/ncgg-kenkyu/documents/Carepath_rev.pdf）．

67) 日本神経学会監，「認知症疾患治療ガイドライン」作成合同委員会編：認知症疾患治療ガイドライン 2010．医学書院，東京，（2010）．

68) 佐藤雅彦：認知症になった私が伝えたいこと．大槻出版，東京（2014）．

69) 杉山孝博：ぼけの法則．リヨン社，東京（2002）．

70) 公益社団法人認知症の人と家族の会「認知症の介護（つどいは知恵の宝庫）」（https://www.alzheimer.or.jp/?page_id=190）．

71) 厚生労働省「地域がいきいき　集まろう　通いの場」（https://kayoinoba.mhlw.go.jp/index.html）．

72) 厚生労働省「認知症本人大使『希望大使』」（https://www.mhlw.go.jp/stf/seisakunitsuite/bunya/hukushi_kaigo/kaigo_koureisha/ninchi/kibou.html）．

73) 日本認知症本人ワーキンググループ「認知症とともに生きる希望宣言」（http://www.jdwg.org/statement/）．

74) 山口喜樹（2020）「認知症初期集中支援チーム員に必要な若年性認知症の知識：認知症初期集中支援チーム員研修資料（国立長寿医療研究センター）」（https://www.ncgg.go.jp/hospital/kenshu/kenshu/documents/2021046.pdf）．

75) さくらコミュニティーケアサービス（https://sakura-kamakura.com/）．

76) 株式会社 SMIRING（https://smiring.info/#top）．

第2章

認知症の人への具体的
支援のためのアセスメントと
ケアの実践

Ⅰ．学習成果の実践展開と共有

┌─ 学習の Point ─

認知症の人の言葉を共有し，その真の意味をとらえる機会をつくる取り組みを続けていくことが
重要である．日常生活動作（ADL）や手段的日常生活動作（IADL）をはじめとする日常生活行為
の自律と自立の支援や，行動・心理症状（BPSD）の予防や緩和を目指した支援では，自立，見守
り，一部介助，全介助という評価や行動・心理症状（BPSD）の有無の把握にとどまるのではなく，
認知症の人のさまざまな場面の比較を通してとらえた認知症の人とケアスタッフ，環境とのかかわ
りの変化や差異から，認知症の人にとっての事実や真のニーズをとらえ，より適切な支援を目指
す．

キーワード：真のニーズ，場面，変化，差異，事実，実践知

1．職場においての取り組み

1）認知症の人本人の声を聴く（自施設・事業所における実践）

　認知症介護の実践のなかで，日々，多くの認知症の人本人の声（言葉）を聴いている．しか
し，その言葉が認知症の人本人のニーズを率直に伝えてくれたものかというと，そうではない
とケアスタッフが感じる場合が多くある．では，どうしたらよいであろうか．

　これについて考えていくために，まず，アルツハイマー型認知症を有する独居の高齢女性B
氏がつづった日記の内容について紹介する．B氏は教員をしていたが，結婚を機に退職した．
夫に仕え，ひかえめであったが，気丈で意思が強い人であった．自分に厳しく，向上心を忘れ
ないという人でもあった．

　夫と死別した1年後に，認知症疾患医療センターでアルツハイマー型認知症と診断された．
長男夫婦が同じ敷地内の別棟で生活しているが，B氏のキーパーソンは，同じ県内の異なる市
に暮らす次男である．訪問介護を利用しながら自宅で独居生活を送っている．被害妄想がある
が，在宅ケアスタッフであるケアマネジャーやホームヘルパーに，いつも「ありがとう」と感
謝の言葉を伝える人である．

　B氏はアルツハイマー型認知症の診断後に，ケアマネジャーから勧められて日記をつづるよ
うになった．ケアマネジャーは，B氏が教員の経験があり読書が趣味であることから書くこと
も好きかもしれないと考えたそうである．そして，B氏が「なにもすることがない」と言って
いたことから，ケアマネジャーは日記を書くことを勧めた．

　B氏が99〜102歳（診断後およそ5〜8年）のときに学習ノート12冊につづられた日記から，
「自分の認知症や老いについて」「家族について」「在宅ケアスタッフについて」記載されていた
主な文章を抜粋して示したものが表2-1である．

　そこには，B氏は認知機能障害が重くなっていくなかで，必死に自分を律しようとしていた
こと，99歳のころはホームヘルパーCさんだけを信頼し，他のホームヘルパーの働きぶりは
「ありがとう」とお礼を伝えていたが，実は認めていなかったこと，101歳のころにはCさん以
外のホームヘルパーについても親しい人かもしれないと感じ始め，102歳のころには家族や

表2-1　アルツハイマー型認知症を有する独居の高齢女性 B 氏が日記につづった内容（一部抜粋）

年齢	自分の認知症や老いについて	家族について	在宅ケアスタッフについて
99	・今日の昼のことはもう忘れている ・朝か晩かわからなくなっている	・自分のおろかさを人に見せない ・軽視される	・朝私を援助する係の女子が朝早くから来る．私としては頼んでないので迷惑だが仕方ない．金がいることだから C さん（ホームヘルパー）だけで十分である
100	・自分でも自分がわからなくなった，これがぼけと言うのか ・自分のたしかな年がわからない ・困るがどうしてよいかわからない ・しっかりした人間になりたい ・反省すること	・お嫁さんに迷惑をかけるけど申し訳ない．すみません，よろしくお願い致します	・誰が取ったか大体わかる，今からうちは C さんだけ家政してもらって他の人には頼まないこと
101	・自分を見失う……日記に本当のことを書き，衰えいく自分を確かめ気をつけることが大切	・私は高齢者でもう何も出来ないから……長男夫婦の家の者としてお世話にならしていただきます ・見下げられている感じがする	・日記にかってに書いてある（あきれる） ・知らん人です，こんな人は断る ・はたらきにきた人か何かわからない．毎日来て自分勝手に上がりこんでこまる ・親しい人？
102	・いくつになったら人並みの人間になれるのか ・これはなんですか，言葉がわからない ・自分のことを書きたくないばかばかしい	・こまる時は自分がしっかりして自分を反省して自分をたより子供をたよること，子供や外の人にたすけてもらうこと	・かせいしてくださる方をよく知り感謝して家政していただく．まず感謝そこに綺麗な言葉が生まれる ・家政して下さる方がお手伝いをしてくれる……其の人達の良い所を教えてもらう事 ・感謝すればしぜんに礼ぎもうまれる．本当に感謝すれば字もきれいになる

Suwa S, Otani S, Tsujimura M, et al.：The diary of a nonagenarian-centenarian woman with dementia；Memory loss, life changes, and community care in Japan. *International Journal of Nursing Practice*, 24（S1）：e12655. https://doi.org/10.1111/ijn.12655（2018）から一部抜粋して作成．

　ホームヘルパーの支援を受け入れ，感謝の気持ちをもつことで自分のあり様も変わるのではないかと希望を抱くようになる．B 氏にとっての「ありがとう」の意味が社交辞令やあいさつから真の感謝や自身への励まし，そして期待へと変化していると読み取ることができる．

　B 氏の「ありがとう」の意味とその変化を参考にすると，認知症の人本人の言葉の意味を理解するためには，異なる場面での認知症の人本人の言葉をくみ取って集め，介護記録やカンファレンス記録に書きとどめることが必要になる．多職種連携も必要になる．記録する際には，認知症の人の言葉をそのまま書きとどめることも重要であるが，表2-2 に示したノンバーバル・コミュニケーションの要素を意識して記録していく．バーバル・コミュニケーション（言語的コミュニケーション）よりも，ノンバーバル・コミュニケーション（非言語的コミュニケーション）のほうが，伝える人の感情，意味など多くの情報を伝えるためである．認知症の人のさまざまな場面で語られた言葉や感情，意味を改めてとらえ直すことで，ケアスタッフは真の

表 2-2　ノンバーバル・コミュニケーションの構成要素

構成要素	構成要素の具体
準言語	話し方，抑揚，速さ，沈黙
身体動作	ジェスチャー，体や手足の向き，顔の表情，アイコンタクト，姿勢など，これらの変化とその速さ
身体特徴	体格，体のかたち，顔の目鼻立ち 体臭，口臭，身長，体重，頭髪，髪型，皮膚の色など
接触行動	なでる，さわる，抱き締める，避ける，遠ざけるなどの行動
空間行動	相手との間にとる距離（対人間の距離）， 自分の空間を守る行動（なわばり）， 自分の位置を決める行動（いつもいる場所，座席，そこからの移動） などこれらの空間行動は，性別や地位，役割，場所，状況などによって異なる
装着・携行物	衣服，化粧，眼鏡，香水，かつら，常に携行する持ち物など 装着・携行物の整い方，乱れ方
環境要因	建築様式，室内装飾，照明，温度， 音楽などのそのなかで相互作用の起こるものを含む
時間	時間のとらえ方と意味解釈（ゆっくり，あわただしくなど）

　ニーズをとらえることができるようになっていく．フロアやユニット，施設，事業所で認知症の人の言葉を共有することから，その真の意味をとらえることができるように機会や仕組みをつくり，認知症の人本人の声を聴く取り組みを続けていこう．

2）事例収集（自施設・事業所における実践）

　私たちは，認知症の人の事例について日常生活動作（Activities of Daily Living；ADL）や手段的日常生活動作（Instrumental Activities of daily Living；IADL）の項目ごとに，自立，見守り，一部介助，全介助の4段階の選択肢のなかから選んでとらえることにとどまりやすいという特徴がある．これらの選択肢を超えて患者のどのような動作を見守っているのか，一部介助とは患者がどのような状況のときにいかに介助しているのか，全介助を行うなかで，どのようなことに留意しているのかを述べよう．たとえば，「食事は一部介助」という抽象度の高い表現のなかに，食事は食べ始める場面で自分では箸だと認識することがむずかしく，箸を手に持つということができないが，看護師が箸を患者の右手に手渡すと，スムーズに箸を扱って食べ始めることができるという具体的な事実を述べることが，多職種が連携して認知症の人を支援するうえでも重要になる．

　ADL や IADL を自立，見守り，一部介助，全介助と表現して認知症の人にかかわっていたときの認知症の人の様子とケアの実際と，図2-1のように，認知機能障害から影響を受けて ADLや IADL も含めた生活行為の遂行が自分ひとりでは困難になっている生活障害の具体的状態と自律と自立を尊重したケアの実際を具体的に記録しよう．そして，認知症の人の日常生活行為を中心とした生活の様子とケアとの関係性について考えたことを学習成果として述べてほしい．さらに，多くの認知症の人に共通する生活障害のケアを施設や事業所のグランドルールとしてもよいであろう．その例を表2-3に示した．

食事区分	生活障害（一部抜粋）	自律と自立を尊重するケア（一部抜粋）
食事開始	食卓につくことができない	●静かな食事環境を整える
	座ったまま食べ始めない	●慣れ親しんだ食器・料理を用意する ●最初の一口を介助し食べ物の知覚を促す
	食べ物に触れるだけで，食べない	●食材を工夫し食べ物だと知覚可能にする
食事継続	食べることを中断する	●好物，彩りのよい盛りつけで注意力を維持する ●視線上に食べ物を置く
	食事の途中で立ち去る	●近くに人のいないテーブルで食事できるようにする ●音やスタッフの動きを抑える
食事終了	いつまでも食べ物を食器からすくい取ろうとする	●歯磨きなど，次の行為に注意を導く ●模様のない皿に変更する
	まだ食べていないと言う	●次の食事時間を伝える ●軽食を用意する ●食後，食器をすぐには片づけない

●生活障害を観察し，適切にケアすることで，
最期まで口から自分で食べることを目指そう

図 2-1　食事の生活障害とケア

表 2-3　ある施設の食事支援のグランドルール

A　最初から介助するのではなく，まずは認知症高齢者が自力で摂取しようとしているかを観察する．食べなくても，そのまま様子をみる

B　食事を開始することを認識しやすいように，はしやスプーンなどの食具を手渡す

C　食事の配膳時や食事が開始されない時，また中断した時に，食事への興味・関心を持てるような声かけを行う

D　食べ物や食器を認識し，手で扱いやすいように，食事を小分けにしたり食器を変更する

E　A～D の援助をしても，自分で食べないと判断した場合に，初めてスタッフが食べ物を口に運ぶ

F　覚醒度が低い，食事への意欲が低いと判断した場合は，適切な時間を見計らって遅い食事を勧めたり，下膳したりする

G　「まずい」「いらない」と言ったり，ため込みや吐き出したりする時は，他の食品を進めたり，下膳する

H　一度行って「食べた援助」もしくは「食べなかったために行った援助」を継続するのではなく，その時の状態に合わせ，援助の内容・方法を検討する

出典）高橋眞理奈，諏訪さゆり，松浦美知代，ほか：生活障害へのケアを受けた認知症高齢者に関する終末期の病みの軌跡の検討；「口から食べること」に焦点を当てて．こころと文化，16（2）：138-147（2017）．

　ほかにも，行動・心理症状（Behavioral and Psychological Symptoms of Dementia；BPSD）の有無や具体的な発言や動作のみで事例を表現することが起こりがちである．不穏，徘徊，暴力，暴言などとひとことですませてきた場面に，認知症の人にとって，そしてスタッフにとって，どのような具体的な事実が存在するのかを時系列や文脈に沿って改めて見いだし，述べていく．認知症の人は，常に暴言や暴力といった行動・心理症状（BPSD）があるということはない．そのため，行動・心理症状（BPSD）がみられる場面とそうではない場面とで，認知症の人の様子が事実として伝わるように留意して述べ，それぞれの場面での家族やケアスタッフ，周囲の人たちのかかわりについても具体的な様子を述べていく．そして，行動・心理症状

（BPSD）がみられる場面とそうではない場面とで比較しよう．そうすることで，認知症高齢者がなぜ暴言，暴力という言動をせざるを得なかったのかをとらえるヒントが得られる．そこに，家族やケアスタッフ，周囲の人たちがどのようにかかわっていたのか，行動・心理症状（BPSD）を発症する必要のない生活を送ることができるようにするためには，どのように支援するとよいのかを考えるヒントが存在している．

このようなことに留意しながら，認知症の人のその場面にかかわったケアスタッフやチームとして，認知症の人の変化の有無や具体的な様子に自分たちのかかわりがどのように関連しているのかについて，考えたことを伝えていく．自分たちのかかわりが認知症の人にとってどのように受け止められていたのか，どのような意味があったのかなど，改めて気づき，学んだことを自分の言葉で述べていこう．

さらに，多くの事例からのケアスタッフの気づきや学びのなかで共通するものを，認知症介護の実践知における普遍性として育てていくことが重要である．

【演習1】
　表2-1に示したアルツハイマー型認知症を有する独居の高齢女性の日記の概要を読み，感想を述べ合いましょう．

【演習2】
　次の表にはアルツハイマー型認知症の人にみられる食べることに関する主な生活障害を重症度ごとに示した．これらの生活障害について，最小限の支援で認知症の人本人が自分で食べることを遂行できるようにするには，かかわりや周囲のものなどの環境をどのように工夫したらよいか，話し合いましょう．

●食べることに関する具体的生活障害

軽度	中等度	重度
・料理が面倒になる ・同じおかずを作る ・料理の火を消し忘れる ・まだ冷蔵庫にある食材を何回も購入する ・冷蔵庫の整理や賞味期限の管理ができない ・料理の味付けがおかしくなる ・咀嚼の回数が減る ・家電製品を適切に扱えず壊してしまう	・調理前の食材を食べる ・お茶を入れる手順がわからない ・ふたを扱えない ・料理の温度の見当がつけられない ・まんべんなく食べなくなり，摂取内容が偏る ・一口量を調整できない ・おすましを認識できない ・料理をしながら後片付けができない	・料理との位置関係で適切な位置に座れない ・食べ始めない ・適切な大きさに切り，裂くことができない ・手づかみで食べる ・一皿ずつ食べる ・空になった食器に食事道具をあてている ・口に食べ物を運べない ・咀嚼・嚥下しない

本研究は，厚生労働科学研究費補助金を受けて実施した研究「都市部における認知症有病率と認知症の生活機能障害への対応（課題番号 H23-認知症-指定-004）」（研究代表者：朝田　隆，分担研究者：諏訪さゆり）の一部である．

【演習3】
　次の表にはアルツハイマー型認知症の人にみられる入浴に関する主な生活障害を重症度ごとに示した．これらの生活障害について，最小限の支援で認知症の人本人が自分で入浴することを遂行できるようにするには，かかわりや周囲のものなどの環境をどのように工夫したらよいか，話し合いましょう．

●入浴に関する具体的生活障害

軽度	中等度	重度
・風呂掃除が面倒になる ・汚れた下着を着る ・洗髪を嫌がる ・シャンプーのすすぎが不十分なことがある ・シャンプーとリンス, ボディソープの違いがわからない	・脱衣の途中で脱ぐのか着るのかわからなくなる ・洗顔の時, 顔の中央しか洗わない ・浴槽のまたぎ方がわからない ・浴槽内で立ったまま湯船につからない ・シャワーの出し方がわからない ・スポンジやタオルを持ったままでいる ・シャンプー, リンス, ボディソープの押し方にとまどう	・入浴を嫌がる, 怖がる ・洗い残しがある ・同じ部分を洗い続ける ・浴槽をまたぐ時に怖がる ・浴槽内で湯船につかる姿勢をとることができない ・洗い方, 泡の流し方がわからない ・シャンプーを手に取り, 顔を洗おうとする ・シャンプーを頭部全体に行きわたらせることができない

本研究は, 厚生労働科学研究費補助金を受けて実施した研究「都市部における認知症有病率と認知症の生活機能障害への対応（課題番号 H23-認知症-指定-004）」（研究代表者：朝田　隆, 分担研究者：諏訪さゆり）の一部である.

【演習 4】
　次の表にはアルツハイマー型認知症の人にみられる排泄に関する主な生活障害を重症度ごとに示した. これらの生活障害について, 最小限の支援で認知症の人本人が自分で排泄することを遂行できるようにするには, かかわりや周囲のものなどの環境をどのように工夫したらよいか, 話し合いましょう.

●排泄に関する具体的生活障害

軽度	中等度	重度
・衣服のおろし方が不十分になる（衣類が汚れる） ・男性便器を汚すようになる ・排泄物を多少拭き残す	・トイレの場所がわからなくなる時がある ・トイレのドアの開け方の違いにとまどう（とまどいながらも開けようとする） ・トイレの鍵の開け方・閉め方がわからない ・排泄物を流す際, どのハンドルやボタンを押すのかわからない ・排泄後, ズボンのチャックを閉めない ・排泄物で衣類が汚れていても気づかない ・あわてている時, 便座のふたをしたまま座る	・トイレでないところで排泄する ・適切な位置, 姿勢で便座に向かい, 座ることができない ・尿導口を便器に向けられない（男性） ・いきむことができない ・トイレットペーパーを適切な長さまで引き出せない ・手で便を拭く ・拭き終わった紙を便器内に捨てない ・排泄物を流さない

本研究は, 厚生労働科学研究費補助金を受けて実施した研究「都市部における認知症有病率と認知症の生活機能障害への対応（課題番号 H23-認知症-指定-004）」（研究代表者：朝田　隆, 分担研究者：諏訪さゆり）の一部である.

【演習 5】
　1 人ひとりの認知症の人の生活障害をとらえ, 最小限の支援で日常生活行為を遂行できるようにするために, 施設や事業所ではどのような工夫や改善をできるのか, 話し合いましょう.

Ⅱ．生活支援のためのケアの演習 2（行動・心理症状）

1．行動・心理症状（BPSD）の基本的理解

1）行動・心理症状（BPSD）のとらえ方

（1）行動・心理症状（BPSD）とは

認知症の症状は，認知機能の低下を主とする「中核症状」と，中核症状やその他の要因を原因とする心理や行動など，周辺的な症状に分類される．「中核症状」とは，記憶障害や見当識障害，実行機能障害，理解力や判断力の低下を指し，認知症診断の基準のひとつとなっている．一方，「周辺症状」とは，中核症状やその他の要因を原因として生じる，さまよい歩く，突然怒り出す（興奮・暴力），帰りたいと頻繁に訴える，幻覚がみえる，意欲が低下しあまり活動しなくなる等，認知症に伴って起きやすいさまざまな症状を意味している．以前，周辺症状は，介護者にとって対応がむずかしい問題行動として扱われていたが，認知症の人にとってみれば正当な理由や原因があって生じている症状であり，問題ととらえることは不適切であると指摘された．そこで，1996 年および 1999 年に行われた国際老年精神医学会（International Psychogeriatric Association：IPA）での会議[1]において，「認知症の人に頻繁にみられる知覚，思考内容，気分または行動の障害による症状を BPSD とする」と定義されている．これを契機に，行動・心理症状（BPSD）という呼称は多くの専門家が使用している．

（2）症状の種類と特徴

記憶の障害や見当識の障害，判断力や理解力の低下などの中核症状はすべての認知症にみられる症状であるが，行動・心理症状（BPSD）はすべての認知症にみられるわけではない．行動・心理症状（BPSD）の発症にかかわる要因は，記憶障害や見当識障害，理解力や判断力の低下，周囲の環境や人間関係，身体の状態，性格や気分などが影響し，不安や焦り，混乱等の心理状態が原因となっている場合が多い．周囲の環境が整備され，人間関係が良好であり，身体が健康で痛みも不快もなく，安定している場合は，認知機能が低下しても行動・心理症状（BPSD）が発症することなく，穏やかに生活することも可能である．行動・心理症状（BPSD）の種類や程度は多様であるが，多く出現する共通の症状や特徴は，活発な状態である過活動状態（表 2-4）と活動性が低い低活動状態（表 2-5）のように整理できる[2]．

表 2-4　主な過活動状態と特徴

過活動		特徴
徘徊		様態はさまざまであるが，歩き回るという点で共通する．なにかを調べて回る，他者につきまといついて歩く，なにかの目的や理由があって歩き回る，とくに目的なく彷徨い歩く，同じところを繰り返し歩く．
破局反応（興奮，暴力，暴言等）		いわゆる怒りの反応であり，突然の怒り，言語的な攻撃，身体的な攻撃を行う．
脱抑制		抑制が効かず，衝動的かつ不適切な行動をとりやすい．気が散漫で情緒的に不安定，洞察や判断力に乏しくなり常識的な社会行動から逸脱する．怒りや興奮，暴力，万引き，衝動買い，性的逸脱行動，過度のアルコール，薬物摂取などの症状として現れる．
拒絶		協力を拒むこと．がんこ，非協力的，介護への抵抗などとして現れる．
繰り返したずねる		同じ要求を繰り返したり，質問したりする．帰宅の要求や食事の要求を繰り返すことが多くみられる．
焦燥		イライラして落ち着かない様子が顕著にみられる．徘徊や拒絶，暴言・暴力等の行動として出現しやすい．また，不安によって生じる傾向が強く，不安とともに発症することが多い．
妄想	人がものを盗む	他者が自分のものを隠したり，盗んだりしたと思い込む．
	自分の家ではない	自分の住んでいる場所が自分の家や住居だと思っていない．
	配偶者が偽物	配偶者や介護者が偽物だと思い込む．
	見捨てられる	自分は家族から見捨てられ施設に閉じ込められたり，そのような陰謀を企てられたりしていると信じ込む．
	不義	配偶者や介護者等が不義を働いていると疑ったり，思い込んだりする．
弄便		便をもてあそぶ行為とされるが，理解力の低下や不快感の除去，失禁による便の処理がわからない，トイレがわからない等の排泄の後処理の失敗等によって，便をさわったり，壁や布団，シーツ，衣服が汚れたりするなどとして現れる．
幻覚		現実には存在していないものや人がみえるなどの幻視が主で，ほかに幻聴，幻臭，幻触もまれに起こる．見間違えなどの錯覚や誤認とは異なる．
不眠		入眠困難，睡眠の持続困難や中途覚醒，睡眠による疲労回復の困難を指しており，睡眠リズムが乱れ覚醒が昼夜逆転する場合がある．高齢者にみられる正常な早朝覚醒，夜間のトイレによる中途覚醒，入眠時間が早いこと等を除く．
収集癖など		意味のないものをむやみに集めたり，捨てることができずにため込んだりすることが多い．また，集めたものによって生活空間の利用に支障があり，生活が障害されている場合を「溜め込み」ともいう．
過干渉		まわりの人やものに対して過剰に介入すること．おせっかいだけでなく執拗に注意する，行動を妨害する，ものを隠すなどの迷惑行為も含まれる．他者とのトラブルを起こすことが多い．
異食・過食		異食は食べ物ではないものを食べようとする．紙・糊・衣服・髪・ほこり・昆虫・土・排泄物など多岐にわたる．過食は，食欲の亢進，記憶障害によって食事摂取量が増加した状態を指す．

国際老年精神医学会（日本老年精神医学会訳）：BPSD；痴呆の行動と心理症状．29，アルタ出版，東京（2005），服部英幸編，精神症状・行動症状（BPSD）を示す認知症患者の初期対応の指針作成研究班：BPSD 初期対応ガイドライン改訂版；介護施設，一般病院での認知症対応に明日から役立つ．ライフサイエンス，東京（2018）を参考に作成．

2）行動・心理症状（BPSD）のアセスメント視点

（1）アセスメントの考え方

　行動・心理症状（BPSD）のアセスメントの考え方は，BPSD の原因を特定するためのアセス

表 2-5　主な低活動状態と特徴

症状	特徴
身体不定愁訴，心気症	医学的に説明がつかない身体的訴えを繰り返す．また，「病気になりそうだ」という不安や確信．
拒食，摂食障害	食事を口に運ぼうとしない，咀嚼し続けて飲み込もうとしない．拒食は意欲低下，食べたくない，認知ができないなどの原因が考えられる．また，食べようとするのに食べられない，飲み込まないや変な食べ方など食べることの異常は多様である．
抑うつ	抑うつ気分を主とし楽しみがなく，悲哀やふさぎ込みがみられる．自己卑下的で希死念慮がまれにある．活動性の低下，意欲低下がみられる点でアパシーと混同されやすい．
アパシー（意欲低下，無気力，無関心）	日常の活動や身のまわりのことに無関心で，興味をなくし，意欲低下が顕著で無気力状態が慢性化しているが，気分の落ち込みや変調，うつ気分がないことで抑うつとは区別される．

国際老年精神医学会，（日本老年精神医学会訳）：BPSD；痴呆の行動と心理症状．29，アルタ出版，東京（2005），服部英幸編，精神症状・行動症状（BPSD）を示す認知症患者の初期対応の指針作成研究班：BPSD 初期対応ガイドライン改訂版；介護施設，一般病院での認知症対応に明日から役立つ．ライフサイエンス，東京（2018）を参考に作成．

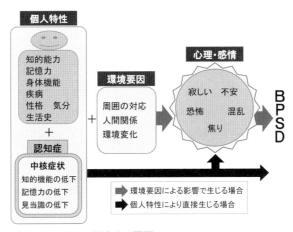

図 2-2　BPSD に関連する要因

　メントと，介護に必要な情報を収集することを目的としたアセスメントの 2 種類に分けられる．行動・心理症状（BPSD）の原因を 1 つに特定することは困難であり，複数の要因が相互に影響していると考えられる．行動・心理症状（BPSD）は脳の病変や認知機能の低下によって引き起こされる症状と，脳の病変や認知機能の低下と性格や価値観，考え方等の個人の性質，身体機能や健康状態等の身体的要因，周囲との人間関係や住環境，薬剤，社会システム等の環境状態が相互に関連し，心理や気分に影響して生じる症状とがある（図 2-2）．

　介護を行ううえで最初にすべきことは，行動・心理症状（BPSD）の状態や本人の様子を確認し，程度や種類を把握することと，次にアセスメントを実施し原因の特定を行うことである（図 2-3）．以下では，アセスメント視点ごとの留意点について述べる．

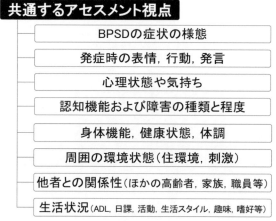

図 2-3　BPSDへの介護に共通するアセスメント視点

（2）共通するアセスメント視点

①発症時の様子

　落ち着きなくうつろな表情であてもなく歩き回っている場合，その行動の開始時期，頻度，持続時間など症状の状態を確認して，種類と程度を把握しておくことが基本である（表2-4, 2-5）．また，本人の様子を観察し心理状態を分析するための情報を収集することが必要である．歩き回っているときの表情やしぐさ，行動，発言等からその人がどのような感情を抱いているか等を評価し，感情の安定化を早急に行うべきか，徐々に環境改善をしながら生活の安定を目指すのかといった介護の優先順位や目標を決定しなければならない（表2-6）．本人や周囲の人に直接害が及ぶような切迫した状況では，感情や考え方を受容したり共感したりするかかわり方を優先的に実施する必要がある．

②認知機能

　主な中核症状は，一般的に記憶障害，見当識障害，実行機能障害，失行・失認等であるが，脳神経細胞の損傷部位，損傷の状態や認知症の重症度によって出現する症状や程度は異なってくる．まずは，認知機能を確認し，障害の種類や程度をアセスメントすることが必要である．記憶の障害であれば記銘障害（覚えること）や記憶障害（記憶が消失すること）の程度の把握，見当識障害であれば時間，場所，人物の見当などの確認，あるいは計画が手順どおりに実行されているか（実行機能），以前行っていた行為ができなくなっていないか（失行），日常的に使用していたものの意味がわからなくなっていないか（失認），だれでも知っているようなものの名前が出てこなくなっていないか（失語）などを普段の生活状況から確認することが必要である．また，遠隔記憶，手続き記憶，計算能力，発語や理解力，正常な実行機能部分等の把握によって，低下していない能力を把握し支援することも視野に入れる必要がある（図2-4）．

③健康状態

　脱水や疼痛，疾患，便秘などの高齢者の体調や健康状態が行動・心理症状（BPSD）の要因

表 2-6　Philadelphia Geriatric Center Affect Rating Scale

	表情	しぐさ・行動	発話
楽しみ	ほほ笑む 笑う	なでる 親しみの様子で触れる うなずく	歌う 笑う
満足	穏やかな表情	動作が穏やか くつろいでいる	
関心	目でものを追う じっと見つめる アイコンタクト 的確な反応	的確な反応 人やものに身体を向け たり動かしたりする	返答する
怒り	歯を食いしばる しかめっ面 口を尖らせる 眼を細める 憮然とする	押しのける こぶしを振る	叫ぶ ののしる 威嚇する
不安	眉にしわを寄せる イライラした表情	こぶしを握る そわそわ落ち着かない	頻回に叫ぶ 訴えの繰り返し 沈黙
抑うつ 悲哀	無表情 青白さ うつろ	涙を流す うなだれる 静止	じっととどまる 泣く

本間　昭：痴呆性老人の QOL：精神科の観点から．老年精神医学雑誌，11
（5）：483-488（2000）を参考に作成.

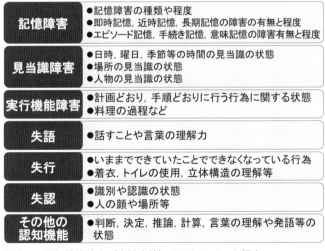

図 2-4　認知機能障害（中核症状）のアセスメント視点

として影響している場合があり，これらの状態を改善することで行動・心理症状（BPSD）が
緩和される場合が少なくない．健康状態のアセスメントとは，高齢者の疾患の種類や症状，症
状による精神的な負担等を確認することであり，医師による診断や判断が必要である．疾患だ

表 2-7　加齢による主な身体機能の特徴

関節や骨の萎縮	・身長が縮む ・上肢・下肢の可動域が小さくなる ・骨代謝が低下しもろくなる
筋力の低下	・関節が曲がりにくく拘縮しやすい ・握力，脚力，持久力，瞬発力の低下
運動神経の低下	・敏捷性の低下 ・力加減や動作の速度を調整しにくい ・障害物をよけにくい ・つかみにくい ・膝やつま先が上がりにくく，摺り足 ・歩幅が狭い，歩行が遅い ・座ったり，立ったりする行為が緩慢
腎機能の低下	・排尿障害，脱水，口渇
心肺機能の低下 消化機能の低下	・肺活量の減少 ・造血器機能の低下による貧血，顔色不良倦怠感，息切れ ・高血圧 ・消化管の運動機能低下（嚥下障害，誤嚥，消化不良） ・胃液，消化液の分泌低下

秦　葭哉，大荷満生監：図説・臨床看護医学デジタル版：19 老年医学．DMP-ヘルスバンク，東京（2004）を参考に筆者が作成．

けでなく体調不良の原因として，薬剤の影響，排泄状況，皮膚の状態，口腔内の状態，水分量，栄養摂取状態，視聴覚等の感覚機能，睡眠状況，疼痛，けが等の有無や程度を詳細に確認することも必要である．これらの健康状態を常に把握し，治療や療養，看護によって体調を良好にするためには，医療，看護，介護が連携してアセスメントすることが必要である．

④身体機能

高齢者の身体機能は個人差が大きいが，一般的な加齢変化による特徴を踏まえておくことが必要であり，体調や健康状態と合わせて，高齢者の身体機能や感覚機能の状態が行動・心理症状（BPSD）に影響していることも重要なアセスメント視点として考慮すべきである（表 2-7）[3]．また，これらの身体機能によって活動能力や生活遂行能力に影響し，行動・心理症状（BPSD）に影響している可能性があるため，食事，排泄，入浴などの基本的な生活行為や，生活を管理する能力，社会参加の状況も把握しておく必要がある．

⑤心理

認知症の人の心理状態をアセスメントすることは，行動・心理症状（BPSD）の原因を考えるうえでとくに重要である．心理とは，感情や気分，気持ちや想い，考え方を意味しており，周囲の状況に関する認識を含んでいる．たとえば，記憶障害によって財布を見つけることができず，だれかに盗られたと思い込むような被害妄想が現れることが多いが，財布が盗まれたという認識は本人にとって正しい認識である．その結果，だれかを泥棒とののしる行為は本人なりの理由があり，矛盾のないつじつまの合う行為である．このように，さまざまな行為には本人なりの考えや感情などの心理が関係しており，目にみえる行為だけをとらえるのではなく，

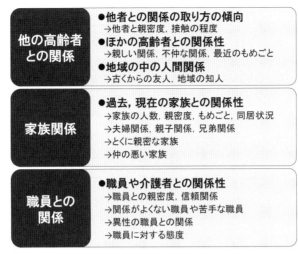

図 2-5　人間関係のアセスメント視点

心理状態をアセスメントすることが必要である．

　また，行動・心理症状（BPSD）発症時点での感情や気持ちの確認にとどまらず，過去の感情傾向をさかのぼって調べることも必要である（表 2-6）．たとえば，元来，怒りっぽい人が興奮したり，他者を攻撃したりする場合はもともとの感情傾向が強く影響している場合が多い．また，感情だけでなく，帰りたいと頻繁に要求する理由やどこに帰ろうとしているのか等の心理を理解することが，根本的な原因を突き止め，帰りたいという不安を解消することになる．

　⑥人間関係

　他者との関係性が行動・心理症状（BPSD）を引き起こす要因となることが多く，発症時の他者との関係状況や以前からの人間関係の傾向をアセスメントすることが必要である．人間関係の範囲は，家族，他の認知症の人，知人，介護者など広範囲であるが，行動・心理症状（BPSD）の発症前にトラブルはなかったか，孤独ではなかったか，グループに打ち解けていたか等の確認が必要である．また，家族等に確認し，他者とのかかわり方の傾向や特性を確認することも必要である．他者との交流が苦手な人は集団で行動することが負担となり，集団で安心できる人は孤独や孤立が大きなストレスになる．他者との関係のあり方を個々に把握することが重要となる（図 2-5）．

　⑦周囲の環境

　環境とは認知症の人を取り巻く周囲の状況全般を指すが，とくに住環境や地域環境，社会システムを主とする生活に関する環境全般を指している．住環境は部屋の間取りからいすの形，テーブルの高さ，カーテンの色，生活用具や物品までさまざまな環境を意味し，これらの状況が認知症の人の生活の安定にとって重要な要因となることが解明されている．1996 年に Weisman らによって開発された認知症高齢者の環境に関する評価尺度（PEAP）では，「見当識への支援」「安全と安心への支援」「プライバシーの確保」「環境における刺激の質と調整」「機能的

表 2-8　PEAP（日本語版）による環境アセスメントの視点

Ⅰ．見当識の活用 環境の物理的・社会的・時間的効果が利用者の見当識を最大限に引き出せるようになっているか	①目印や図柄，色などの情報が活用されているか ②カレンダーや時計，日課の調整等，時間や空間がわかりやすいか ③小規模，家庭的，単純な間取り等，空間や居場所がわかりやすいか ④生活に必要な場所が視界に入りやすいか
Ⅱ．機能を生かした自立生活 自立した動作や活動が継続できるか	①専用のトイレや洗面所等，入浴，整容，衣服の着脱などが自立してできる環境か ②食器，補助具，テーブル，雰囲気など食事が自分でできる環境か ③用具の保管場所，操作方法，作業場所等について調理や洗濯，買い物などが自分でできる環境か
Ⅲ．周囲の刺激 ストレス軽減や快適性を向上するための刺激になっているか	①会話や音が意味のある，快適な音になっているか ②照明，床や壁の色，模様，家具の形や色，掲示物等が快適な視覚刺激になっているか ③においが不快になっていないか，花や食べ物等が快適な刺激になっているか ④畳や床，家具，壁，ソファ等の素材が感触のよい刺激になっているか
Ⅳ．安全と安心 安全を確保し，安心を高める環境か	①見守りができる間取りや職員の配置になっているか ②空間，手すり，段差，寝具，床の材質等が移動や移乗がしやすく，転倒や転落の危険性がない環境か
Ⅴ．生活の継続性 慣れ親しんだ環境と生活様式を継続できるか	①慣れ親しんだ活動やライフスタイルが継続できる環境か ②自宅と同じような家庭的な環境か
Ⅵ．自分で選択できる環境か 個人の好みが尊重され，自己選択が行えるか	①個別の行動やライフスタイルに応じて居室や日課等，居場所や活動が選択できるか ②屋外，リビング等，複数の居場所が用意されているか ③生活や活動に必要な道具や用具が多く用意され選択できるか ④居室内の家具，掲示物，道具等が自由に選択できるか
Ⅶ．プライバシーの確保 1 人になれたり他者と交流できたりニーズに応じてプライバシーが確保されているか	①居室の確保，専用トイレ等，居室内にプライバシーが確保されているか ②仕切りや小テーブルセットの設置等，共有部分での小グループ環境や 1 人ですごせる場所が用意されているか
Ⅷ．他者との交流 他者や外部との社会的接触と相互作用を促進しているか	①他者とかかわりやすい場所を用意しているか ②他者とかかわりやすいように家具等を配置しているか

児玉桂子，足立　啓，下垣　光，ほか：痴呆性高齢者が安心できるケア環境づくり，実践に役立つ環境評価と整備手法．75-78，彰国社，東京（2003）を参考に一部改変．

な能力への支援」「自己選択への支援」「生活の継続性への支援」「入居者とのふれあいの促進」の 8 つの次元を評価し，また認知症高齢者への環境支援の方向性を示している．児玉らは，表現や構造を修正し，評価だけでなく環境支援の指針となるよう PEAP 日本語版を作成しており，介護への活用を考慮した環境のアセスメント視点を整理している[4]（表 2-8）．記憶の障害や状況判断が困難な認知症の人にとって，慣れ親しんだ環境は混乱を軽減し，認知機能低下による種々の生活障害を解消することができるが，新たな環境へと変化した場合，すぐに適応することがむずかしく，心理的負担によって行動・心理症状（BPSD）が発症するともいわれている．住居構造だけでなく居室内の物品や家具，食堂のテーブルやいす，リビングのソファやカーテン，生活用具等が高齢者の負担になっていないかについても確認することが必要である．

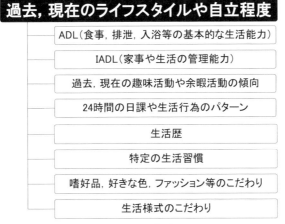

過去，現在のライフスタイルや自立程度

- ADL（食事，排泄，入浴等の基本的な生活能力）
- IADL（家事や生活の管理能力）
- 過去，現在の趣味活動や余暇活動の傾向
- 24時間の日課や生活行為のパターン
- 生活歴
- 特定の生活習慣
- 嗜好品，好きな色，ファッション等のこだわり
- 生活様式のこだわり

図 2-6　生活状況のアセスメント視点

　また，音や光，映像刺激等が原因となって行動・心理症状（BPSD）が発症する場合もあり，雑音や騒音，話し声，テレビの音，他者の動作や行動，明るさ，においなどが心理的なストレスになっていないかをアセスメントすることが必要である．

　⑧生活状況

　現在の生活様式や日課が高齢者にとって負担になっていないかなど，暮らし方全体をアセスメントしておくことが必要である．高齢者が望んでいる暮らし方を本人の意見や状況をみて考え，障害となっていることやその要因についてアセスメントすることが重要である．従来の生活様式を確認し，生活に必要な要素について満足度や適応状況を確認することで，行動・心理症状（BPSD）発症の早期発見，予防を行うことができる．安心して穏やかにすごせる生活とは異なった生活状況が，行動・心理症状（BPSD）の原因になっている場合も考えられる．生活に関する総合的なアセスメント視点として生活を構成する要素をアセスメントし，障害となっている要因を早期に把握することで，行動・心理症状（BPSD）の多くは予防できるものと考えられる（図 2-6，表 2-9）[5,6]．

3）行動・心理症状（BPSD）のアセスメントに基づくケア

（1）行動・心理症状（BPSD）への介護目標の考え方

　行動・心理症状（BPSD）への介護の基本視点として，行動・心理症状（BPSD）を単純に排除することだけが目的ではなく，行動・心理症状（BPSD）が認知症の人にどのような影響を与えているかを評価し，把握しておく必要がある．たとえば，興奮や怒りは，本人にとってどのような意味があるのだろうか．周囲の人は困惑するが，本人も困惑しているのだろうか．興奮や怒りは，ストレスや不満を発散する機会ととらえると，無理にがまんするよりも発散してストレスを解消したほうがよい場合もないだろうか．当然，興奮や怒り，暴力は当事者にとってもストレスであり，困惑した状況であることは多いと思われるが，短絡的に排除するのではなく，行動・心理症状（BPSD）が本人にとってどのような意味があるかを冷静に評価するこ

表 2-9　生活を構成する主な要素

生活管理	部屋の整理整頓，配置，装飾，物品の管理，洗濯，郵便の投函，新聞の取り入れ，畑仕事，草取り，庭木手入れ，片づけ，大工仕事，動物の世話
社会交流	電話，来客の対応，地域の集まり，近所づき合い，観光，競馬，博物館，美術館，植物園，図書館，銭湯，買い物，喫茶店，スーパー，デパート
趣味	生け花，茶道，ピアノ，三味線，音楽鑑賞，習字，絵画，民謡，踊り，読書，釣り，盆栽，園芸，スケッチ
儀式	仏壇，神棚の水替え，お供え，お花，お祈り，神社へのお参り
身だしなみ	化粧，整髪，ファッション
リラックス	景色をみる，深呼吸，マッサージ，おしゃべり，外気に触れる，散歩，チラシ見

林崎光弘，末安民生，永田久美子：痴呆性老人グループホームケアの理念と技術；その人らしく最期まで．72，バオバブ社，東京（1996）を参考に筆者が一部改変．

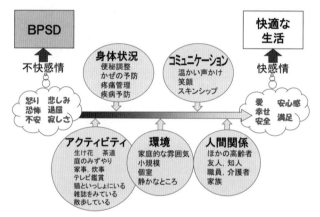

図 2-7　認知症ケアのポイントと到達点

とが必要である．本人の心の安定を第一に考えた目標設定が必要である．

(2) 共通するケアとアセスメントのポイント

①基本的な介護技術

　行動・心理症状（BPSD）への介護は，行動・心理症状（BPSD）を減少することだけにとどまらず，認知機能の低下があっても穏やかな安定した生活を実現することが最終的な目的である（図 2-7）．

　行動・心理症状（BPSD）はすべての認知症に発症する症状ではなく，介護によって予防や緩和が可能であるものが多い．行動・心理症状（BPSD）は本人にとってもつらく，安定した生活の継続を困難にしている要因のひとつである．しかし，周囲の理解と適切なかかわりがあれば，それらの困難を取り除くことは可能である．行動・心理症状（BPSD）への基本的な介護は，症状別の特徴に応じた個別の視点と多くの症状に共通した基本的な視点や介護方法が考えられる．

　多くの行動・心理症状（BPSD）への介護に共通する基本的な介護技術として，認知症とい

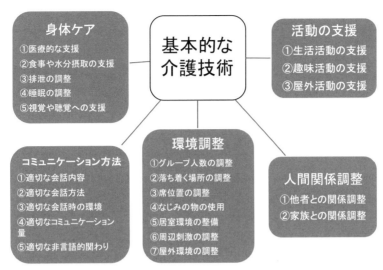

図 2-8　BPSD の基本的な介護技術

う疾患の理解を踏まえたうえで，健康管理や体調管理など身体ケアに関する技術，本人のニーズを把握したり，信頼関係を築いたりするためのコミュニケーションに関する技術，住環境・生活環境など周囲の環境調整に関する技術，基本的な生活を遂行する活動や趣味・余暇活動などの活動機会を支援し自身を回復する技術，スタッフや他者，家族との関係を良好にするための関係調整に関する技術が必要と考えられる（図 2-8）．

　そして，これらの介護を多様な行動・心理症状（BPSD）の要因に応じて適正に組み合わせ，行動・心理症状（BPSD）を予防し豊かな生活を支援するために，チームによる継続的，計画的な介護を行う必要がある．

　②身体面への介護とアセスメント

a）身体面への介護に必要なアセスメントの視点

　身体面への介護を行ううえで事前に確認しておくべきアセスメント視点として，認知機能や症状の程度，現在の体調，現在の疾患と既往歴，排泄の状況，水分摂取量，視力や聴力，体重，運動量，睡眠時間，疼痛の有無や程度，掻痒感（かゆみ等）や皮膚状態，投薬状況，幻覚やせん妄の有無や程度などが挙げられる．これらの視点は，とくに行動・心理症状（BPSD）発症の関連要因として重要な視点であり，多くの行動・心理症状（BPSD）の原因として考慮する必要がある（表 2-10）．

b）身体面への介護方法のポイント（表 2-11）

　身体面への介護方法として，医療的な支援，食事や水分摂取への支援，排泄，睡眠の調整，視覚や聴覚への支援はとくに重要である．

　医療的な支援としては，医療専門家と協力連携しながら適切な疾患への対応とバイタルチェックや体調管理を早期に行うことが必要である．

　また，食事量の不足による空腹や脱水が行動・心理症状（BPSD）を引き起こす場合もあり，

表 2-10　身体面への介護に必要なアセスメント視点

アセスメント視点	確認するポイント
認知機能や症状	認知機能の低下や認知症の症状は進行していないか
体調	体調は良好か
既往歴	以前からの病気はなにか
排泄状況	最近の排泄状況は良好か
水分摂取量	水分は不足していないか，脱水になっていないか
視力，聴覚機能	しっかりみえているか，耳は聞こえているか
体重	体重は減っていないか，増えていないか
運動量	運動量は不足していないか，過剰な運動で疲れていないか
睡眠時間	睡眠時間は不足していないか，日中，眠りがちではないか
痛み	どこか痛がっていないか，がまんしていないか
かゆみ	しょっちゅう身体をかいていないか，ひっかき傷はないか
投薬状況	現在の薬は適切か，処方どおり服薬できているか
幻覚	幻視や幻聴はないか
せん妄	意識がはっきりしているか，突然大声を出したりしないか，急にもの忘れが悪化してないか

認知症介護研究・研修仙台センター：2013 年度認知症介護研究・研修仙台センター運営費研究事業報告書；続・初めての認知症介護解説集，認知症における行動・心理症状（BPSD）対応ガイドラインの開発に関する研究報告書．認知症介護研究・研修仙台センター，宮城（2014）を参考に筆者が作成．

表 2-11　身体面への介護のポイントと方法例

ケアのポイント		方法例
身体面の介護	身体面への介護・体調の管理，疾病の管理，食事，入浴，排泄など身体面のケアはしているか	医療相談，処置の実施・医師に相談し，医療的な指導をしてもらう・内服薬や投薬の調整を行う・痛みの確認をし処置を行う
		食事，食欲支援・制限カロリー内で，食事量を増やす・温かいお茶や，好きな食べ物を用意する・間食を増やし，満足感を得てもらう・制限カロリー内でおやつや果物をとってもらう・職員もいっしょに食事をする
		水分の補給をこまめに行う
		排泄支援（排便調整，誘導等）・失禁を防ぐため，排泄リズムに応じてさりげなく誘導する・排便調整を行う
		睡眠の改善，調整・日中の覚醒水準を上げ夜間の睡眠の質を深くする・日中の活動を増やし，眠そうなときは散歩に誘う
		視力を確認し，メガネを調整する
		補聴器を使用したり，聴力を確認したりする
		カロリーを調整し，体重の管理を行う

認知症介護研究・研修仙台センター：2013 年度認知症介護研究・研修仙台センター運営費研究事業報告書；続・初めての認知症介護解説集，認知症における行動・心理症状（BPSD）対応ガイドラインの開発に関する研究報告書．認知症介護研究・研修仙台センター，宮城（2014）を参考に筆者が作成．

表2-12　活動の支援に必要なアセスメント視点

ケア方法		アセスメント視点	確認するポイント
活動の支援	生活に関連した活動 ・生活のなかで行っていた活動を継続する	認知機能	記憶障害の程度や理解力はどうか
		体調	健康状態は良好か，疲れていないか
		過去の生活習慣	以前，自宅でしていた日課や仕事，役割はなにか
		職員との関係	職員とは信頼関係はできているか
		他の入居者との関係	他の入居者との関係性はどのようか，どんな存在か
	趣味活動 ・本人が好きな活動や趣味を継続する	認知機能	記憶障害の程度や理解力はどうか
		体調	健康状態は良好か，疲れていないか
		運動量	運動量は足りているか，体力はあるか
		過去の生活習慣	以前からの趣味や興味，特技はなにか
		職員との関係	職員との関係は良好か
		他の入居者との関係	他の高齢者との関係は良好か，おおぜいで活動するのは好きか
	外出の機会 ・外出をする機会や屋外での活動を行う	認知機能	記憶障害の程度や理解力はどうか
		体調	体調は良好か，疲れていないか
		運動量	運動量は足りているか，体力はあるほうか
		職員との関係	職員との信頼関係はできているか

認知症介護研究・研修仙台センター：2013年度認知症介護研究・研修仙台センター運営費研究事業報告書：続・初めての認知症介護解説集，認知症における行動・心理症状（BPSD）対応ガイドラインの開発に関する研究報告書．認知症介護研究・研修仙台センター，宮城（2014）を参考に筆者が作成．

適切な食事量や水分摂取の支援が重要である．あるいは，便秘や下痢などの排泄状況が行動・心理症状（BPSD）の原因となる場合もあり，運動量，食事量，食材等を調整し，適切な排泄状況を支援することも重要となる．また，睡眠不足によるストレスが影響した覚醒リズムや生活リズムの乱れ，意識障害等によって行動・心理症状（BPSD）が発症する場合も少なくない．活動量の調整や代謝の向上，就寝時の温度調整等を行い，生活リズムを適正化することが必要である．感覚面でも，視覚や聴覚の低下等が原因で周囲の環境を認識できず，環境への不適応によって行動・心理症状（BPSD）が生じていることも少なくない．認知症だけでなく加齢による感覚機能の低下も踏まえ，視覚や聴覚，そのほかの感覚への支援を行うことも忘れてはならない．

③活動への支援とアセスメント

a）活動への支援に必要なアセスメントの視点

　活動への支援における事前のアセスメント項目は，認知機能の程度や理解力，判断力を評価し，体調や健康，身体機能の状態によって運動量が負担にならないかなど，適正な負荷を考慮した活動を考える必要がある．生活歴や過去の習慣を把握し，趣味や興味，関心，特技，生活のなかで継続してきた活動や行為を支援することが重要である．また，共同作業がよいか，1人でできる作業がよいかを判断したり，以前行っていた地域活動や運動，体操などを確認したりし，地域での活動を継続することも重要である（表2-12）．

b）活動への支援のポイント

　活動への支援は，日常生活のなかでの生活活動への支援，趣味や余暇活動への支援，外出活

動への支援に大きく分けられる.

　生活活動への支援は，環境に適応しにくい認知症の人にとってはいままでの生活スタイルを継続的に実施し，習慣化した活動を提供するような支援が必要である.　生活行為には，炊事や洗濯，掃除等の家事などの行為や，庭の管理，植物の世話，自動車の整備，家屋の補修などの生活の管理行為があるが，個々の生活様式を考慮して活動する必要がある.　重要なことは，生活のなかに継続的な役割ができることで居場所ができ，集団や住環境に適応することが行動・心理症状（BPSD）の発症を予防することになるという点である.

　趣味活動への支援は，認知症の人の低下した自信や抑うつ的な気持ちを回復し，生きがいを促し，行動・心理症状（BPSD）の予防にもつながる支援である.　また，趣味や特技に限らず，最近の様子から興味や関心を確認し，活動機会を支援することも必要である.　ポイントは，強制や義務にならないよう本人の意向を確認し，活動時の状態を把握しながら支援することである（表2-13）.

　認知症の人に限らず，自由な活動を制限されることは過度なストレスをもたらし，行動・心理症状（BPSD）の発症を促進することになる.　自由な外出活動は心身を活性化し，メリハリのある生活を促進することになり，散歩や買い物，ハイキング，飲食など，屋外や地域での活動の継続は心身の安定を促し，行動・心理症状（BPSD）予防の観点からも重要な支援である.

　④人間関係への支援とアセスメント

a）人間関係への支援に必要なアセスメントの視点

　他者とのトラブルや不信感など，人間関係が行動・心理症状（BPSD）の原因となる場合も考えられる.　そのためには，原因となっている人間関係の把握をし，調整を行う必要がある.　人間関係を調整するためには，以前からの友人関係や知人関係，家族関係や，現在の他者との関係をアセスメントする必要がある.　また，不適切な介護方法によって介護者への不信感が生じ，行動・心理症状（BPSD）の発症の原因となる場合も多い.　悪化した人間関係を取り除き行動・心理症状（BPSD）を緩和する必要がある（表2-14）.

b）人間関係調整のポイント（表2-15）

　人間関係への支援は，他者との関係調整と家族との関係調整に分けて考えることができる.　とくに，他の高齢者と共同生活をしている場合は，他者との関係調整が認知症の人の生活安定のために欠かせない支援であり，行動・心理症状（BPSD）の緩和や予防にとって重要となる.　また，地域での友人や知人との関係性を継続し交流を促すような支援は，認知症の人の心理的な安定のためには有効である.

　また，家族との関係は認知症の人の人生に大きく影響しており，精神的なよりどころとなっている場合が多い.　夫や妻への思いや子どもや兄弟への思いなど，家族関係はさまざまであるが，それらの心理をよく理解したうえで，気持ちを受け止め，心配や気がかりを軽減するよう家族との関係を調整する必要がある.　家族とのいままでの関係性を踏まえ，認知症の人自身の意向を確認しながら，家族とのかかわりを仲介することが必要である.　家族との関係を把握し，家族と本人だけでなく，スタッフと家族の関係性を密にして家族への支援をすることが重要と

表 2-13 活動支援のポイントと方法例

ケアのポイント		方法例
活動支援	生活に関連した活動 ・生活のなかで行っていた活動を継続する	家事，炊事，家仕事などの生活のなかで行っていた活動を定期的な役割とする 以前していた仕事や日課を継続して行う ・家事や炊事を手伝ってもらい，定期的にお願いする ・植木の管理や水やりを日課としてお願いする ・犬や金魚などペットのお世話をお願いする
		リーダー役や指導的な役割の機会をつくる ・料理等の得意なことや好きなことを教えてもらう ・将棋のボランティアをお願いする ・誕生日会でのあいさつ，唄，帰りの会，帰宅前の締めのあいさつ等を頼む ・会議等の機会に話をしてもらう
	趣味活動 ・本人が好きな活動や趣味を継続する	以前からしていた趣味活動を続ける 現在興味や関心のある活動（書道，生け花，読書，テレビ，音楽）を行う ・墨絵をしてもらう ・歌をいっしょに歌う ・針仕事をしてもらう ・雑誌や新聞，読書をしてもらう ・好きな映画をみてもらう
		体操，レクリエーションへの参加を促す ・毎日ラジオ体操をいっしょに行う ・みなで簡単なゲームを行う
	外出の機会 ・外出をする機会や屋外での活動を行う	屋外のレクや行事，活動（散歩，ドライブ，食事）に参加する 行きたい場所や好きな場所へ見守りながら外出する ・近所のスーパーへいっしょに買い物に行く ・近所の公園までいっしょに散歩に行く ・いっしょに自宅へ帰ってみる ・車でドライブに行く ・地域の夏祭りに参加する

認知症介護研究・研修仙台センター：2013 年度認知症介護研究・研修仙台センター運営費研究事業報告書；続・初めての認知症介護解説集．認知症における行動・心理症状（BPSD）対応ガイドラインの開発に関する研究報告書．認知症介護研究・研修仙台センター，宮城（2014）を参考に筆者が作成．

表 2-14 人間関係の調整に必要なアセスメント視点

ケア方法		アセスメント視点	確認するポイント
人間関係調整	他の入居者との関係調整 ・他の高齢者との関係を把握し，関係性に応じた適切な関係支援を行う	認知症の症状	認知症による症状はどのようか，症状の頻度や種類はどのようか
		過去の生活習慣	親しい近所の人や知人，友人はいるか
		席の位置	いまの席の位置は仲のよい人に囲まれているか
		職員との関係	職員との信頼関係はできているか
		他の入居者との関係	他の入居者との関係はどのようか
	家族との関係調整 ・家族との連絡や交流機会を調整し，家族との関係を支援する	認知症の症状	認知症による症状はどのようか，症状の頻度や種類はどのようか
		過去の生活習慣	以前からの家族との関係性はどのようか
		職員との関係	職員との関係はどのようか
		家族関係	現在の家族との関係性はどのようか

認知症介護研究・研修仙台センター：2013 年度認知症介護研究・研修仙台センター運営費研究事業報告書；続・初めての認知症介護解説集．認知症における行動・心理症状（BPSD）対応ガイドラインの開発に関する研究報告書．認知症介護研究・研修仙台センター，宮城（2014）を参考に筆者が作成．

表2-15　人間関係調整のポイントと方法例

	ケアのポイント	方法例
人間関係調整	他の入居者との関係調整 ・他の高齢者との関係を把握し，関係性に応じた適切な関係支援を行う	他の高齢者に支援をお願いする ・親密なあるいは好意的な他の高齢者が話し相手になるよう調整する ・親密なあるいは好意的な他の高齢者に事情を説明し理解してもらう
		仲の悪い人とのかかわりを調整する ・仲の悪い人との会話時や関係時に職員が仲介し，関係の調整を行う ・関係がよくない高齢者との距離を調整する
		仲のよい人といっしょにすごせるようにする ・仲のよい人とすごす時間を増やす ・話の合う人といっしょにすごせるように席位置等の調整をする
		他の高齢者とのかかわりを増やし，交流を促す ・5人程度の小グループのなかで顔なじみの関係をつくる ・会話のできる利用者を同居室にし，コミュニケーションをとりやすくする ・穏やかな認知症の人と時々交流できる場をつくる
		近所の人や，地域の人との交流を促す ・以前からの知人に，面会してもらう ・隣近所の人とのお茶飲み会に参加する
	家族との関係調整 ・家族との連絡や交流機会を調整し，家族との関係を支援する	家族との連絡調整（手紙） ・家族に手紙を書いてもらう ・家族へ手紙を書く ・日々の様子を常に家族に伝える
		家族（お墓，位牌）との接触機会を調整（面会，訪問，電話）する ・直接，家族と電話して話ができるようにする ・家族との面会回数（増減）を調整する ・亡くなった家族（お墓，位牌）に会いに行く ・家族といっしょに外出できるよう調整する

認知症介護研究・研修仙台センター：2013年度認知症介護研究・研修仙台センター運営費研究事業報告書；続・初めての認知症介護解説集，認知症における行動・心理症状（BPSD）対応ガイドラインの開発に関する研究報告書．認知症介護研究・研修仙台センター，宮城（2014）を参考に筆者が作成．

なる．

　⑤環境の調整とアセスメント

a）環境調整に必要なアセスメントの視点

　行動・心理症状（BPSD）は，認知機能の低下や個人特性等の個人内要因と周囲からのさまざまな刺激による環境的な要因の相互作用によって起こっている．とくに，居住環境にかかわっている生活者の人数や規模，居室やリビング，食堂，トイレなどの規模，間取り，位置関係，住宅の内装やいす，テーブル，生活に必要な道具類，装飾品，敷地内の庭や地域の環境，また音や光，においなどの周囲の刺激などは，認知症の人が安全で安心して生活するための重要な要素である．環境調整する際には，生活歴や生活習慣，グループの人数や居場所，席の位置や居室の環境，刺激などの観点から生活環境の課題を確認することが必要である（表2-16）．

b）環境調整のポイント

　活動支援や人間関係の調整，コミュニケーションの調整においても生活環境を整備することが促進要因になることから，環境をアセスメントし整えることは，行動・心理症状（BPSD）を

表 2-16　環境の調整に必要なアセスメント視点

ケア方法		アセスメント視点	確認のポイント
環境の調整	いっしょにいる人数の調整をする ・本人の要望や気持ちに合わせて，1 人ですごせる場所や時間を用意したり，あるいはおおぜいですごせるような場所を調整したりする	過去の生活習慣	もともと，おおぜいでいるのが好きか，1 人のほうが好きか
		席の位置	座る席は決まっているか，仲のよい人の近くか
		周囲の雰囲気や刺激	まわりはにぎやかか，静かか
		他の高齢者との人間関係	仲のよい人はいるか，他の人と争いごとがあるか
	落ち着いてすごせる場所を用意する ・本人の要望や気持ちに合わせて落ち着ける場所を用意する	過去の生活習慣	以前は，どんなところや雰囲気で落ち着いていたか
		席の位置	いまの席の位置は落ち着いているか
		周囲の雰囲気や刺激	雑音や騒音，大きな声はないか，まぶしくないか
		他の高齢者との人間関係	他の高齢者とは仲がよいか，トラブルが多いか
		職員との関係	職員とは仲がよいか，何でも話してくれる関係か
	座る席の位置を調整する ・座る席の位置を専用にしたり，あるいは気分によって自由に選べるように調整したりする	席の位置	いまの席の位置は落ち着いているか
		周囲の雰囲気や刺激	いまの席は，騒がしかったり，まぶしかったりしないか
		他の高齢者との人間関係	仲のよい人と隣の席か，苦手な人が近くにいないか
		職員との関係	仲のよい職員と近い席か
	なじみのものを使用する ・居室やリビングや廊下など，生活場所に慣れ親しんだものや使用していたものなどを用意する	過去の生活習慣	以前，使用していたものやなじんだものはあるか
		周囲の雰囲気や刺激	いまの環境には慣れているか，なじみのものはあるか
	居室環境を整備する ・本人の要望に合わせて，居室の位置を変えたり，居室内の環境を整備したりする	認知機能	記憶障害の程度や見当識の状態はどの程度か
		身体機能	視力や聴力，歩行状態に応じた居室環境か
		健康	排泄の頻度や睡眠状況，体調に応じた居室の位置や環境か
		過去の生活習慣	以前の寝具や生活用具はどのようであったか
		周囲の雰囲気や刺激	居室のなかは落ち着いてすごせているか，強い光や音などの刺激はないか
		他の高齢者との人間関係	隣の居室の人とは仲がよいか
	わかりやすい表示や環境を整備する ・トイレや居室のドアなどわかりやすい表示や環境を整備する	認知機能	記憶障害の程度や見当識，理解力などを理解しているか
		排泄状況	排泄の頻度や量，慣れた方法などを把握しているか
		周囲の雰囲気や刺激	トイレや居室，廊下などにわかりやすい表示がしてあるか
	光や音などの刺激を調整する ・居室やリビングなど，日中すごす場所の音や音楽，採光，においなど適度に調整する	過去の生活習慣	音楽は好きか，明るいところが好きか
		周囲の雰囲気や刺激	テレビや音楽の音が大きくないか，まぶしくないか
		他の高齢者との人間関係	他の人とにぎやかにするのが好きか，静かなのが好きか
		職員との関係	職員の話し声や，動きは騒々しくないか
	屋外の環境を整備する ・施設や自宅の庭などに落ち着ける場所や歩く場所などを用意する	体調や運動量	体調は良好か，運動量は適切か
		過去の生活習慣	以前から運動や身体を動かすのが好きか
		周囲の雰囲気や刺激	庭や屋外は危なくないか

認知症介護研究・研修仙台センター：2013 年度認知症介護研究・研修仙台センター運営費研究事業報告書；続・初めての認知症介護解説集，認知症における行動・心理症状（BPSD）対応ガイドラインの開発に関する研究報告書．認知症介護研究・研修仙台センター，宮城（2014）を参考に筆者が作成.

表 2-17　環境調整のポイントと方法例

ケアのポイント		方法例
環境の調整	いっしょにいる人数の調整をする ・本人の要望や気持ちに合わせて，1人ですごせる場所や時間を用意したり，あるいはおおぜいですごせるような場所を調整したりする	1人ですごせる場所や時間をつくる 1人にせず，おおぜいでいる場所をつくる いっしょに食べる人数を少なくする，あるいはおおぜいで食べる 趣味活動をおおぜいで行ったり，少人数で行ったりする
	落ち着いてすごせる場所を用意する ・本人の要望や気持ちに合わせて落ち着ける場所を用意する	落ち着いて会話ができる場所を用意する 落ち着いて座れるいすやソファを用意する 畳やこたつなどがある場所を用意する みなが集まる場所ですごしてもらう リビング以外にも，少し離れたところに小さなテーブルといすを用意する
	座る席の位置を調整する ・座る席の位置を専用にしたり，あるいは気分によって自由に選べるように調整したりする	リビングの座席を変更する リビングに専用の席をつくる 席をあえて固定化せず，自由に選んでもらう
	なじみのものを使用する ・居室やリビングや廊下など，生活場所に慣れ親しんだものや使用していたものなどを用意する	自宅で使用していたものや，写真等を持ち込んでもらう 自宅と同じ芳香剤を置く 自宅で使っていた人形を側に置く 自宅で使っていたいすを置く 本人がこだわるものを用意する．（腕時計・壁掛け用時計）
	居室環境を整備する ・本人の要望に合わせて，居室の位置を変えたり，居室内の環境を整備したりする	居室替えをし，ホールに近い居室へ移動する 居室内を整理整頓し，むだな装飾を控える 居室に余計なものを置かない ベッドから布団，布団からベッドに変える 居室の模様替えを本人といっしょに行う
	わかりやすい表示や環境を整備する ・トイレや居室のドアなどわかりやすい表示や環境を整備する	トイレや居室に目印となる表札や案内板を掲示する ドアにその人の名前と便所と書いて貼る
	光や音などの刺激を調整する ・居室やリビングなど，日中すごす場所の音や音楽，採光，においなどを適度に調整する	好きな音楽を流しながらゆっくりとすごせるようにする 騒音，雑音を少なく，静かな環境にする カーテンをこまめに開閉して明るさの調整をする 職員同士の会話は隅のほうで静かに行う テレビはつけっぱなしにせず，音はできるだけ控えめにする
	屋外の環境を整備する ・施設や自宅の庭などに落ち着ける場所や歩く場所などを用意する	屋外に散歩できる環境を整える 屋外に落ち着ける場所を用意する

認知症介護研究・研修仙台センター：2013 年度認知症介護研究・研修仙台センター運営費研究事業報告書；続・初めての認知症介護解説集，認知症における行動・心理症状（BPSD）対応ガイドラインの開発に関する研究報告書．認知症介護研究・研修仙台センター，宮城（2014）を参考に筆者が作成．

緩和する基本的な介護となる．

　環境の調整は，適正なグループ人数の調整，落ち着く場所の提供，席位置の調整，使い慣れたものの使用，居室環境の整備，わかりやすい環境づくり，周囲の刺激調整，屋外環境の整備等の視点を中心に環境支援を行うことが必要である（表 2-17）．

　一般的には，グループへの参加機会を増やし交流を促す場合が多いが，集団への参加や他者

とのかかわりが苦手な人もいることを考慮しておく必要がある．人間関係の傾向を把握し，適正なグループ人数を考慮した調整が快適な生活を促進することになる．

　また，落ち着く場所がないことによる不安がストレスになる場合があるため，席の位置，形，高さ，テーブルの大きさ，窓際かリビングの中央か，明るいところか暗いところか，テレビの近くか，静かなところか，慣れ親しんだ物品が用意されているかなど，認知症の人の様子や気持ちを確認しながら，安心できる居場所をつくるような環境調整が必要となる．

　屋外環境においても，屋外での活動はストレスを緩和し身体機能の維持に効果的であるため，屋外での活動を自主的に選択して任意に活動できるよう，屋外の環境を安全で快適に整備することも必要である．

　⑥コミュニケーションの工夫とアセスメント

a）コミュニケーションの工夫に必要なアセスメント視点

　認知機能の低下による環境への不適応や，周囲からの不適切な対応による自信喪失，不安感，疎外感，焦燥感，抑うつ感，被害感などの心理状態は，行動・心理症状（BPSD）の主な要因と考えられる．効果的なコミュニケーションを行うためには，コミュニケーション方法に関する傾向や認知機能の程度，また過去の趣味や特技，興味や関心，スタッフとの関係性をアセスメントする必要性がある．過去の生活歴から他者とのかかわり方の傾向や関心事を確認し，コミュニケーションの方法や内容を参考にすることができる．認知能力の把握は理解力を判断したり，適正な会話時間や内容を決めたり，非言語的コミュニケーションの必要性を判断するために重要である．周囲の雰囲気や刺激を把握しておくことは，落ち着いて会話ができる場所であるかを確認するために，またスタッフとの関係性の確認は，信頼関係に応じた会話の内容や方法を判断するために必要である（表2-18）．

b）コミュニケーションの工夫のポイント

　自信の喪失，不安，疎外感，焦燥，抑うつ，被害感を解消するためには，人格を受容し存在を受け入れてくれる他者の存在が重要である．失敗やまちがいを責めず，信頼し合える人間関係をつくるため，認知機能の状態や特性をよく理解し，適切に交流するためのコミュニケーション技術が必要である．

　効果的なコミュニケーションのポイントは，認知症の人の認知機能や心理状態，個人特性を考慮しながら会話の内容や方法を工夫したり，会話量の調整，環境の調整，非言語的コミュニケーションを活用したりし，行動・心理症状（BPSD）を軽減，緩和することである．

　会話内容としては，興味のあることや関心のあること，好きなことなどを事前に把握しておき，高齢者が楽しめるような話題を提供することが挙げられる．また，感謝や称賛の言葉を多用したり，得意なことを教えてもらったりするようなかかわり方によって，認知症の人の自信を回復させ，精神的に安定することによって行動・心理症状（BPSD）を緩和したり予防したりすることにもつながる可能性がある．質問を多用しすぎて高齢者の負担になることは避け，ヒントや選択肢を提供し会話を補助するような工夫が有効である．

　会話量についても，体調や気分を無視し会話量を増やすことは，行動・心理症状（BPSD）を

表 2-18　コミュニケ―ションの工夫に必要なアセスメント視点

		ケア方法	アセスメント視点	確認するポイント
コミュニケーションの工夫		会話の内容を工夫する ・本人の気持ちや状態に合わせて，会話の内容を工夫する	認知機能	記憶障害の程度や理解力はどうか
			過去の生活習慣	以前の関心や趣味，興味，出来事はどのようか
			職員との関係	かかわる職員とは信頼関係ができているか
		会話の方法を調整する ・高齢者の気持ちや状況を考えて，本人に合わせたペースや方法で会話する	認知機能	記憶障害の程度や理解力はどうか
			過去の生活習慣	本人の会話のスピードや話し方に特徴はあるか
			職員との関係	職員とは信頼関係ができているか
		会話するときの環境や状況を調整する ・本人の状態に応じて会話をする状況を調整する	認知機能	記憶障害の程度や理解力はどうか
			周囲の雰囲気や刺激	周囲は話しやすい場所か，雑音や騒音はないか
			職員との関係	職員との信頼関係はできているか
		会話や見守りの回数や量を調整する ・本人の状態に合わせて会話やコミュニケーションの量を調整する	認知機能	記憶障害の程度や理解力はどうか
			過去の生活習慣	会話をするのが好きな人か．人見知りな人か
			職員との関係	話しやすい関係が築けているか
		非言語的なコミュニケーションをする ・会話をするだけでなく，側にいてあげたり，スキンシップなど言葉以外のかかわりを調整したりする	認知機能	記憶障害の程度や会話における理解力はどうか
			過去の生活習慣	もともと，他者との交流は好きか，スキンシップに抵抗はないか
			職員との関係	身体的な接触が可能なほど信頼関係があるか

認知症介護研究・研修仙台センター：2013 年度認知症介護研究・研修仙台センター運営費研究事業報告書；続・初めての認知症介護解説集，認知症における行動・心理症状（BPSD）対応ガイドラインの開発に関する研究報告書．認知症介護研究・研修仙台センター，宮城（2014）を参考に筆者が作成．

増長する原因となる場合がある．コミュニケーションや会話の頻度，時間は，認知症の人の状態に応じて，適宜，調整することが必要である．

　非言語的なかかわりについても，認知機能の低下によって理解力が低下すると会話自体がストレスになる場合もあり，言葉以外の交流を多用することが円滑なコミュニケーションのためには有効である．アイコンタクトや豊かな表情，スキンシップを意識的に多用することが，信頼関係をつくるうえで有効である（表 2-19）．

　⑦ケア体制の整備とアセスメント

a）ケア体制の整備に必要なアセスメント視点

　行動・心理症状（BPSD）は，認知症の進行に伴い症状の種類や程度が変化していくことから，複数の専門家がチームとして継続的にかかわる必要がある．チームでケアを行う場合に，スタッフ間でのケア方法の違いが行動・心理症状（BPSD）に影響している場合が多い．ケア体制に必要なアセスメントとして，スタッフによってケア方法にばらつきがないか，ケアプランで決められたケア方法を全員が同じように理解し実行できているか，介護記録や認知症の人の情報が適宜共有化されているか，またその方法を実施しているか，認知症の人が特定のスタッフを苦手としていないか，逆にかかわりすぎていないか，異性のスタッフに対して不安や恐れをもっていないかなどを確認する必要がある（表 2-20）．

表 2-19　コミュニケーションの工夫のポイントと方法例

ケアのポイント		方法例
コミュニケーションの工夫	会話の内容を工夫する ・本人の気持ちや状態に合わせて，会話の内容を工夫する	いまの心境や，目的や理由について確認する
		いまの状況や今後の予定について説明をする ・声かけの際にさりげなく時間と場所，スケジュールなどを伝える ・他の高齢者のことを説明し，理解してもらう ・居室で話を聞き不安なことについて 1 つずつ説明する ・筆談で紙に書いて渡してみてもらい，家の状況や入居の説明をする
		好きな話題（宗教，趣味，家族，昔話等）を交えながら話をする
		感謝したり，賞賛したり，肯定的な言葉を多用する ・1 つひとつの行動をほめて，必ずありがとうと声かけを行う ・家事やレクへの参加はとくにほめたりお礼を言ったりする ・「助かります」「ありがとうございます」「教えてください」
		本人を頼りにしていることを伝える
	会話方法を調整する ・高齢者の気持ちや状況を考えて，本人に合わせたペースや方法で会話する	否定せず，説明せず，本人の話を共感しながら，うなずいて聴く
		本人が話したいときに，ゆっくりとペースを合わせて会話をする
		本人がわかりやすい言葉を使う
		短い文章で話をする
	会話する時の環境や状況を調整する ・本人の状態に応じて会話をする状況を調整する	静かな場所で，周囲の雑音がないように，1 人のときに話をする
		タイミング（行動パターン）に応じた声かけやつき添いを行う
	会話や見守りの回数や量を調整する ・本人の状態に合わせ会話やコミュニケーションの量を調整する	高齢者の状態に応じて声かけや会話を増やす ・職員がかかわる時間を増やし，マンツーマンでかかわるようにする
		高齢者の状態に応じてつき添ったり，見守る時間を増やしたりする ・いっしょにいる時間を増やす
	非言語的なコミュニケーションをする ・会話をするだけでなく，側にいてあげたり，スキンシップなど言葉以外のかかわりを調整したりする	無理に会話をせず，側にいっしょにいて見守る
		手に触れるなどスキンシップを行う ・信頼関係に応じて手をつないで歩く時間をつくる
		アイコンタクトや身ぶりなど，言葉以外の方法を行う ・目が合ったときはアイコンタクトをとって適時うなずく

認知症介護研究・研修仙台センター：2013 年度認知症介護研究・研修仙台センター運営費研究事業報告書；続・初めての認知症介護解説集，認知症における行動・心理症状（BPSD）対応ガイドラインの開発に関する研究報告書．認知症介護研究・研修仙台センター，宮城（2014）を参考に筆者が作成．

b）ケア体制の整備におけるポイント

　チームケアにおいてケアの体制を整えることは，安定したケアの実施にとって重要な要件であり，行動・心理症状（BPSD）を緩和するためには最低限の条件である．ケア体制を整えるうえでのポイントは，チームにおいてケアを統一することや，状況に応じて担当職員を調整する等の方法がある．

　チームケアを行うためには，目標やケア基準を明確にし，チーム内で検討したうえでケアプランを具体的に立案することが前提となる．そして，統一されたケアを実行するには，詳細なケア方法がチームにおいて共有化され，ケア実行後のモニタリングによって，認知症の人の状

表 2-20　ケア体制の整備に必要なアセスメント視点

ケア方法		アセスメント視点	確認するポイント
ケア体制整備	チームケアの実施 ・職員間でケアの方法を統一する ・担当スタッフの調整をする	認知機能	認知機能の状態についてチームで共有できているか
		過去の生活習慣	過去の生活習慣についてチームで共有できているか
		職員との関係	スタッフと高齢者の関係は良好か，なにか課題があるか
		職員のかかわり方	スタッフ間でかかわり方に差がないか，同じケアをしているか
		ケアの基準	ケア方法についてチームの基準が共有化されているか
		共有化の取り組み	ミーティングは行われているか，頻度は適切か
		ケアプランの活用	ケアプランの表現はわかりやすいか，明確か，具体的か，全員が理解しているか

認知症介護研究・研修仙台センター：2013年度認知症介護研究・研修仙台センター運営費研究事業報告書；続・初めての認知症介護解説集，認知症における行動・心理症状（BPSD）対応ガイドラインの開発に関する研究報告書．認知症介護研究・研修仙台センター，宮城（2014）を参考に筆者が作成．

表 2-21　ケア体制整備のポイントと方法例

ケアのポイント		方法例
ケア体制整備	チームケアの実施 ・職員間でケアの方法を統一する ・担当スタッフの調整をする	職員間でケアの方法を統一する ・職員同士で情報交換を密にするため，カンファレンスを頻繁に行う ・ケア方法を統一するため，ケアプランやアセスメントを共有する ・個別の生活目標を具体的，明確にしチーム全員が理解しやすい表現にする ・具体的なケア方法の基準を決め，トレーニングを行う
		かかわる職員の調整を行う ・かかわる職員を異性にする ・かかわる職員を信頼関係ができている職員にする ・担当を変えずに，専属の職員がかかわる

認知症介護研究・研修仙台センター：2013年度認知症介護研究・研修仙台センター運営費研究事業報告書；続・初めての認知症介護解説集，認知症における行動・心理症状（BPSD）対応ガイドラインの開発に関する研究報告書．認知症介護研究・研修仙台センター，宮城（2014）を参考に筆者が作成．

態に応じたケアプランの修正と共有化が恒常的に実施されることが必要である（表2-21）．

4）主な症状の発症要因とケアの検討

　多くの行動・心理症状（BPSD）の要因や介護方法は症状全般に共通する点があるが，行動・心理症状（BPSD）の症状別の特徴に応じた固有の要因や介護方法を知っておく必要がある．とくに，症状の頻度や対応の困難度が高い興奮・暴力・暴言や徘徊，頻繁な帰宅の要求について，介護の考え方と代表的な要因を踏まえた介護方法の特徴について解説する（表2-22）．また，そのほかの行動・心理症状（BPSD）についても，知っておくべきアセスメント視点と介護の留意点について触れておく．

（1）興奮・暴力・暴言

　興奮や暴力・暴言は，他者からみれば突然で意味不明な行動であり，対応に苦慮する行動・心理症状（BPSD）である．興奮・暴力・暴言は，「他人やものに対して暴力を振るう」「たたく」「蹴る」「噛む」「破る」「ひっかく」「物をつかんで投げつける，たたきつける」などの行為

表 2-22　主な症状別の代表的な要因

行動症状	身体面	精神面	環境面
徘徊	体調不良 外傷 疼痛 脱水 視覚の異常 便秘や下痢 失禁	認知機能の低下 視空間認識障害 見当識障害 目的の有無 常同行動 不安 孤独感 役割の喪失感 居心地の悪さ	不快な刺激（音，光，におい） 不慣れな住居，居室 トイレの場所や表示 居室の場所や表示 職員や他者への不信感 コミュニケーションの不足 環境変化
暴力・暴言	疼痛 便秘 ADL の低下 薬物による影響 神経伝達物質の濃度	認知機能低下 意思疎通の困難さ うつ 幻覚や妄想 気分不快 病前性格	入居期間 不適切なケア 介護者への不信感 コミュニケーションの不足
過剰な帰宅要求	身体的不調 薬物の影響 便秘や下痢	妄想 誤認 居心地の悪さ 役割の喪失感 不安や恐れ 不満 孤独感 認知機能低下	時間帯（夕刻） 周囲の雑音や刺激 職員や他者の動き 家族との接触度 入居期間 不慣れな住居

服部英幸編，精神症状・行動症状（BPSD）を示す認知症患者の初期対応の指針作成研究班：BPSD 初期対応ガイドライン改訂版：介護施設，一般病院での認知症対応に明日から役立つ．ライフサイエンス，東京（2012）を参考に筆者が作成．

であり，威嚇する身振りも含む身体的攻撃性と，口汚い言葉を使ったり，人をののしったり，大声で叫んだり，かんしゃくを起こしたりするような言語的攻撃性に分類できる．IPA の定義によれば，興奮や暴力・暴言は焦燥に関連する行動であり，本人の要求や困惑から直接生じたとは考えられない不適切な言語，音声，行動をとることと定義されている[1]．主な原因としては，脳の損傷や神経伝達物質の濃度低下など「脳の器質的な要因」や環境変化，記憶障害，コミュニケーション能力の低下，性格，介護者との関係による「心理的な要因」，騒音や照明，環境変化など「環境的な要因」が考えられる[2]．

　①介護の目標

　興奮や暴力・暴言は，介護者にとっては突発的で意味不明な場合が多く，恐怖や不信感，混乱，嫌悪感から介護がむずかしい症状である．しかし，本人は理由もなく怒ったり暴力を振るったりすることはなく，介護者はあわてず理由や原因を冷静に把握し，少しずつ原因を取り除くように慎重な対応が必要である．興奮や暴力・暴言への介護の目標は，単に興奮や暴力・暴言をなくすことではなく，穏やかになることで生活意欲が増し，豊かな生活がすごせるよう支援することである．

②アセスメントと介護のポイント

　認知症に伴う興奮や暴力・暴言は，周囲の環境や自分がおかれている状況に対する理解低下や混乱，または知らない環境での居場所のない不安や混乱がストレスとなり，周囲への攻撃として現れる場合が多い．また，身体の不調や痛みによる気分不快，周囲の理不尽な対応への抵抗も要因として考えられる．興奮や暴力・暴言には本人なりの理由があることや，要因と考えられる認知機能や周囲の環境は，自分でコントロールすることがむずかしいことを理解しておく必要がある．

　興奮・暴力・暴言への介護は，即時的な対応と長期的な支援を並行しながら行うことが必要である．まずは興奮や怒りを緩和し，冷静になるよう共感や受容によるコミュニケーションを優先的に行い，信頼関係を築くことが先決である．その後，薬剤の有効性や医療的な対応の必要性を医師と相談しながら慎重に対応し，環境や人間関係を調整しながら活動の支援を徐々に行っていくことで予防も可能となる．

（2）落ち着かず歩き回る（徘徊など）

　徘徊とは，一般的に目的がとくに認められないのに歩き回ったり，あるいは，ぶらぶら歩きながらあてもなくさまよったり，同じところを行ったり来たりするような行動とされ，多種多様な行動をすべて含んでいる．IPAでは，もっとも対応や介護が困難で頻繁に起こる行動・心理症状（BPSD）としてグループⅠに分類している[1]．よくみられる症状として，「物事を調べて回る」「人のあとについていったり，しつこくつきまとったりする」「ぶらぶら歩き，または探し回り，むだな試みをする」「目的なしに歩く」「夜間に歩き回る」「とんでもないところに向かって歩く」「繰り返し外に出ようと試みる」などさまざまな種類がある．大きく分類すると，「本人なりの目的や理由があってうろうろと歩き回ったりしている場合」と「とくに目的や理由もなくさまよっている場合」，そして「同じところを何度も行ったり来たりを繰り返している場合」の3つに分類できる．

①介護の目標

　認知症の人が歩き回ったり，さまよったり，どこかへ行こうとしたりする行動には，何らかの目的や理由がある場合が多く，さまよい歩く様子は一様ではなく，認知症の人1人ひとりや，そのときの状況によって異なると考えられる．なにかを求めている場合，不安で落ち着かない場合，どこかへ行こうとしている場合，常に同じところを行ったり来たりしている場合など，徘徊という言葉で包括することには注意が必要である．徘徊への介護目標は，徘徊と思われるすべての行動をなくしてしまうことではなく，徘徊の原因や理由を知り，認知症の人自身にとって有害な状態を緩和し，心理的に安定し生活意欲がわいてきた結果，症状が減ることである．

　すべての徘徊が認知症の人にとって有害かどうかを確認しておくことが先決である．徘徊には認知機能の低下やその他多くの要因が影響しており，不安や焦り，恐怖などの心理によって生じている場合が多いと考えられる．まずは，心理的な不安を緩和し，徘徊に伴う苦痛や悩みを和らげ，最終的には穏やかに，生き生きと生活ができるようになることが目標である．

②アセスメントと介護のポイント

徘徊の要因は，身体面，精神面，環境面に関する多様な要因が考えられ，それぞれの要因を取り除くための介護を行う必要がある．本人なりの理由や目的がある場合はそれらに応じた介護が必要であり，目的を達成することで徘徊する理由が解消する場合もある．また，環境への不適応によって孤独感や疎外感がある場合は，環境調整やコミュニケーションを工夫することで人間関係が良好になり，心理的な要因が解消できる場合もある．見当識障害や視空間認知障害によって行きたい場所がわからず迷っている場合は，わかりやすい環境の整備が必要となる．居心地の悪さや居場所のなさが要因である場合は，役割を保障するような活動の支援が効果的である．また，便秘が要因であれば，排泄の調整によって徘徊が緩和する場合もある．同じところを行ったり来たりと同じ行動を繰り返している場合は常同行為によるものと考えられ，無理に止めずつき合って見守ることや，注意を本人の興味や関心のあるものに向けてほかの活動に誘い習慣化することも考えられる．いずれにせよ，徘徊の種類や要因はさまざまであるため，それぞれの特性に応じた介護を行うことが重要である．

(3) 頻繁な帰宅の要求

帰宅の要求は，帰宅の要求や帰宅行動が頻繁にみられるような症状であり，IPA の分類では帰宅要求は徘徊のなかに含まれているが，必ず帰宅要求が伴うという点で徘徊とは分けてとらえることができる．帰宅要求の症状に共通していることは，「家に帰りたい」という訴えが一貫していることである．ここは自分がいる場所ではない，落ち着かない，家に行かなければならないなどの理由で，スタッフに頻繁に訴える場合や，玄関に行って外に出ていこうとする場合などがある．帰宅したい場所は必ずしも自分が住んでいる家とは限らず，幼少のころにすごした家や落ち着く場所，親しい兄弟や家族のいる場所など，人によって目的や意味が異なっている．

これらに共通している点は，現在の居場所が落ち着かない，なぜここにいるのか理由がわからないなど，不安な状態を抱えている点である．いまの場所が安心してすごせる場所になれば，帰宅の要求や行動は緩和される場合が多い．

①介護の目標

頻繁に帰宅要求をする場合，居心地が悪い，居場所がない，落ち着くことができないなどの不安定な心理状態が背景にある場合が多い．現在の生活環境や人間関係が本人にとって快適ではない場合，立ち去りたいという心理が引き金になっていることが多いと考えられる．帰宅要求への介護は，単純に帰宅要求をなくすということではなく，帰りたいという不安定な心理状態を緩和することであり，安定した生活を実現することが目標となる．

②アセスメントと介護のポイント

帰宅要求の要因は，認知機能，性格，身体，精神，環境など多様な要因が考えられるが，居心地の悪さや居場所がないなど環境への不適応が主な要因と考えられる．現在の生活環境や人間関係に適応できず，孤独感や疎外感，自信喪失等によって，この場から立ち去り安心できる場所へ行きたいという願望が帰宅の要求として現れることが多い．介護のポイントは，環境へ

表 2-23　そのほかの介護がむずかしい症状と代表的な要因

行動症状	身体面	精神面	環境面
弄便	便失禁 便秘や下痢 疾患 薬物の影響 発熱や腹痛	認知機能の低下 不眠 徘徊 失認	時間帯（夜間） おむつの着用 不十分な介護 トイレの場所や表示
昼夜逆転	睡眠障害 薬物の影響 脱水 身体的な不調 疼痛，かゆみ 運動不足 けが	夜間せん妄 見当識障害 不安や心配	日光の当たらない住居 騒音，雑音 不適切な室温 環境の変化
摂食障害	嚥下機能の低下 消化器の異常 睡眠障害 薬物の影響 自律神経の障害	失行（道具が使えない） 失認（食べ物と認識できない） 半側空間無視 意欲低下やうつ 幻視 集中力	注意力を削ぐ刺激 不慣れな食事環境

服部英幸編，精神症状・行動症状（BPSD）を示す認知症患者の初期対応の指針作成研究班：BPSD 初期対応ガイドライン改訂版；介護施設，一般病院での認知症対応に明日から役立つ．ライフサイエンス，東京（2012）を参考に筆者が作成．

の適応を促進するため信頼関係をつくり，わかりやすい環境や落ち着ける環境を整備し，本人の自信を高めるため活動の機会を準備して居場所をつくることなどが効果的である．

（4）そのほかの症状

①介護がむずかしいとされる症状

興奮・暴力・暴言や徘徊，帰宅の要求以外にも弄便行為や昼夜逆転，摂食障害など介護がむずかしい症状がある（表 2-23）．

弄便行為といわれる行為は便をもてあそぶと表現するが，認知症の人が意図的に便をもてあそんでいるのではなく，排泄の後始末がうまくいかない場合に，衣服や布団，シーツ，壁等に便等をつけてしまうことが多いと考えられる．要因は，おむつやトイレに関する理解力の低下，排泄機能に関連する身体機能，疾病の状態，付随する不快感，恥ずかしさ，不適切な排泄支援による不十分な排泄状態，あるいはトイレ等のわかりにくさやトイレ等の場所がわからないことなどが考えられる．排泄機能低下がみられる場合は医療や看護，薬物調整によって円滑な排泄調整を，トイレ等の場所がわかりにくい場合はトイレ表示や場所などの整備を，認知能力の低下による場合は排泄パターンを把握し適時の誘導を実施することが必要である．いずれも不快感や恥ずかしさなどの心理に対してコミュニケーションを工夫し，緩和することが共通する介護方法となる．

昼夜の逆転は，夜間の覚醒が頻繁に発生することや，睡眠不足によって覚醒と睡眠のリズムが乱れることが要因であるが，それらについては身体，精神，環境等のさまざまな可能性を考

える必要がある．疾病や薬物，体調への支援や心理的な不安状態の緩和，睡眠を疎外する環境
の調整等が必要となる．

　要因が明確でない場合は，覚醒時の活動支援や太陽光の照射調整を行い，睡眠を促進する支
援を行うことが有効であるといわれている．

　摂食障害も介護がむずかしい症状であるが，過食（必要以上に過剰に食べる），拒食（食事を
とりたがらない），異食（食べ物ではないものを食べようとする），食欲低下，同じものしか食
べない，嚥下困難など多様な症状があり，症状別に共通する要因と異なる要因が考えられる．
体調不良や疾病，薬物の影響，睡眠不足等には医療・看護的な処置が必要であり，認知機能の
低下によるものは食事内容や食材，道具等の改善をし，不要な刺激や不慣れな食事環境，食習
慣には適正な環境を調整することが必要である．レビー小体型認知症の幻視が原因の場合は，
幻視が起こりにくい食材や食事を用意することや，前頭側頭型認知症による同じものを食べる
という症状には，他の食事や食材への関心を促すような誘導やコミュニケーションが必要であ
る．

　ほかにもさまざまな症状があり介護方法は一様ではないが，関連要因を把握し改善を行うこ
とが行動・心理症状（BPSD）の緩和や防止の基本的なポイントとなる．

　②精神面に現れやすい症状

　精神面に現れやすい症状も，かかわり方や周囲の環境刺激を調整することによって発症を緩
和することができる症状が多い．これらの症状は，妄想や誤認など思考に関する症状，抑うつ
や興奮・怒りなど感情に関する症状，無気力や無関心など意欲低下に関する症状，幻覚など知
覚異常に関する症状等に大別される[7]．発症要因はいずれの症状についても身体，精神，環境
に関する状態が多様に影響している[2]（表 2-24）．

　介護の特徴としては，思考に関する症状には否定や説得などは厳禁であり，また必要以上の
肯定も症状を助長する可能性がある．認知症の人自身の考え方や思いを受け入れる姿勢や態度
が重要であり，否定せず，肯定せず，認知症の人の考え方を認め共有することが心理的な安定
に効果的である．

　また，感情面の症状も否定せず，放任せず感情を理解し，共感するようなコミュニケーショ
ンが必要であり，感情が安定した後に要因の改善や調整を行い長期的な介護を行うことが予防
につながる．

　意欲低下は，前頭部の機能低下，脳の血流低下などが原因である場合が多く，介護だけで改
善するというよりは，医師と連携し薬剤調整を検討することが必要である．また，意欲低下に
よって活動性が低下するため，薬剤調整とともに適度な活動支援を行い，廃用性の機能低下を
予防することが必要である．

　幻視などの知覚異常は，脳機能，精神疾患，視力，薬剤などが要因として考えられるため専
門の医師との連携が必要であるが，感覚に影響する周囲の刺激を調整することも必要である．
また，幻視によって恐怖心や不安がある場合は，コミュニケーションによって緩和することが
必要となる．

表 2-24　精神面に現れる主な症状の代表的な要因

分類	心理症状	要因	
思考内容に関する症状	妄想 ・物盗られ妄想 ・配偶者が偽物 ・配偶者が不義をしている ・見捨てられる ・自分の家ではない	視力や聴力など五感の低下 せん妄 疎外感	認知機能の低下 薬剤の影響 他者への不信感や関係の悪さ
	誤認	知覚異常 視覚や聴力の低下か異常	認知機能の低下
感情に関する症状	抑うつ	生活上の大きな変化やストレス 家族や近親者，知人の死 孤独感 慢性疾患や疼痛など健康状態 脳血管障害 薬剤の影響	環境変化 認知機能の低下と症状悪化 不眠 不安の強さ 妄想 自信喪失
	興奮や怒り	前頭部機能の障害 神経伝達物質の機能異常 視覚，聴覚の障害 薬剤の影響 妄想	誤認 幻覚 病前性格 不快刺激 他者との関係性
意欲の低下に関する症状	アパシー（無気力・無関心）	前頭部機能の障害 前頭部血流低下	
知覚異常に関する症状	幻覚	レビー小体型認知症 脳梗塞 片頭痛 てんかん 精神疾患 視力障害	せん妄 薬剤の影響 睡眠薬やアルコール等 睡眠障害 発熱

服部英幸編，精神症状・行動症状（BPSD）を示す認知症患者の初期対応の指針作成研究班：BPSD 初期対応ガイドライン改訂版；介護施設，一般病院での認知症対応に明日から役立つ．ライフサイエンス，東京（2012）を参考に筆者が作成．

　これらの症状には脳病変，認知機能，精神症状，知覚異常，薬剤などが影響しているため，医療と介護の連携は重要であり，コミュニケーションを基本にしながら環境の調整や活動の支援を行い，豊かな生活に導くことが必要である．

5）行動・心理症状（BPSD）への介護の評価視点

　アセスメントと介護に終始せず，実施した介護への評価を行うことが予防的な視点からも重要である．行動・心理症状（BPSD）への介護に関する評価視点は，行動・心理症状（BPSD）が軽減したか等の行動・心理症状（BPSD）の変化，行動・心理症状（BPSD）の発症要因の改善，認知症の人の QOL の向上が重要な視点となる．とくに，行動・心理症状（BPSD）の発症要因の改善は根本的な原因の除去になるため，行動・心理症状（BPSD）の予防とも強く関連しており，事前のアセスメントで課題となっている要因を再度確認することが重要である（図2-9）．

図 2-9　BPSD への介護評価の視点

（1）行動・心理症状（BPSD）の評価

①行動・心理症状（BPSD）の評価尺度

　行動・心理症状（BPSD）の重症度を評価する標準化された尺度としては，Cummings らによる Neuropsychiatric Inventory（NPI）[8]，Cohen-Mansfield による Cohen-Mansfield agitation Inventory（CMAI）[9]等，多数の評価尺度が開発されている．

　NPI は博野らにより日本語版が開発されており[10]，妄想，幻覚，興奮，うつ，不安，多幸，無為，脱抑制，易刺激性，異常行動の 10 項目の頻度と重症度を評価し，行動・心理症状（BPSD）の重症度を判定する点が特徴である．また，NPI は，睡眠異常と食行動異常を追加した 12 項目版[11]，介護者の介護負担度の評価を追加した NPI-D 版[12,13]，施設入所者を評価対象とする NPI-NH[14,15]，介護者が質問紙で回答して評価を行う NPI-Q[16,17]など評価内容，評価方法，評価対象の違いによって各バージョンが開発され，各国で広く普及している．

　CMAI は本間らにより日本語版が開発されており[17]，原版では一定期間内における攻撃的行動と非攻撃的行動に関する 29 項目の行動頻度について 7 段階で評価でき，評価内容が具体的な行動であるため介護現場などでも利用しやすく，非専門家でも使用できる点が特徴である．

　これらのなかでも古くから使用されているものとして，1987 年に Reisberg らによって開発され，その後朝田らによって日本語版が開発された Behavioral Pathology in Alzheimer's Disease Rating Scale（Behave-AD）がある[18,19]．Behave-AD は，主にアルツハイマー型認知症の症状評価に焦点を当てた尺度であり，「妄想観念（7 項目）」「幻覚（5 項目）」「行動障害（3 項目）」「攻撃性（3 項目）」「日内リズム障害（1 項目）」「感情障害（2 項目）」「不安および恐怖（4 項目）」の 7 つの視点，計 25 項目について 4 段階で重症度を評価する．また，行動・心理症状（BPSD）全体の評価項目として「全般評価（1 項目）」を設け，症状別の評価だけでなく症状全体の重症度の変化を評価することが可能である．アルツハイマー型認知症用として開発されているが，行動・心理症状（BPSD）の症状別評価が可能であることから，他の原因疾患においても同様の行動・心理症状（BPSD）が認められる場合は，目安として活用することが可能である．

　また，多くの評価尺度がアルツハイマー病を中心に開発されていることから，前頭側頭型認

知症の症状を評価するために繁信ら[20]によって開発されたのが常同行動評価尺度（The Stereo-typy Rating Inventory；SRI）である．SRIは，食行動，周遊，言語，動作・行動，生活リズムの5項目について5〜7つの下位質問と，頻度と重症度を主介護者に質問し，前頭側頭型認知症に特徴的な強迫・常同行動の総合的評価を行うことができる．

②行動・心理症状（BPSD）の評価尺度を利用する際の留意点

行動・心理症状（BPSD）の評価尺度は，評価内容，評価対象，評価者によってさまざまな種類が開発されている．よって，評価の対象である認知症の人がどのような原因疾患なのか，評価方法は容易で簡便なのか，評価者には専門的な技術が必要なのか，頻度，重症度，介護負担度などなにを評価するのかを事前に検討しておく必要がある．また，症状は日々変化し，頻度や状態も一定ではないため，長期間にかかわっており，対象者の特徴を把握している人が評価する必要がある．それらを入念に準備することによって評価結果の信頼性が向上し，ケアを評価する重要な指標となる．

しかし，評価尺度を使用するうえで気をつけてほしいことは，尺度によって評価され数値化された結果は，症状のすべてを表しているわけではない．本人が発した言葉，刻々と変化する表情，具体的な振る舞いやしぐさなどは評価尺度のなかに包含されてしまい，詳細な状況を把握することには限界がある．行動・心理症状（BPSD）にみられるさまざまな症状は，現状に対する認知症の人の訴えであり，数値化された重症度だけに着目することは非常に危険である．評価結果を参考にしつつ，介護者が聞いた言葉，みている状況，話した内容から本人の真の想いを考察し，統合的に判断することが必要である．

また，行動・心理症状（BPSD）の減少は介護の最終目的ではなく，豊かで安心した生活を送るための最低条件であることを踏まえ，より充実した生活支援につなげることが必要である．

(2) 行動・心理症状（BPSD）の要因に関する再アセスメント

介護実施前にアセスメントした行動・心理症状（BPSD）発症の要因に関する視点について，介護実施後に再度確認し，要因と考えられる項目が改善されているか，緩和されているかを介護の効果として評価することが必要である．その際，すべての項目について再評価するのではなく，最初のアセスメント時に課題として挙げた項目の変化を確認することで，発症要因の根本的な解決ができたかを評価する．

(3) QOLの評価

①QOLを評価する意義とは

認知症介護の最終的な目的は行動・心理症状（BPSD）の低減ではなく，より豊かな暮らしの安定である．行動・心理症状（BPSD）を減らすことは，安心した生活に欠かせない最低条件であるが，それだけでは豊かな暮らしを達成することにはならない．良質なケアを評価するためには，認知症の人の生活を評価することが必要であり，ケアの評価とは，本人の暮らしがニーズに合った豊かで安定したものになっているかを確認することである．

②QOLの評価尺度

QOLの評価に関する研究は，長年，QOLをどのように評価するか，つまりQOLの評価尺度

の開発として発展してきたともいえる．とくに，認知症の人の QOL 評価については，認知症の人のどのような生活の側面を評価するか，どのように評価するかによってさまざまな尺度が開発されている．

Quality of Life-Alzheimer Disease（QOL-AD）[21,22]は，健康，気分，生活，家族や友人，お金など 13 項目について認知症の人本人，主介護者に別々にインタビューし，「よくない～非常によい」まで 4 段階の回答を選択してもらうようになっている．認知症の人本人の主観的な評価と主介護者からの客観的な評価の双方から評価できる点が有用であるが，回答が可能な認知症軽度から中等度までを評価対象としている．

Quality of life questionnaire for dementia（QOL-D）[23]は陽性感情，陰性感情（行動），コミュニケーション，落ち着きのなさ，人とのふれ合い，自発性／活動性の 6 領域に関する 31 項目の質問から構成されている．評価方法は，主介護者等が 1 点（みられない）～4 点（よくみられる）の 4 段階で評価を行い，領域ごとに平均点を算出し，陰性感情（行動）と落ち着きのなさの 2 領域は得点が低いほう，その他の領域は得点が高いほうを高 QOL と評価する．その後，2015 年には 2 領域，9 項目で構成された short QOL-D が開発されている[24]．

Dementia-Quality of Life（DQOL）[25,26]は，「自尊感情」「肯定的情動（ユーモア）」「否定的情動」「所属感」「美的感覚」の 5 領域，29 項目から構成されている．各項目について，「最近，あなたは次のことをどのくらい楽しみましたか」あるいは「～感じましたか」の質問を認知症人にし，5 段階で回答した結果を採点し，領域ごとの平均点を算出し評価を行う．とくに，DQOL は，QOL は本人の評価が重要であるという考え方によって，認知症の人の主観的な側面に焦点を当てている点が特徴的である．

Philadelphia Geriatric Center Affect Rating Scale[27,28]は，認知症の人の感情を評価するための観察尺度であり，「楽しみ」「怒り」「不安・恐れ」「抑うつ・悲哀」「関心」「満足」の 6 つの感情に関する表情や発語，しぐさが 20 分間中にどのくらい持続したかを，「1．なし」「2．16 秒以下」「3．16～59 秒」「4．1～5 分」「5．5 分以上」の 5 段階で評価し，認知症の人自身が感じる感情を主観的な QOL として評価する（表 2-6）．他者の感情を評価するうえで信頼性に課題はあるが，複数の観察者によって信頼性を高めることで，認知症の人の認知能力に影響を受けない，純粋な感情を評価できる点は有用である．

これら以外にも QOL を評価する尺度は数多く開発されてきており，QOL の定義や評価方法によってさまざまな特徴がある．一般的に QOL の概念は身体機能，ADL，IADL，活動，社会関係，人間関係，健康等の状況とそれらに対する主観的な感じ方，幸福感などでとらえることができる．従来，医療の領域では個人の主観的満足感や幸福感が重視され，本人の評価が主流であったが，認知症とくに重度認知症の場合は他者からの評価による QOL 評価が多く，主観的な側面の評価が困難であるという課題がある．

現在，重度の認知症用 QOL 尺度の開発も進展しており，Weiner らが開発した Quality of Life in Late Stage Dementia（QUALID）[29,30]は，日本語版の有用性も検証されている．評価方法は，主介護者が最近 1 週間にみられる本人の快・不快に関する感情や行動 11 項目について，頻度を

5 段階で評価する．重度認知症で言語表出が困難な人の感情を評価し，主観的な QOL の側面に焦点を当てている点が特徴であるが，感情以外の側面も含めた包括的な QOL の評価に課題がある．

③評価尺度を利用する際の留意点

　認知症の人の QOL を評価し，ニーズを反映した生活になっているのかを確認することは介護者としての責務である．しかし，安易に評価尺度の点数だけで QOL を評価することには注意が必要である．評価尺度のほとんどはだれが評価しても同じ評価ができるよう開発されたものであるが，認知症の軽度から重度まですべての人を対象に，主観的な側面，客観的な側面を包括的に網羅した単一の QOL 評価尺度は現在のところ見当たらない．評価尺度によって点数化された結果は，QOL の一側面を表しているものとして参考程度にとどめておくことが必要である．個々の暮らしや生活，感情や満足感，幸福感は百人百様であり，同じ基準で数値化することには限界がある．真の QOL を評価するためには，QOL とはなにかを尺度項目を参考に，介護者個々が，チームが，事業所全体が再考し，認知症の人との対話やかかわりのなかから，表情や発言，振る舞いやしぐさから，個々の QOL を解釈することが必要である．そのためには，詳細な記録や入念な観察から数値化できない情報をとどめておき，尺度による評価と合わせて活用することが必要である．

【演習 1】帰宅要求が頻繁な事例

「夕方になると帰りたいと訴える A さんにどのように対応したらよいでしょうか」

　A さん（75 歳，女性）は入居時から落ち着かず，「帰りたい」「早く帰しておくれよ」と 30 分おきにスタッフに訴えてきます．1 日のうちとくに夕方になると訴えが多くなり，そのつどスタッフは「今日はもう遅いから，泊っていきましょうね」や「明日，息子さんが迎えにくるから今日は寝ましょう」などと答えますが，A さんは一時的に納得し部屋に戻ったり，リビングでテレビをみたりして落ち着きますが，すぐに「帰らしてください」と訴えてきます．

　問 1　A さんが帰りたいと訴える要因は何でしょうか．考えられる要因をすべて挙げてみましょう．（図 2-3〜2-5，表 2-6〜2-9，表 2-22 を参考）

　問 2　アセスメントをした結果，新たな情報がわかりました．再度，要因を考えてみましょう．

　＜新たな情報＞

　・5 年前にアルツハイマー型認知症の診断を受けており，近時記憶の障害や見当識障害も進んでいる．

　・1 か月前にグループホームに入居した．

　・現在 A さんの自宅はなく，本人には教えないように家族から頼まれている．

　・目立つ疾患はないが，腰痛がひどくいつも憂鬱そうである．

　・自分の部屋の場所がわからず迷ったり，トイレに間に合わず失禁したりすることもたまにある．

　・とくに親しい人もなく，リビングでもなにもしないでいることが多い．

　問 3　考えられる要因ごとにケア方法を考えてみましょう．（表 2-10〜2-21 参考）

　問 4　ケアが効果的であったかを評価するためには，どうしたらよいかを考えてみましょう．（図 2-9 参照）

【演習 2】興奮し暴力を振るう事例

「外に出ようとしたので声をかけると，突然殴りかかってきた B さんにどのように対応したらよいでしょうか」

　B さん（65 歳，男性）はある日の昼食後，急に席を立ち玄関のほうに歩いて行き，外に出ようと

したので声をかけると突然大声でどなりながら，持っていた杖で殴りかかってきました．

問 1　B さんが突然怒り出した要因は何でしょうか．考えられる要因をすべて挙げてみましょう．
　　　（図 2-3〜2-5，表 2-6〜2-9，表 2-22 を参考）

問 2　アセスメントをした結果，新たな情報がわかりました．再度，要因を考えてみましょう．

＜新たな情報＞

・老人ホームに入居して半年である．
・血管性認知症と診断されている．
・高血圧で，便秘がちであった．
・現在，主だった病気はない．
・難聴がひどく，耳がよく聞こえないようである．
・元来，がんこで，人づき合いはあまりよくない性格である．
・スタッフに不信感をもっている．
・近時記憶の障害がみられる．
・外に出ようとしたときスタッフは「ご家族がきますから食堂で待っていましょう」と腕を持って
　誘導していた．
・最近はとくにイライラしており，他の入居者と言い争いになった．
・仕事は畳職人であった．

問 3　考えられる要因ごとにケア方法を考えてみましょう．（表 2-10〜2-21 参考）

問 4　ケアが効果的であったかを評価するためには，どうしたらよいかを考えてみましょう．（図
　　　2-9 参照）

Ⅲ．アセスメントとケアの実践の基本

┌学習の Point─

利用者の尊厳を保持しつつ営む自立した日常生活は，支援するスタッフが利用者を大切な「人」として認めるか否かにより大きく左右される．このため，対人援助職（スタッフ）は自分が何のためにケアするのかを十分に納得する必要がある．認知症になっても落ち着いて，安心して，ゆったりと暮らせるように支援するためには，利用者のことをよく知り続けなければならない．それがアセスメントである．ケアは「アセスメントに始まりアセスメントに終わる」ものであることを理解する．

キーワード：尊厳，自立した日常生活，悲しみの深さと希望の高さ，ケアチーム

1．認知症の人のアセスメントの基礎的知識

1）アセスメントとはなにか

　認知症の人は，ほかの人からのケアがなければ生活を維持することができない．このため，認知症の人には必要なケアが行われるが，「何のためにケアを行うのか（ケアの目的）」，スタッフがそれをどのように考えるかによってケアの内容も質も変わってくる．単に生存のためと考えれば，機械的で一律なケアになるかもしれない．しかし，もちろんそうではない．行われるケアは，「認知症の人が望む生活を実現する」という明確な目標をもっている．そのことは，介護保険法第1条にも「尊厳を保持しつつ自立した日常生活を営むことができるように」と次のように明示されている．

　（要介護者等について）これらの者が尊厳を保持し，その有する能力に応じ自立した日常生活を営むことができるよう，必要な保健医療サービス及び福祉サービスに係る給付を行うため（中略）介護保険制度を設け（後略）る．（介護保険法第1条　目的）

　今日，各種のケアは，介護保険制度の給付を中心に行われていることから，そのケアは介護保険制度の目的・基本理念に沿って行われる必要がある．法に示されているケアの目的は，認知症の人であっても「尊厳を保持しつつ営む自立した日常生活を営むことができるよう支援すること」である．頻繁に使われる「自立支援」という言葉の意味はここにある．その本質は「認知症の人（利用者）を大切にすること」であり，認知症の症状があっても，その人を大切にしたいから，一所懸命にケアが行われる．こうしたことは法律に定めがなくても，認知症で困った人を目の前にした対人援助職の心のなかには刻まれており，自然にそのようにケアすることを望むことであろう．しかし，実際に自立支援のケアを行うためには専門的な知識・技能が必要であり，その中核がアセスメントである．

　アセスメントは，「（認知症になった）利用者やその家族の悲しみの深さと，それを乗り越えていく希望の高さを測り，常にその状況にあったサービスやサポートを継続していく」[31]ために，認知症の人が望む生活とそれを阻む身体要因，心理要因，神経心理学的要因等を中心に行われる．認知症の人を大切にし，その望む生活を実現するためである．

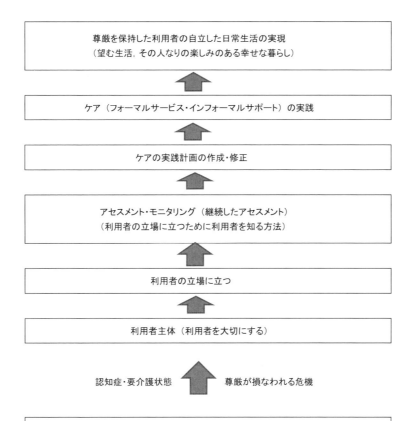

佐藤信人：尊厳；あなたがいなければ，私はいない．29，ぱーそん書房，東京（2019）より一部改変．

図 2-10　尊厳を基盤にした対人援助（自立支援）の構造

2）認知症の人の自立した日常生活の定義

　自立した日常生活とは，「（人が要支援，要介護の状態になっても）可能な限りできる範囲で，可能な限り自分らしい生活を営むこと，自分の生活，人生に主体的・積極的に参画し，自分の生活，人生を自分自身で創っていくこと」[32]であると考える．この定義はただちに認知症の人に適合しないが，自立した日常生活の本質は「その人らしく楽しみをもち幸せに暮らすこと」なのではないか．認知症の人にも自立した日常生活があるはずである．認知症の人の自立した日常生活とは，まずは「その人らしさを発揮しながら，落ち着いて，安心して，ゆったりと暮らすことができる状態」[33]ととらえて，その実現を目指したアセスメントを実施する必要がある．

3）自立支援におけるアセスメントの位置づけ

　自立支援とは，「利用者を大切にする」ことであると既述した．利用者を大切にするためには，その人のことをよく知る必要がある．「利用者を大切にするためにその人のことをよく知るための方法」がアセスメントである．認知症になっても尊厳を保持し，その人なりの自立した

日常生活を実現するケアは図 2-10 の構造をもっている[34]．

　すなわち，自立支援は人の「尊厳の保持」を土台にして行われると考えられる．人はみな，尊厳を有している（それをまわりの人々や社会が認め大切にすることで成立する）のに，それが認知症などの要介護状態になり，弱くなったり失われたりしてしまうことは避けなければならない．尊厳は人の価値であるからそれを守るために，その人を大切にしたいのである．大切にするためには「その人の立場に立つ」必要があり[35]，その人のことをよく知らなければその人の立場に立つことができない．「利用者のことをよく知る」ためにアセスメントを行う．それを踏まえてケアプランや個別サービス計画を作成し，それに基づきサービスなどが実践された結果，最終的に，利用者の尊厳を保持しつつ営む自立した日常生活（その人の望む暮らし，その人なりの楽しみのある幸せな暮らし）の実現を目指すのである．

　認知症がない利用者は，スタッフに自分がいまの実情やそれをどのように認識しているか，どのように生活したいと望んでいるかなどの「悲しみ，混乱，希望，意欲」等について話すことができるであろう．しかし，それでさえ最初はおぼろげだったり揺れていたりするかもしれないものが，アセスメントでコミュニケーションを繰り返し，信頼関係ができていくなかで徐々に明らかになっていくものと考えられる．いわんや認知症の人は認知機能の障害のために，望む生活やそれを阻んでいるものをどのように乗り越えるかなどの意思を表現することができづらく，いまの体調や気持ちさえ伝えることができないことも多いであろう．このため，それをアセスメントで多角的に分析・理解し洞察し，代弁（アドボケート）して，ケアの実践計画につなげていく必要がある．そうしたアセスメントは大変むずかしく，高い専門性が伴う技術であることはいうまでもない．とりわけ，行動・心理症状（BPSD）が発症するときは，認知症の人と家族やスタッフに重い負担が生じるため，十分に分析することが重要である．そのために，ひもときシート[36]などをはじめ，いくつかのアセスメントの一助となるシートがあるため，それを活用することも重要である．もちろん，アセスメントは，シートを機械的・単純に埋めることではない．スタッフは忙しいなかで余裕がないかもしれないが，実は「雑談のような気楽なおしゃべり」のなかに本音や隠された事実を見いだすことができることを，認知症ケアの実践者は体験しているはずである．

4）ケアチームで行うアセスメント

　そもそも，スタッフ 1 人で認知症の人の日常生活を支えることはできないことから，ケアはチームで行われることになる．支援は 24 時間 365 日切れ目なく続き，ニーズも多様であるため，専門性が異なる複数のスタッフでの支援が必要になる．しかし，チーム員は交代制で働き，多職種も含まれる．そのうえ，人にはさまざま感じ方や表現の仕方など違いがあるため，チームは個性の異なるバラバラの個人の集まりといえる．それを乗り越えて「利用者を大切にする」ためには連携が欠かせない．チーム員が連携するためには，共通の目標とアセスメント情報の共有が必要になる．共通の目標は「認知症の人の生活を支える」ことであり，その目標を実現するために行われる複数のサービス・サポートの役割分担もアセスメント情報から得られる．アセスメント情報は，日常的に認知症の人に接するチーム員により積極的に収集され，カン

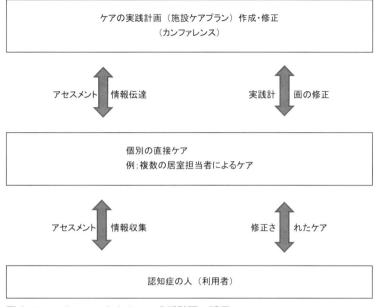

図 2-11　アセスメントとケアの実践計画の循環

ファレンス等によりチームのなかで共有される仕組みをもつことが重要である．

　なお，アセスメントは，こうした認知症の人本人に向けたもの以外に，活用されている各種サービス・サポートの内容や質に向けても行われれる．さらに，スタッフ自らが「自分は誠実にアセスメントし，情報を共有し，それに基づいた実践を行っているか」自分に問うのも，アセスメントの範囲と考えてもよいのではないか．

5）アセスメントとケアの実践計画

　スタッフは，ケアプラン（間接支援計画）とケアの実践計画（直接支援計画）という連動した支援計画に基づいて，認知症の人の望む生活を実現するためのケアを行うことになるが，この2つの計画はいずれもアセスメントなしに作成することはできず，そのことは運営基準でも規定されている[1]．この際，直接支援を行っているスタッフがもっとも多くのアセスメント情報をもっていることから，その情報をケアの実践計画に確実に生かすことが重要である．その仕組みが円滑に機能すれば自立支援が進み，スタッフの士気も向上すると考えられる．

　施設の場合は直接支援機関であるため，施設サービス計画（施設ケアプラン）がケアの実践計画に当たるが，その例をみれば図 2-11 のような循環した構造をもつことになる．

　何のためにアセスメントを行うのか，ケアプランやケアの実践計画をつくりそれに基づいてサービスを実践するためではあるが，それが最終目的ではない．そのさきに「利用者の楽しみのある日々の暮らし」があるはずである．

　ケアは，「アセスメントに始まりアセスメントに終わる」[37]ものであると考えて利用者に接し，それを理解し実践するケアチームをつくり，認知症の人を支援することが大切である．

表 2-25　みそ汁をつくる動作の一連（例）

①みそ汁をつくろうと思う，②台所に移動する，③冷蔵庫を開けて具材を確認する，④鍋を探し，コンロに置く，⑤鍋に水を入れる，⑥火にかける，⑦みそ汁の具を用意する，⑧具材の皮をむいたり，切ったりする，⑨だしをとる，⑩具材を入れる，⑪具材が煮えたのを確かめる，⑫みそを溶き入れる，⑬沸騰する前に火を止める，⑭食卓を拭く，⑮はしを用意する，⑯みそ汁をお椀に取り分ける，⑰食卓に置くなど

2．観察の方法とポイント

1）認知症の人の背景を知るための観察の視点

（1）認知症の人の背景を知るための観察の視点

　認知症の症状は，認知機能障害などの「中核症状」に心理的・身体的・環境的な要因等が作用して，行動・心理症状（BPSD）が出現するものと考えられている．

　専門職として，認知症の人の行動の背景を探るためには，目にみえている行動や言動の内容だけに焦点を当てるのはふさわしくない．一時的に落ち着いたようにみえても，また同じような行動などを繰り返すか，新たな行動・心理症状（BPSD）が出現する可能性が高くなる．

　行動・心理症状（BPSD）が出現している背景を探るためには，まずその認知症の人のどの中核症状が要因となっているのか，またそれに付随しているものはなにかを知ることが必要である．

　中核症状により，ADL，IADL等に支障が起こっている場合は，できていない部分のみに焦点を当てるのではなく，できている部分はなにかを探ることが重要である．できている部分（その人の強み）もアセスメントし，ケアの計画に取り入れていくことは，パーソン・センタード・ケアの観点からしても重要な要素となる．

　たとえば，中核症状の「実行機能の障害」によって，みそ汁がつくれなくなっている場合，表2-25に示すような一連の動作のなかで，⑥と⑫ができなくなっている場合にみそ汁は完成しないが，介護者が⑥と⑫の支援を行うことで，ほぼ1人でつくることが可能なのである．また，入浴の拒否やトイレの拒否などの要因のひとつとして，着替えや排泄の動作の一部がわからなくなっており，自尊心が傷ついていることや羞恥心によって拒否がみられている可能性も考えられる．

　このように，1つの動作ができないため，行為そのものができないと判断することは，認知症の人のQOLの向上にはつながらない．専門職として大切な視点は，「介護者本位の視点」ではなく，「利用者本位」の視点をもつことであり，本人の望む行動・生活に結びついているのかを考えることである．

2）観察と聞き取り方法

　認知症の人とのコミュニケーションは，認知機能障害，見当識障害等により，言語だけではむずかしい場面が想定される．介護者が言語だけで説明や聞き取りを行っても，認知症の人の理解は得られにくい．もし，「いま自分がどこにいるのか」「周囲の人たちはだれなのか」等混乱しているときに，理解や納得ができない説明を受けても，不安感や焦燥感が増して，行動・

表 2-26　聞き取り方法のポイント

①ほほ笑む，頷く，相づちをうつ，感情を合わせる，否定をしない（関係性を築く）
②同じ高さで相手をみる
③前からゆっくり近づき，相手に自分を認識させながら，相手とよい距離で話しかける
④なにをする場合でも相手の理解しやすい説明をする（繰り返す）
⑤話しかける前と話しかけた後で，相手の表情をよく観察する
⑥手やひざに手を触れて注意を引く，言葉だけではなく，ジェスチャーを交えて会話する
⑦紙に書いて筆談する
⑧会話が成り立たないときは，絵を用いる
⑨覚えている過去の話をしてみる
⑩可能な範囲で要求を受け入れる

公益社団法人大阪府看護協会：今できること，きわめて・究めて・窮めて共に支え合う；認知症ケアマニュアル．21，公益社団法人大阪府看護協会，大阪（2017）を参考に筆者一部加筆．

心理症状（BPSD）の出現につながりやすい可能性がある．また，ケアの場面で，落ち着かず歩いている認知症の人に，「みなさんが待っていますよ」等の声かけを行うことがあるが，認知症の人にとって，「みなさん」は「どのようなみなさん」なのかが理解できない場合がある．できる限り理解しやすい声かけの方法を検討する必要がある．

　介護者は，話しかける前や話しかけた後などに，一度認知症の人の表情を観察することがとても重要である．不安そうな表情をしているのであれば，こちらからの要件を伝える前に，「なにかお困りごとですか？」等，話ができる雰囲気づくりは大切である．そのうえで，言語・非言語を交えてコミュニケーションを図ることが大切となる．また，非言語的コミュニケーションを図るうえで，認知症の人との信頼関係（ラポール）の構築は大切な要素である．手やひざに触れながら（ボディタッチ）話を傾聴することは，認知症の人の心理的要素の軽減に有効な方法といえるが，認知症の人が介護者をあまり理解できていないうちに，急に隣に座られてボディタッチをされても，不快感や恐怖感が強くなるだけである．

　専門職としての聞き取り方法のポイントとしては，表 2-26 に示したような対応を心がけ，認知症の人の声を聴き，主訴（ディマンド）を探り出していくことが大切である[38]．

　また，本人のみならず，パーソン・センタード・ケアの観点からも，認知症の人にかかわるすべての人，家族（近隣住民・友人等含む）や関係職種（事務や調理の人も含む）からも連携しながら情報を聞き取り，潜在化された認知症の人の主訴を把握する必要がある．

3）記録方法

　介護の現場において，記録作業はかなり負担が大きいといわれている．記録の様式の多さもさることながら，業務時間外でしか記録ができない現状もその要因のひとつであると考えられる．

　では，なぜ記録が必要なのか．記録の目的として，①介護の質の均質化のため，②介護の質の向上のため，③サービス提供の証拠を残すため（報酬請求や法令順守），④説明責任を果たすため，あるいは記録の開示請求にこたえるため，⑤介護職員の教育，研修，実践研究のため，という 5 つが挙げられる[39]．

　とくに，日々の介護現場での記録の必要性としては，①と②の目的が大きいと考えられる．

表2-27　介護記録の比較（例）

NO	介護時間と行為内容	認知症の人の反応	その後の様子
① 望ましくない例	①AM　トイレへの声かけを行う．再度声かけを行う	①最初は拒否があったが，トイレに行かれる	①落ち着いている
② 望ましい例	②昼食30分前に「トイレに行きませんか」と声をかけるが，拒否がみられた．「ごはん前なので，行きたくなったら，声をかけてください」と話す	②最初は「まだ行きたくない」との声が聞かれるが，「だったら，行っておくか」と応じ，トイレに行かれる	②昼食も談笑しながら食べられていた

　それは，観察や聞き取りで得た情報は記録に残しておかなければ，情報が必要となったときに，まったく引き出せなくなるからである．介護の記録は，そのときの介護行為の内容や認知症の人の反応・行動とその結果等を記録しておくとよい．のちに文章を時系列化し比較・分析を行うことで，介護行為の対応の違いと認知症の人の反応・行動の違いが明確になりやすく，今後のケア計画内容に大きく活用できる可能性がある．

　つまり，介護記録の情報は，アセスメントを行ううえで，とても有効的な情報といえる．

　たとえば，トイレ介助の記録内容を表2-27で比較すると，①は，介護者がいつ，どのような対応をして，認知症の人が拒否したのかが評価しにくい．②は，いつ，どのような対応がケアの成功につながるのかが評価しやすくなり，今後の介護の質の均質化につながりやすくなる．

　介護現場で担当者が記録をする際は，介護行為を行った人・時間（時分や昼食時等）や行為内容と，そのときの認知症の人の反応およびその後の様子などを記録しておくことが望ましい．

　担当者がまとめて記録する場合等は，介護行為を行った人にメモを残してもらうなどの工夫も必要である．

3．アセスメントの実際

　この単元では，アセスメントの実際を体験的に理解することが目的となっている．実際のアセスメント項目は多岐にわたる．ここでは，まずは事例1をもとにし，Aさんに影響を及ぼしている中核症状の整理を行う．そして，それに付随する影響を，アセスメントの視点と焦点を定めるツール「ひもときシート」の8つの視点を参考に，演習を通して考えてみる．8つの視点の項目と内容は次のとおりである[40,41]．

　①「認知機能障害・薬の副作用・疾患による影響」

　本人の病気（認知症および身体的な合併症など）や薬の副作用，認知症の中核症状の影響について考える．

　②「体調不良や痛みによる影響」

　体の痛み，便秘，不眠，空腹などの身体的な不調が，本人の心の状態に影響していないか考える．

　③性格や精神的苦痛による影響

　本人の精神的な苦痛や性格等の影響を考える．重要なのは，本人が示す言葉以外のサイン，

たとえば表情，しぐさ，雰囲気，眼の動きなどの非言語的な情報をくみ取り，その背景について考える．また，「不安」や「不快感」「おぼつかなさ」といった心理的苦痛をくみ取るなど，本人にとっての「快」がなにかを考える．

④音や光など感覚刺激による影響

音，光，味，におい，寒暖等，感覚的な苦痛を与える刺激が不快にさせ，行動・心理症状（BPSD）を引き起こしていないか考える．

⑤人からのかかわりによる影響

家族や援助者のかかわりに関する，本人への影響について考える（よい・悪いかかわり）．

⑥物理的環境による影響

本来，本人がもっている能力を引き出すことや，意欲を刺激する環境整備（住まい，福祉用具，物品等）がなされているか考える．

⑦アクティビティ（活動）による影響

援助者が本人のためにと思って提供しているアクティビティ（活動）が，本人の精神的な負担になっていないか，心身状態や本人の要望を踏まえたアクティビティが提供されているか考える．

⑧生活歴によって培われたものによる影響

本人が大事にしていること，こだわり，家族や知人・友人・地域等の関係性を継続するケアが行われているか考える．

1）事例演習の手順

（1）事例演習のねらい

事例1をもとに，事例から読み取れるAさんに影響を及ぼしている中核症状および付随する影響を整理し，グループワークを通して体験的に理解する．

（2）事例紹介[42]

①事例1「デイサービスで，帰宅と外出の訴えを繰り返すAさん」

Aさん（72歳・女性），要介護3，認知症高齢者の日常生活自立度Ⅳ

ADL：食事，着脱：一部介助，排泄・入浴・整容：全介助，移動：自立

認知症の診断：アルツハイマー型認知症（若年性認知症／60歳で発症）

服用薬：ドネペジル塩酸塩，抑肝散

性格：几帳面，温厚

好きなこと，趣味：調理，買い物，おしゃれ

コミュニケーション：返事をしたり，単語を発語したりする程度．同じ発言を何度も繰り返し，意思疎通ができるレベルの会話は困難．

生活歴：H県の農家4人（2男2女）兄弟の末っ子として生まれる．父は幼いころに中国で戦死している．小学校を卒業後しばらく実家の農業，家事手伝いをする．高度成長期に都会に憧れて上京し，洋品店の店員として働く．25歳で2歳上の男性と結婚し，1男1女に恵まれる．子どもが大きくなり，郊外の駅前にお店（洋品店）を開業した．温厚で人柄がよく地域

で人気の店になった．60歳ごろから，もの忘れがひどくなり，受診して「アルツハイマー型認知症」と診断を受けたためお店を閉める．その後自宅で夫と2人ですごすが，家事の手順があいまいになり，好きな調理もできなくなった．子どもたちはそれぞれ結婚し，長女は他県に嫁ぎ，長男夫婦と孫が近所に暮らしている．70歳ごろ，外出し行方不明となるが，警察に無事保護される．徐々に外出する頻度が増え，目がはなせなくなり夫1人では介護が大変になり，日中デイサービスセンターを利用することになる．

デイサービスでの様子：デイサービスは週4回利用している．利用開始から6か月が経過するが，初日から日に数回「帰らなきゃ」「○○へ行かなきゃ」と落ち着かず玄関へ行く．「お茶を飲みましょう」「みなさんが待っていますよ」とフロアに誘導しても，しばらくたつと同じことを繰り返す．送迎車の音が聞こえると，「行かなきゃ」と車に乗り込もうとする．トイレへ誘うと「いやだ」と拒むが，そのまま放尿・排便して下着を汚すことがある．入浴に対しても拒否的で服を脱ぐのをいやがる．集団での活動，レクリエーション等の参加も拒み，他の利用者とは距離をおいて玄関に近いソファに1人で座っていることが多い．音楽が好きで，カラオケで流れてくる曲に合わせて歌うことがある．また，塗り絵などには集中して参加するが，それが終わるとフロア内を歩き回り，「行かなきゃ」「帰らなきゃ」と玄関に行く．

（3）演習1の内容（40分程度）

事例1を踏まえ，Aさんに影響を及ぼしていると考えられる主な中核症状（①記憶障害，②見当識障害，③思考・判断力の障害，④実行機能障害，⑤失行，⑥失認，⑦その他）について整理する．

（4）演習1の進め方

①個人ワークにて事例から読み取れる中核症状を整理する（手もとの様式に記入するか，付せんなどに1つずつ意見を記入する）（10分）

②グループワークにて意見を集約する（模造紙に下記の演習様式1（例）を記入し意見を記入する）（30分）

・個人ワークで検討した内容を発表し，グループ内で共有する．

・個人ごとの発表をもとに，グループで内容をまとめる．この際に，必要な情報が不足していると感じる場合には，グループごとに独自に補ってもかまわない．

【演習様式1（例）】

影響を及ぼしている主な中核症状	
記憶障害	
見当識障害	例）ここがどこかわからない．行きたい場所が認識できない．
思考・判断力の障害	
実行機能障害	
失行	
失認	
その他	

（5）演習2の内容（60分程度）

　事例1を踏まえ，Aさんに影響を及ぼしている付随している症状（①認知機能障害，薬の副作用，疾患による影響，②体調不良や痛みによる影響，③性格や精神的苦痛による影響，④音や光など感覚刺激による影響，⑤人からのかかわりによる影響，⑥物理的環境による影響，⑦アクティビティ（活動）による影響，⑧生活歴によって培われたものによる影響）について整理する．

（6）演習2の進め方

①個人ワークにて事例から読み取れる付随している症状を整理する（手もとの様式に記入するか，付せんなどに1つずつ意見を記入する）（10分）

②グループワークにて意見を集約する（模造紙に下記の演習様式2（例）に意見を記入する）（30分）

・個人ワークで検討した内容を発表し，グループ内で共有する．

・個人ごとの発表をもとに，グループで内容をまとめる．この際に，必要な情報が不足していると感じる場合には，グループごとに独自に補ってもかまわない．

・関連する中核症状を挙げる（5分）．

・優先的に改善が必要な項目を上位3つ程度挙げる（5分）（例：◎，○，△等）．

・全体発表：グループ内で検討された内容を，全体で共有する．発表するグループ数は演習時間の進捗状況に応じて判断してかまわない（10分）．

【演習様式2（例）】

関連する中核症状	影響を及ぼしている付随している症状（演習2で記入）		優先順位
	認知機能障害・薬の副作用・疾患による影響		
	体調不良や痛みによる影響		
	性格や精神的苦痛による影響		
	音や光など感覚刺激による影響		
	人からのかかわりによる影響		
例）見当識の障害	物理的環境による影響	例）デイサービスのトイレの場所がわかりにくいのでは．	◎
	アクティビティ（活動）による影響		
	生活歴によって培われたものによる影響		

4．実践計画作成の基本的知識

1）ケアの実践計画における目標設定方法

　「認知症の人の尊厳を支えるケア」を実践するために，専門職として認知症の人がいかに自分らしく生きるかを支援することを目指す必要がある．ここでは，認知症の人が望む目指すべき生活像とはなにかをとらえ，それに向けたケア目標を設定するための考え方を整理する．

　実際のケア現場では，「徘徊がなくなる」「拒否なく入浴ができ，清潔が保てる」など，認知症の人の表面化している言動，行動のみに注目し，ケア目標を立案してしまう場面が多々みら

れる．行動・心理症状（BPSD）は，解決すべき問題である．しかし，専門職として注意しておきたいのが，目の前の「何とかしたい課題」が，だれにとって問題なのかという点である．業務としてケア目標を立案し，目の前の症状だけをみて問題だと考えているのならば，それは介護者からみた課題でしかない[43]．本人を中心に据え，本人の要求や望むこと（主観的ニーズ）と周囲からみた本人にとって必要であろうこと（客観的ニーズ）の実現という視点が大切である．その際に，たとえ本人が言葉にしなくても，表面化しているニーズだけではなく，本人自身も意識していない潜在化したニーズを探すことが専門性である．

　ケアの実践計画における目標設定に向けた前提として，認知症の人がなぜそのような言動をとっているのかを，「1. 認知症の人のアセスメントの基本的知識」や「2. 観察の方法とポイント」で学んだアセスメント項目や視点で整理する．

　まず，本人の望む生活を阻害しているものを課題ととらえ，それが解決された状態の望む生活が本人主体の言葉で描けるよう「長期的な目標（長期目標）」として定める．次に，日々の支援のなかで課題解決をするための「短期的な目標（短期目標）」を設定することが必要である．

　短期目標は，個々の課題に対して設定し，具体的で達成可能なものであることが大切であり，また一定期間で実現できること，段階的に進められるよう計画することが望ましい．

　それぞれの目標は，チームで共有し計画作成することによって，より多面的にとらえられた本人の望む生活像の実現につながるものである．

2）具体的なケアの実践計画作成の基本視点と方法

（1）実践計画作成の基本視点

　認知症の人がなぜそのような行動をとるのか，本当はどのような生活を望んでいるのか，課題が解決された姿になるために専門職はどのようにケアを提供していく必要があるのかを考え，作成することが望まれる．

（2）具体的な実践計画につなげるための方法

　認知症の人の望む生活に近づけるケアを行うためには，行動・心理症状（BPSD）や目の前の問題への対応方法を考えるのではなく，本人の思いに耳を傾け，その声に基づき，より具体的な短期目標の設定をし，チームで共有することが必要となる．

　また，実際のケア現場では，認知症の人の生活上の課題は1つとは限らない．課題が複数みられた場合，解決すべき課題には優先順位をつけ取り組む必要がある[44,45]．取り組むうえでの優先事項として，以下を参考にしてほしい．

　①生命の危険性や健康上に重大な影響を及ぼすもの（生命にかかわること）

例）転倒，転落，低栄養状態，虐待，交通事故，行方不明，火災など

　②現状の改善，可能性につながるもの（生活上の困難にかかわること）

例）環境の改善，近隣協力者の援助，フォーマルサービスの利用など

　③QOLの向上・維持・低下に影響するもの（生きがいにかかわること）

例）自分らしさの危機，周囲の影響，孤立，疎外など

5．実践計画作成の展開（事例演習）

1）事例演習の手順

（1）演習のねらい

　ここでは，「デイサービスで，帰宅と外出の訴えを繰り返すAさん」の事例をもとに，「3. アセスメントの実際」で抽出されたアセスメント内容を踏まえ，チームで考察しながら，情報を共有したうえで「長期目標」を設定し，それに向けた「課題」を解決するために「短期目標」を作成していく．

　個別に考えていた目標をチームで共有しながら設定することによって，多面的にとらえられた目指すべき生活像を支援することにつなげる．ニーズや短期目標を設定する過程の合意形成を体験し，実際のケアを想定した計画を立案するプロセスを体験的に学んでいく．

（2）演習の進め方

【演習3】Aさんの全体像（思い）を把握する
（使用するもの：カンファレンスシート（図2-12）／個人ワークA4用紙，グループワークA3用紙）
　①アセスメントにて本人のニーズを抽出：個人ワーク（5～10分程度）
　個人ワークにて「3. アセスメントとケアの実際」で行った事例をもとに，Aさんの視点で「A. 私が困っていること」「B. 私が希望すること」を推察する．
→記入する箇所：カンファレンスシートA，B
　②チームでAさんの望むべき生活像を共有する：グループワーク（10分程度）
　「①」で考察した「A. 私が困っていること」「B. 私が希望していること」をグループ内で報告し，共有する．
→記入する箇所：カンファレンスシートA，B
※グループワークで使用する際は，カンファレンスシートをA3に拡大する
　③「②」を踏まえニーズを抽出する：個人ワーク・グループワーク（20～30分程度）
　グループ内で共有した内容に対し，個人ワークにて「C：検討した事項」を記入し，考察した内容をメンバー間で共有したうえで，いまのグループでチームケアを行うことを想定しながら情報を整理する．
→記入する箇所：カンファレンスシートC

【演習4】長期目標，短期目標の設定（15～20分程度）
（使用するもの：認知症ケア実践計画書（図2-13）／個人ワークA4用紙，グループワークA3用紙）
　①Aさんの「D：長期目標」「E：解決すべき課題（ニーズ），短期目標」を作成：個人ワーク
→記入する箇所：認知症ケア実践計画書D，E
　②チームで実践計画を作成：グループワーク
　Aさんの「D：長期目標」「E：解決すべき課題（ニーズ），短期目標」を作成する．
　グループで「D：長期目標」を設定する際に気をつけておきたい点として，本人の望むべき生活像になっているかを確認する必要がある．
→記入する箇所：認知症ケア実践計画書D，E
※グループワークで使用する際は，認知症ケア実践計画書をA3に拡大する

演習3	カンファレンスシート（個人ワーク・グループワーク）
利用者名：　Aさん	実施日：　〇年　〇月　〇日

A. 私が困っていること （Aさんは～）	（例） 困った時に話を聴いてくれる，手助けしてくれる人がいない． 尿意や便意があっても，トイレの場所，使い方が分からない．
B. 私が希望すること （Aさんは～がしたい）	（例） 尿意や便意，トイレのタイミングに気づいてもらいたい． 困ったときは手助けしてもらいたい．
C. 検討した事項 （チームがAさんに 今できそうなこと ・試せそうなこと）	

図2-12　カンファレンスシート

6．実践計画の評価とカンファレンス

1）事例演習で作成したケアの実践計画をもとにしたケアカンファレンス

（1）ケアカンファレンスの目的と意義

　カンファレンスとは，多職種で構成されたチームによって開催される会議であり，メンバー間で情報の共有化を図ることや多面的なアセスメントや意見交換により，本人の理解を深めることと有益な支援方法を検討することができる．また，計画を実施する際には，チームケアが基本となるため，信頼関係を構築しながらチームを成長させることも期待できる．

　目標を達成するため，カンファレンスを活用していく際には，内容がチームで共有されているか，目標は達成可能なものであるか，チーム内での役割分担が明確になっているか，実践する期間が定められているか等の点を確認しておくことが重要である．

　ここでは，演習4で行った「認知症ケア実践計画書」の目標に基づきグループで具体的内容およびその方法を立案していく．

| 演習 4～7 | 認知症ケア実践計画書（個人ワーク・グループワーク） | | | | |

演習 4　D. 長期目標（本人の望むべき生活像）

（私は～な生活がしたい・できる）

（例）安全で安心した生活を送りたい.

E　　　　　　演習 4		F　　　　　　演習 5, 6	G　　　　　演習 7
「解決すべき課題 （ニーズ）」を記入	短期目標 課題が解決された状態 の短期的な目標を記入	具体的な支援内容およびその方法 目標達成のためにどんなことをするか記入する その内容をいつ，だれが，どのように～等具体的に記入	優先順位 緊急性は高いが実現性は低い 計画に○をつけ，実現性を低 くしている要因を記入する

図 2-13　認知症ケア実践計画書

【事例演習例】

【演習 5】体的支援内容およびその方法を計画する：個人ワーク（5～10 分程度）
（使用するもの：認知症ケア実践計画書（図 2-13）/個人ワーク A4 用紙，グループワーク A3 用紙）
　演習 4-②で行ったグループの「E：短期目標」から考えられる「F：具体的支援内容およびその方法」を個人ワークで作成する.
→記入する箇所：認知症ケア実践計画書 F

【演習 6】カンファレンス：グループワーク（15～20 分程度）
（使用するもの：認知症ケア実践計画書（図 2-13）/A3 用紙）
　グループで A さんの「D：長期目標」「E：解決すべき課題（ニーズ），短期目標」から考えられる「F：具体的な支援内容およびその方法」を共有し，認知症ケア実践計画書を作成する.
→記入する箇所：認知症ケア実践計画書 F
※グループワークで使用する際は，認知症ケア実践計画書を A3 に拡大する

2）再アセスメントを行う際の視点

　ケア計画を実践するなかで，常に介護現場の実情に合わせて再アセスメントをしていく必要がある[44]．

　また，実施する際の留意点として，本人の望むべき生活像に沿っているかなど，以下の点を確認しながら実践計画を再アセスメントすることが必要である．

　①本人の意向が明確か

　本人は自宅ですごしたいが家族はデイサービスに行ってほしい場合など，本人の意向がくみ取れず，家族の意向を優先することがある．その場合，サービス提供者と本人の間に亀裂が生じることがある．

　②計画が具体的であるか

　計画内容が具体的でなければ，チームとして一体的に取り組むこともできなくなる．5W1H（①いつ，②どこで，③だれが，④なにを，⑤なぜ，⑥どのように行うか）を明確にする必要がある．

　③計画が関係者のなかで共有されているか

　日々の引き継ぎや調整ができていないと，関係者間での温度差が生じてしまう．そのため，カンファレンスの開催方法等の改善が必要となる．

　④役割分担が明確か

　約束事やケアの標準化ができていないと，それぞれがバラバラなケアをすることとなる．

　⑤情報が不足していないか

　必要な情報を収集できずにまちがった方向でケアが行われる可能性がある．そのため，言動の背景を考察し，情報の収集・整理・関連づけを行う必要がある．

　また，ケアを実践していくうえで，緊急性が高いもの，実現可能性が高いもの，安全性が認められるもの等の優先順位を考慮し，チームで検討していくことが望ましい[44]．

【事例演習例】

【演習7】実践計画の優先順位の確認：グループワーク（5〜10分程度）
（使用するもの：認知症ケア実践計画書（図2-13）/A3用紙）
　グループで作成したAさんの実践計画を実践するうえでの優先順位を決める．
→記入する箇所：認知症ケア実践計画書G

3）ケアの実践計画の評価方法

　認知症の人のケア実践計画の評価は，計画の過程を評価するプロセス評価と，実施した結果を評価する結果評価の2つの視点で考える必要がある．

　プロセスの評価としては，①チームや専門職との連携や協力はどの程度得られたか，②計画どおりに実施できたか等評価する．

　結果評価としては，計画に示された課題がどのように解決したか，その結果本人の様子はど

のように変化したのか等を詳細な観察をもとに，記録に残す必要がある．

　日々の実践のなかでは，計画をもとに実践することに重点をおきがちになるが，計画的に実践したかどうかではなく，再アセスメントを実施することや，家族，多職種により多面的，客観的に評価することで今後の計画の方向性を考えることにつながるため，以上の視点に考慮しながら課題解決につなげていくことが望ましい[44,45]．

【注】

(1) 例：指定介護老人福祉施設の人員，設備及び運営に関する基準　第12条第3項
「計画担当介護支援専門員は，施設サービス計画の作成に当たっては，適切な方法により，入所者について，その有する能力，その置かれている環境等の評価を通じて入所者が現に抱える問題点を明らかにし，入所者が自立した日常生活を営むことができるように支援する上で解決すべき課題を把握しなければならない」
指定居宅サービス等の事業の人員，設備及び運営に関する基準　各事業ごとの規定
訪問介護の例「サービス提供責任者は，利用者の日常生活全般の状況及び希望を踏まえて，指定訪問介護の目標，当該目標を達成するための具体的なサービスの内容等を記載した訪問介護計画を作成しなければならない」「訪問介護計画は，既に居宅サービス計画が作成されている場合は，当該計画の内容に沿って作成されなければならない」

【文　献】

1) 国際老年精神医学会（日本老年精神医学会訳）：BPSD；痴呆の行動と心理症状．29-39, アルタ出版，東京（2005）．
2) 服部英幸編，精神症状・行動症状（BPSD）を示す認知症患者の初期対応の指針作成研究班：BPSD初期対応ガイドライン改訂版；介護施設，一般病院での認知症対応に明日から役立つ．28-97, ライフサイエンス，東京（2018）．
3) 秦　葭哉，大荷満生監修：図説・臨床看護医学デジタル版；19 老年医学．DMP-ヘルスバンク，東京（2004）．
4) 児玉桂子，足立　啓，下垣　光，ほか：痴呆性高齢者が安心できるケア環境づくり，実践に役立つ環境評価と整備手法．75-78, 彰国社，東京（2003）．
5) 白石大介：対人援助技術の実際；面接技法を中心に．151, 創元社，東京（1998）．
6) 林崎光弘，末安民生，永田久美子：痴呆性老人グループホームケアの理念と技術；その人らしく最期まで．72, バオバブ社，東京（1996）．
7) 繁田雅弘：認知症の行動・心理症状（BPSD）を理解するために．認知症ケア事例ジャーナル，3（4）：371-375（2011）．
8) Cummings J L, Mega M, Gray K. et al.：The Neuropsychiatric Inventory；Comprehensive assessment of psychopathology in dementia. *Neurology*, 44（12）：2308-2314（1994）．
9) Cohen-Mansfild J：Agitated behaviors in the elderly；Preliminary results in the cognitively deteriorated. *Journal of the American Geriatrics Society*, 34（10）：722-727（1986）．
10) 博野信次，森　悦朗，池尻義隆，ほか：日本語版 Neuropsychiatric Inventory；痴呆の精神症状評価法の有用性の検討．脳と神経，49（3）：266-271（1997）．
11) Cummings JL：The Neuropsychiatric Inventory；Assessing psychopathology in dementia patients. *Neurology*, 48（Suppl-6）：S10-S16（1997）．
12) Kaufer DI, Cummings JL, Christine D, et al.：Assessing the impact of neuropsychiatric symptoms in Alzheimer's Distress；the Neuropsychiatric Inventory Caregiver Distress Scale. *Journal of the American Geriatrics Society*, 46（2）：210-215（1998）．
13) 松本直美，池田　学，福原竜治，ほか：日本語版 NPI-D と NPI-Q の妥当性と信頼性の検討．脳と神経，58（9）：785-790（2006）．

14) Wood S, Cummings JL, Hsu MA, et al.：The use of the neuropsychiatric inventory in nursing home residents. Characterization and measurement. *The American Journal of Geriatric Psychiatry*, 8（1）：75-83（2000）.

15) 繁信和恵，博野信次，田伏　薫，ほか：日本語版 NPI-NH の妥当性と信頼性の検討. *Brain and Nerve*, 60（12）：1463-1469（2008）.

16) 本間　昭，新名理恵，石井徹郎，ほか：コーエン・マンスフィールド agitation 評価票（Cohen-Mansfield Agitation Inventory；CMAI）日本語版の妥当性の検討. 老年精神医学雑誌, 13（7）：831-835（2002）.

17) Kaufer DI, Cummings JL, Ketchal P, et al.：Validation of the NPI-Q, a brief clinical form of the Neuropsychiatric Inventory. *The Journal of Neuropsychiatry and Clinical Neurosciences*, 12（2）：233-239（2000）.

18) Reisberg B, Borenstein J, Salob, SP, et al.：Behavioral symptoms in Alzheimer's disease；Phenomenology and treatment. *The Journal of Clinical Psychiatry*, 48：S9-S15（1987）.

19) 今井幸充，長田久雄：認知症の ADL と BPSD 評価測度. 37-40，ワールドプランニング，東京（2012）.

20) Shigenobu K, Ikeda M, Fukuhara R, et al.：The Stereotypy Rating Inventory for frontotemporal lobardegeneration. *Psychiatry Research*, 110（2）：175-187（2002）.

21) Logsdon RG, Gibbons LE, Mccurry SM, et al.：Assessing quality of life in older adults with cognitive impairment. *Psychosomatic Medicine*, 64（3）：510-519（2002）.

22) Matsui T, Nakaaki S, Murata Y, et al.：Determinants of the quality of life in Alzheimer's disease patients as assessed by the Japanese version of the Quality of Life-Alzheimer's disease scale. *Dementia and Geriatric Cognitive Disorders*, 21（3）：182-191（2006）.

23) Tarada S, Ishizu H, Fujisawa Y, et al.：Development and evaluation of a health-related quality of life questionnaire for the elderly with dementia in Japan. *International Journal of Geriatric Psychiatry*, 17（9）：851-858（2002）.

24) Terada S, Oshima E, Ikeda C, et al.：Development and evaluation of a short version of the quality of life questionnaire for dementia. *International Psychogeriatrics*, 27（1）：103-110（2015）.

25) Brod M, Stewart AL, Sands L, et al.：Conceptualization and measurement of quality of life in dementia；The dementia quality of life instrument（DQOL）. *Gerontologist*, 39（1）：25-35（1999）.

26) 鈴木みずえ，内田敦子，金森雅夫，ほか：日本語版 Dementia Quality of Life Instrument の作成と信頼性・妥当性の検討. 日本老年医学会雑誌, 42（4）：423-431（2005）.

27) Lawton MP：Quality of Life in Alzheimer's Disease. *Alzheimer's Disease and Associated Disorders*, 8（Suppl-3）：138-150（1994）.

28) 本間　昭：痴呆性老人の QOL；精神科の観点から. 老年精神医学雑誌, 11（5）：483-488（2000）.

29) Weiner MF, Martin-Cook K, Svetlik DA, et al.：The Quality of Life in Late-Stage Dementia（QUALID）scale. *Journal of the American Medical Directors Association*, 1（3）：114-116（2000）.

30) Nagata Y, Tanaka H, Ishimaru D, et al.：Development of the Japanese version of the Quality of Life in Late-Stage Dementia Scale. *Psychogeriatrics*, inpress.

31) 認知症介護研究・研修東京センター監，宮島　渡編：ひもときシート"アシスト"；BPSD 改善ガイド. 31，中央法規出版，東京（2019）.

32) 佐藤信人：ケアプラン作成の基本的考え方. 10，中央法規出版，東京（2008）.

33) 認知症介護研究・研修東京センター監，宮島　渡編：ひもときシート"アシスト"；BPSD 改善ガイド. 36，中央法規出版，東京（2019）

34) 佐藤信人：尊厳；あなたがいなければ，私はいない. 29，ぱーそん書房，東京（2019）.

35) 佐藤信人：介護保険；制度としくみ. 111，建帛社，東京（1999）.

36) 認知症介護研究・研修東京センター監，宮島　渡編：ひもときシート"アシスト"；BPSD 改善ガイド. 中央法規出版，東京（2019）.

37) 佐藤信人：介護サービス計画（ケアプラン）作成の基本的考え方；試論ノート. 26，全国介護支援専門員連絡協議会，東京（2004）.

38) 公益社団法人大阪府看護協会：今できること，きわめて・究めて・窮めて共に支え合う；認知症ケ

アマニュアル．公益社団法人大阪府看護協会，大阪（2017）．

39）福富昌城，吉藤　郁：記録の種類と必要性．ふれあいケア，**23**（6）：12-14（2017）．

40）認知症介護研究・研修東京センター：ひもときテキスト改訂版．21-25，認知症介護研究・研修東京センター，東京（2011）．

41）認知症介護研究・研修センター監：認知症介護実践者研修標準テキスト．360，ワールドプランニング，東京（2016）．

42）認知症介護研究・研修センター監：認知症介護実践者研修標準テキスト．364-365，ワールドプランニング，東京（2016）．

43）小野寺敦志編著：事例で学ぶ新しい認知症介護．20-21，中央法規出版，東京（2008）．

44）認知症介護研究・研修センター監：認知症介護実践者研修標準テキスト．355-370，ワールドプランニング，東京（2016）．

45）介護福祉士養成講座編集委員会編：新・介護福祉士養成講座9介護課程．18-88，中央法規出版，東京（2009）．

◎ 索　引

新訂・認知症介護実践者研修標準テキスト

第1版第1刷　2022 年 3 月 30 日
第1版第2刷　2022 年 9 月 5 日

定　価	本体 2,500 円＋税
監　修	認知症介護実践研修テキスト編集委員会
発行者	吉岡　正行
発売所	株式会社ワールドプランニング
	〒162-0825　東京都新宿区神楽坂 4-1-1　オザワビル
	Tel : 03-5206-7431　Fax : 03-5206-7757
	E-mail : world @ med. email. ne. jp
	http://www.worldpl.com/
	振替口座　00150-7-535934
表紙デザイン	星野　鏡子
印　刷	三報社印刷株式会社

ISBN978-4-86351-216-0